公共外交场域中的
新媒体应用研究

NEW MEDIA IN PUBLIC DIPLOMACY:

Applications and Implications

陈曦·著

时事出版社
北京

前　言

随着经济全球化和信息技术的快速发展，国家之间的相互依赖和影响程度不断加深和增强，各国政府、企业、非政府组织、民间团体、新闻媒体及普通民众等公众主体，正在以更加多元的方式和丰富的渠道与其他国家的公众频繁地进行多层次、多维度、多视角的交流。公共外交作为一国政府及公众直接面对另一国政府及公众开展的各种政策宣传、文化传播及交往活动，已经成为传统外交的重要补充，且在各个领域产生深远影响。2012年中国共产党第十八次全国代表大会报告提出"扎实推进公共外交和人文交流"，这也是新时代中国特色大国外交的重大创新。同时，伴随着网络信息技术的飞速发展，以数字技术为基础、互联网为平台的各类新媒体形态凭借其较之传统媒体在交互性、即时性和开放性等方面的独特优势，不仅在数量上呈现出爆炸式发展的态势，同时在更深层次上不断改变着人们的思考方式与理解视角，深刻地影响着各国政府的行政变革与公共外交战略制定。新媒体和公共外交二者始终分享着共同的时代背景，是两个相伴相生的场域，在理论发展和实践应用层面存在着多重张力与融合。

在这一背景下，各国政府都纷纷搭乘数字媒体快车，深入理解新媒体的运行规律及其内在逻辑，希望将新媒体的运用作为助力公共外交事业发展的重要手段，最大限度地借助博客、微博、视频网站以及各类社交网站等国内外新媒体平台，通过充分利用新媒体技术及理念优势，为公众参与及反馈提供更为广泛、平等和畅通的互动平台，以期更好地实现阐述对外政策主张、传递外交核心理念、输出文化价值追求、加强他国理解认同、提升本国国际形象的目的，进而实现国家利益。对于各国政府而言，新媒体助力下的公共外交事业发展早已脱离了理念构想与展望阶段而真正成为了助益各类公共外交实践活动的有力工具。

在该研究中，笔者对新媒体、公共外交及两者的有机结合、搭载的全新形式——新媒体公共外交的内涵、特征等内容进行梳理与论述，并在此基础之上选取多个具有代表性的案例，分析当前新媒体公共外交在实践中的应用。第一，选取了媒体融合背景下的新型主流媒体中国国际电视台（CGTN）对国家形象的塑造及传播活动；第二，选取并分析李子柒在海外新媒体平台油管（YouTube）开展的富有成效的中国传统文化传播活动；第三，从传播主体、传播内容、传播渠道、传播效果等传播链条各关键环节入手，探索总结提高中国新媒体公共外交传播力、引导力、影响力、公信力的发展策略选择；第四，立足于公共外交未来的发展目标，以哔哩哔哩网站主要账号为例，分析互动文化社区中的公共外交潜力。这些案例既涵盖了国内外颇具代表性又各具特色的新媒体平台，也涵盖了政府、媒体、各类组织以及普通公众等外交主体开展的新媒体公共外交活动。尽管篇幅不长，但能够较为清晰地展现出新媒体在对外信息传播、政策阐释、文化交流方面的独特优势。通过比较分析能够使读者更直观地了解在不同平台以不同方式传播所带来的不同传播效果以及对公共外交目标的实现程度。

中国作为崛起的大国，综合国力和国际影响力不断提高，发展成就在国际社会中已是有目共睹，但由于对公共外交和国际传播理论与实践研究的起步时间较之西方发达国家晚，技术基础也较为薄弱，"西强东弱"的国际舆论格局在当下仍然存续，海外受众对中国国家形象的认知仍旧滞后。因此，尽管公共外交近年来在政府及学界的不断推动下取得了较快发展，但是我国对新媒体公共外交这一全新外交途径的认知和运用还处于初期探索阶段，在利用新媒体平台开展公共外交活动时仍然存在水土不服、力不从心的问题。在当前新技术变革加速、国际关系深度调整、改革发展纵深推进的复杂历史背景之下，中国的新媒体公共外交事业发展也面临着来自其他国家在国际传播及技术领域的诸多压力与挑战。书中案例能够使我们对于未来如何更系统地进行新媒体公共外交战略布局形成一些基本结论，为未来更有效地运用新媒体平台实现公共外交目标，提高中国在国际社会的美誉度，塑造更为有利的国际舆论环境，促进各国的互动与交流，从而为国家利益的实现提供借鉴和启示。

目录

第一章 新媒体与公共外交概述 (1)
一、新媒体的概念界定 (1)
二、新媒体的主要特征 (8)
三、公共外交的发展历程及其概念界定 (14)
四、公共外交的特征及目标 (23)
五、公共外交的目标追求 (27)

第二章 新媒体助力下的公共外交新形态：新媒体公共外交 (30)
一、新媒体公共外交及其相关概念辨析 (30)
二、新媒体与公共外交的内在契合 (38)
三、新媒体助力下的公共外交 (42)
四、理解公共外交中的新媒体：从工具到平台 (53)
五、平台化理论下公共外交中的新媒体 (65)

第三章　新型主流媒体对国家形象的塑造及传播研究
——以 CGTN 为例 ·· (70)
一、媒体融合推动下的新型主流媒体转型 ························ (72)
二、CGTN 在塑造国家形象中的传播主体分析 ···················· (81)
三、CGTN 在塑造国家形象中的传播内容分析 ···················· (85)
四、CGTN 在塑造国家形象中的传播渠道分析 ··················· (110)
五、CGTN 在塑造国家形象中的传播效果分析及发展策略 ········· (123)

第四章　海外新媒体平台的中国文化传播研究
——以李子柒短视频为例 ····································· (130)
一、新媒体与文化传播 ······································· (132)
二、李子柒在海外新媒体平台开展文化传播的主体分析 ··········· (143)
三、李子柒在海外新媒体平台开展文化传播的内容分析 ··········· (149)
四、李子柒在海外新媒体平台开展文化传播的方式分析 ··········· (164)
五、李子柒在海外新媒体平台开展文化传播的效果分析及启示 ······ (175)

第五章　中国新媒体公共外交中国际传播发展策略选择 ············· (181)
一、提升中国新媒体公共外交传播力的策略建议 ················· (182)
二、提升中国新媒体公共外交引导力的策略建议 ················· (187)
三、提升中国新媒体公共外交影响力的策略建议 ················· (191)
四、提升中国新媒体公共外交公信力的策略建议 ················· (197)

第六章　互动文化社区中的公共外交潜力挖掘
——以哔哩哔哩网站主要账号为例 ···························· (203)
一、哔哩哔哩网站介绍及其用户特征 ··························· (204)
二、运用哔哩哔哩开展新媒体公共外交的可行性及潜能分析 ········ (211)

三、新媒体公共外交视角下哔哩哔哩代表性账号分析 …………… (219)

结　语 ………………………………………………………………… (229)

参考文献 ……………………………………………………………… (231)

后　记 ………………………………………………………………… (237)

第一章 新媒体与公共外交概述

随着全球化进程的逐步深化、公民意识的不断觉醒以及网络信息技术的持续发展，以数字技术为基础、互联网为平台的各类新媒体形态凭借其较之传统媒体在交互性、即时性和开放性等方面的独特优势，不仅在数量上呈现出爆炸式的发展态势，而且在更深层次上不断地改变着人们的思考方式与理解视角，深刻地影响着各国政府的行政变革与公共外交战略制定。媒体和外交二者始终分享着共同的时代背景，是两个相伴相生的场域，在理论发展和实践应用层面存在着多重张力与融合。一方面，我们目睹着媒体全面且深入地融入政治的过程，政治活动的开展需要深度理解和遵循媒体逻辑以实现其目标追求，媒体已经成为无处不在的"第四种权力"，成为政治活动中不可忽视的重要"元资本"。另一方面，如今的媒体已经发展为一种技术资本联合体，不能仅从专业组织的单一视角来理解，必须将多元的行动主体和传播层次共同纳入其分析框架之中。

一、新媒体的概念界定

1959年，学者麦克卢汉曾发表题为《电子革命：新媒体的革命影响》的演讲，首次公开使用了"新媒体"（new media）一词，在英文语境中更倾向于意为"新的媒体"。麦克卢汉对这一词组的使用事实上嵌入了其一贯的学术脉络——通过新媒介与旧媒介概念的对照，以历史的维度再度验证"媒体即讯息"的核心观点。①

1967年，美国哥伦比亚广播电视网技术研究所所长P.戈尔德马克在一份关于开发电子录像商品的计划中正式提出了新媒体的概念；在随后的1969年，美国传播政策总统特别委员会主席E.罗斯托在提交给尼克松总统的名为"罗斯托报告"中也多处使用了新媒体这个概念。此时的新媒体概念产生于业务实践的创新，且多具有行政辞令的色彩。②自此，新媒体这一新名词被广泛使用，成为一个全球化的新名词。

上述两个语境被认为是新媒体概念的起源，其后，随着网络技术和实践应用的逐渐成熟，新媒体一词得到广泛使用。联合国教科文组织曾将新媒体等同于网络媒体，将其视为对网络技术崛起并普及的一种回应。③由于此后的媒介形态演变紧紧伴随着互联网技术的发展而不断更迭，新媒体一词便与"数字化""网络化"等相关概念紧密结合，并不断吸纳新的媒介形式，其具体内涵也随之发生着巨大的改变。

（一）新媒体的技术之新

新媒体这一概念本身就是一个具有相对性的概念，"新"是一个急速变动的时间指标，是相对于"旧"而言的。媒体自诞生起共经历了以精英媒体为代表的传播农业时代、以大众媒体为代表的传播工业时代和以个人媒体为代表的传播信息时代三个主要发展阶段。在麦克卢汉的年代，新媒体是包含报纸、广播、电视等在内的突破印刷术的媒体形式，定期或不定期向公众发布其所需要的社会信息和新闻报道，与今日乃至未来的媒体演变显然不可同日而语。1993

---

① 彭兰：《"新媒体"概念界定的三条线索》，《新闻与传播研究》2016年第3期。
② 彭兰：《"新媒体"概念界定的三条线索》，《新闻与传播研究》2016年第3期。
③ 匡文波：《"新媒体"概念辨析》，《国际新闻界》2008年第6期。

年美国总统克林顿倡议并主导建立的"信息高速公路"是信息时代正式迈入全球化阶段的一个里程碑事件，自此以互联网信息技术为代表的电子网络发展日臻完善。1998年，联合国新闻委员会正式将互联网和"信息高速公路"称为继报纸、广播、电视三类传统媒体之后的"第四媒体"。进入21世纪以来，各类依托互联网技术进行信息传输的新闻、视频网站、博客、社交媒体等新媒体形式呈现了爆炸式发展态势，并渐渐成为主流传媒形式。麦克卢汉对于新媒体概念的界定在当前的技术环境中恐难再得到认同。

由上述新媒体的历史发展脉络我们不难看出，技术视角是分析和探究新媒体和传统媒体二者差异的一贯尝试。综合来看，新媒体通常从技术视角被定义为以数字技术和互联网为基础的各种新兴媒体形式的总称，比如计算机网络、电脑、手机、数字电视、社交平台等。如宫承波在其著作《新媒体概论》中将新媒体定义为相对于书信、电话、报刊、广播、电影、电视等传统媒体而言，依托数字技术、互联网技术、移动通信技术等新技术向受众提供信息服务的新兴媒体。[1] 熊澄宇在《媒介史纲》中将新媒体定义为计算机信息处理技术基础上延伸出的网络、无限移动和其他媒体形态。[2] 还有学者认为，凡是基于数字技术在传媒领域运用而产生的媒体形态都是新媒体。[3]

方兴东等更加系统地从技术、商业和制度三个维度梳理了互联网自20世纪60年代发展与演进的历史，认为互联网的发展历史体现着人类创新和文明的互联和扩展。在冷战的军事需求和人类传播需求的驱动下，历经计算机广域网、包交换技术、TCP/IP（传输控制协/网际协议）等核心技术的数年积累，人与人之间的互联最终通过万维网得以实现。纵观互联网的发展历程，其自20世纪60年代起经历了30年基础技术、基础协议、基础应用的积累，又经历了30年Web1.0、Web2.0、移动互联网的商业转化，并在发展的过程中不断纳入

---

[1] 宫承波：《新媒体概论》，中国广播电视出版社2007年版，第2页。
[2] 熊澄宇：《媒介史纲》，清华大学出版社2011年版，第8页。
[3] 胡颖、周忱：《传统媒体与新媒体依存度分析》，《新闻传播》2007年第5期。

全球网络治理的制度更新。①

彭兰在其著作《网络传播概论》中以"连接的演进"为线索,串起互联网发展的内在逻辑。其认为"连接"是互联网的本质,并进一步将互联网的发展分成"机器与机器的连接""内容与内容的连接""人与人的连接""终端及其连接的升级""物与物、物与人连接"几个阶段,并归纳出从Web1.0"大众门户"到Web2.0"个人门户"这一网络新闻传播模式的变革。② 如果说机器与机器的连接尚意味着互联网刚刚诞生,仅在技术上得以实现,那么以内容与内容相连接为标志的Web1.0时代则实现了互联网的媒体化和平民化,初代的门户网站成为"一对多"的传播核心,以雅虎、搜狐等为代表的门户网站创造了互联网"新经济"的神话。Web2.0则是如今网络媒体形态的集中体现,并在近年的应用实践中逐渐走向成熟。

Web1.0由于相对集成的网络技术(万维网、搜索引擎)和较为单一的应用(门户网站),其含义和特征较为明晰。而正如新媒体之于旧媒体是一个历时性比较的概念,Web2.0亦是相对于Web1.0而言的,故而在同样的比较逻辑下囊括了十分复杂的内涵。Web2.0集成了简易信息聚合(RSS)、微型博客(microblog)、社交网络服务(SNS)等一系列技术,但事实上,Web2.0的界定始终未有一个明确的技术分界。Web2.0一词得到大量使用的起源可以追溯到2004年蒂姆·奥莱利主办的Web2.0峰会。2005年,奥莱利在一篇名为《什么是Web2.0:下一代软件的设计范式和商业模式》的文章中指出了Web2.0具备的若干特征和原则:作为平台的网络、集体智慧、数据成为核心资源、软件发行及升级循环的终结、轻量级程序模型、超越单一设备的软件、丰富的用户体验等。③

---

① 方兴东、钟祥铭、彭筱军:《全球互联网50年:发展阶段与演进逻辑》,《新闻记者》2019年第7期。
② 彭兰:《网络传播概论》,中国人民大学出版社2017年版,第12—17页。
③ Tim O'Reilly, "What Is Web 2.0: Design Patterns and Business Models for the Next Generation of Software," Oct. 1, 2005, http://radar.oreilly.com/archives/2005/10/web-20-compact-definition.html.

尽管这一说法并未经过严密的学术论证，但点出了Web2.0的某些核心特征，"用户参与""以人为中心"等观点成为这一时期的共识。

Web2.0成为与当下新媒体话语契合程度最高的技术背景，但学界和业界所言说的新媒体是否等同于Web2.0时代中新涌现出的各种媒体形式？答案可能是否定的。尽管新媒体较之传统媒体是在数字技术、互联网技术不断发展成熟的基础上出现的产物，但在新媒体技术飞速变迁与演进的历程中，每个阶段的技术环境既绑定又脱嵌，使之产生了诸多驳杂的内涵，使我们无法锚定一个准确的出现时机。如今的Web2.0时代在未来新技术不断推陈出新之时也或将成为传统媒体，因而仅从技术视角入手，专注于技术变革形态来尝试对新媒体进行界定几乎是一项难以完成的任务。无论是将新媒体视作"各类应用新技术的新兴媒体形式"的广义理解，还是具体指"以互联网、移动终端为基础，通过计算机、手机等传播媒介加以传播信息的形式"的狭义理解，这些定义都侧重于技术手段与方式，从技术体现形式的视角分析新媒体的形态与功能。

（二）新媒体的理念之新

对于新媒体技术之新的理解能够为我们从更深层次理解新媒体内涵中的理念之新提供重要基础和前提。无论媒体形式如何变迁，只要将人工智能技术（AI）、虚拟现实技术（VR），甚至是区块链、元宇宙等全新概念融入新媒体技术形态的解读中，相信总有一些元素是稳定与可靠的。

美国著名杂志《连线》将新媒体描述为"由所有人对所有人进行传播的媒体"（communications for all, by all）。也就是说，新媒体不再像传统媒体那样，在传播者和受众之间设立明确的身份屏障以将两个群体明确划分出来，而是打破了仅由权威传播机构垄断新闻供给的局面，任何组织和个人只要与互联网连接，并将行为置于法律允许的范围之内，无论其使用何种信息化工具，通过何种新媒体平台，以及处于何时何地，都能够无差异地进入开放化的海量信息空间，从而成为信息的传播者甚至制造者。① 这种媒体形态就可以被理解为新媒体。因此，除了技术本身之外，对于互动性的强调就成为从理念维度理解新媒体概念的又一个切入点。

从这个维度来理解新媒体，可以使人在眼花缭乱的技术变革及其产物中明确哪些在变与哪些不变，不致使新媒体这一概念在技术发展的脚步中难寻其根。如前所述，Web2.0的某些核心特征呈现出了"用户参与""以人为中心"等观点，从理念维度来看呈现出了新媒体"由所有人对所有人进行传播的媒体"的特征。那么，尽管未来毫无疑问还将进入信息技术的Web3.0时代、Web4.0时代（或者发展成其他更加时髦的称谓），但只要某些核心理念价值保持相对稳定，那么新媒体的称谓就不必跟随技术脚步随时进行无谓的更新演进。

持有这一观点的学者也不胜枚举，张文俊在其编著的《数字新媒体概论》一书中指出，新媒体的"新"体现在它的传播方式上，数字传播技术的广泛深入应用正逐渐改变着传播的方式，以往大众传播中只能接收信息的受众，今天已有了很大的信息自主权。借由媒体的交互性，用户不仅可以决定看什么、听什么，还可以决定什么时候看和听，甚至可以控制看和听的顺序。通过交互，受众还拥有了参与内容制作的机会，而更重要的是，受众与信息发布者之间、受众与受众之间都可以进行自由、充分地互动，能共同决定信息内容，实现意义的共同建构。另外，以往个人在大众传播中无法扮演信息发布者的角色，而今天通过互联网、博客、播客等渠道，人人都可以成为信息发布者，且所发布的信息既可以是语音、文稿，也可以是多媒体信息。② 理查德·戴维斯等人认为，新媒体是一种流动的、个体交互的、能够散布控制和自由的媒体，尽管新媒体高度依赖于计算机，但在更大程度上，它不仅是数字媒体，而且是一种互

---

① 田智辉：《新媒体环境下的国际传播》，中国传媒大学出版社2010年版，第14页。
② 张文俊编著：《数字新媒体概论》，复旦大学出版社2009年版，第8页。

动性的媒体。①

在这种以交互性为核心理念的媒体形态中，我们基于技术发展重新看到了人的力量和价值，这种超越技术视角的理念升维完美地体现了人本主义的价值取向与追求。技术的进步是为了推进人的全面发展，技术手段的发展不仅让更多人的形象与价值在传播过程中能够"被看见"，甚至从某种程度上来看，技术在演进与变迁的过程中也赋予了人性更加多元化的展现形式，激发了人更加蓬勃的展现欲望。在信息传播过程中有多元传播主体参与其中，他们对于信息不再是单纯的接受者与传播者，而是信息的制造者与二次加工者。这种转换不仅提高了公众对于媒体信息的参与热情，使得信息来源更加广泛、丰富与翔实，也由于新媒体兼具大众传播与人际传播两重特性，因而能够产生更大的影响力和更好的传播效果。因此，有学者认为，不能简单地将技术变革中所有数字化的传播形式都视为新媒体，而应将是否具有互动性视为最核心的评价标准，两者缺一不可。据此，如车载电视、户外传媒等，虽然也建立在数字化基础之上，但由于缺乏互动性而不可被列入新媒体范畴。而同样，在技术发展进步历程中，也并非所有陈旧技术手段都应当被归为"旧媒体"之列。

综上，在确定新媒体的话语演变后，笔者吸纳了彭兰在《新媒体用户研究：节点化、媒介化、赛博格化的人》一书中提及的观点，为新媒体选取了一个更具现实解释性的定义：新媒体主要指基于数字技术、网络技术及其他现代信息技术或通信技术的，具有互动性、融合性的媒介形态和平台。在现阶段，新媒体主要包括传统互联网和移动互联网，以及其他具有互动性的数字媒体形式。② 这一定义廓清了新媒体的外延，将视点从最初不断漂移的"媒介断代

---

① Davis, R. and Owen, D., "New Media and American Politics," New York and Oxford: Oxford University Press, 1998, p. 17.
② 彭兰：《新媒体用户研究：节点化、媒介化、赛博格化的人》，中国人民大学出版社 2020 年版，第 14 页。

法"和业界实践转向了与互联网一同诞生的媒介现象，无论是基于万维网技术衍生的各种门户网站、搜索引擎、社交网络服务，还是随移动互联网崛起的内容资讯客户端、个性化内容推荐平台、视频平台、社交平台，都突出了新媒体的技术特质。彭兰提到，中国本土的新媒体与互联网几乎是同义词，这也说明了新媒体与互联网技术发展相生相伴的演变历程。

二、新媒体的主要特征

网络技术的发展同时伴随着传播模式的更迭。从信息传播的流程上看，网络技术重塑了信息的生产、分发、获取和反馈的全过程。新媒体环境中的信息经由网络物质特性和文化符号的双重中介作用生成了一种全新的传播逻辑。在这一部分，笔者将兼顾技术与理念两个维度呈现新媒体的主要特征。

（一）传播模式网络化与用户行为交互性

这种交互性包括两个方面。其一，新媒体的信息传播方式不再是单向度的线性传播，而是在信息传播方和接受方之间同时进行着双向流动，真正实现了所有群体与个人之间的自由交流与沟通。任何符合条件的组织或个人都可以通过评论或转载等方式参与信息传播过程，发表自己的意见与看法，也可以提供原创性的信息或影像资料，成为信息的源头。其二，再没有所谓的权威的信息"仲裁者"或"把关者"，新媒体的交互性赋予了信息浏览者同样的信息提供能力与权限，允许网络中更多组织和个人参与信息的提供与完善过程，甚至可以对有误的信息进行披露与纠正，因此也保证了网络信息的真实性与完善性。

在 Web1.0 时代，整个传播模式基本上是按照客户机/服务器的结构搭建起来的，万维网也是这种信息传输架构的产物。Web1.0 时代最典型的媒体现象就是门户网站的崛起，彭兰也将这一阶段的传播模式概括为"大众门户"模式。尽管网页的数量在这一时期极度膨胀，用户相对来说有了较多的选择，但是信息的选择和发布权力仍然掌握在网站手中，用户面对海量的信息几乎只能被动地浏览，自发地生产内容则难以实现。总体上，这一时期的传播模式主要以互联网上各大网站为载体和核心，呈现出中心放射状的传播结构，这也是对传统大众传播模式的继承和延续。对于处在这种传播模式下的用户来说，其地位仍然较为边缘，在某种程度上仍被视作信息的被动接收者。而以网站为核心的传播策略在此时仍占主流，由于用户的画像难以测量，吸引更大规模的受众是各大网站主要追求的目标。

随着 P2P 技术（peer to peer，即点对点技术）的发明以及各种新技术的应用，分布式的网络结构布局逐渐取代了原有偏向集中或者偏向分散的网络拓扑结构。Web2.0 的出现伴随着"去中心化"并强调每个节点在传播中所发挥的作用。在 Web2.0 的技术架构下，每一个用户都被视作一个节点，节点与节点在新的网络结构中得以互动和交流，逐渐形成了一个大型网络。网络化的传播模式更强调人与人之间的连接，网络中的点是具体的用户、具体的人，而连接各个节点的线则是人与人之间的关系。这也就解释了社交传播渠道的扩张如何塑造了一种新型的传播模式。

彭兰概括了 Web2.0 时代"个人门户"传播模式的特征：每个节点成为一个传播中心，关系成为传播渠道，社交和分享成为传播动力，社交关系网络成为信息的个性化筛选网络，传播多层次且传播路径易于观察。[①] 可以发现，这种网络化的、强调社交和互动的传播模式极大程度地促进了人与人之间的连接，并为媒体和各类组织接触公众提供了新的渠道。与此同时，网络化的传播结构往往会造成信息在不同社群之间的裂变，以几何倍数提升信息的传播效率和传播效果。

---

① 彭兰：《新媒体用户研究：节点化、媒介化、赛博格化的人》，中国人民大学出版社 2020 年版，第 23—25 页。

（二）分发渠道融合与用户行为开放性

德里克·希特指出，政治对个体的保护程度取决于公民对政治的参与程度，当所有公民都能自由、平等、直接地参与政治时，政治的公共性也最高。① 有学者认为，新媒体之所以能够迅速崛起，其更为深刻的原因是公众对于传统媒体环境下的新闻垄断局面的抵触与不平衡，新媒体被视为消除传统媒体弊病的"解药"。② 在梳理互联网媒体技术简史的过程中可以发现，尽管诸多媒体形式可以划定在 Web1.0 和 Web2.0 的逻辑之下，但事实上几乎每一种单独的媒体形式都有自身的独特性，从传播和技术的视角看，划定一种新出现的现象级媒体应用的标准，往往是就其采取的信息分发渠道而言的。结合互联网中出现的媒体形式，信息的分发逻辑主要可以分成编辑把关、大众分发、社交分发和个性化精准投放四种。

编辑把关是指在资讯源抵达受众之前，先由媒体机构的采编人员对传播内容进行严格选择和审核，强调人工判断在信息分发过程中的作用。这种分发的基本逻辑延续了印刷时代传统媒体的采编机制，内嵌在新闻专业主义的职业准则之中。而在新媒体时代，这种分发逻辑一度发挥着重要的作用并逐渐与其他的分发逻辑相融合。无论是门户网站还是以资讯推送为主的移动客户端，都离不开编辑对内容的过滤和选择，编辑把关也是由点及面传播模式中最为核心的点。

大众分发始终是大众传播的重要环节，曾是将信息传递给群体的必由之路，也是媒体机构影响力的来源。这种将信息无差别地分享给每一位用户的理念亦契合了互联网早期开放、平等的理想主义观念。在 Web1.0 时期，大众分

---

① [英] 德里克·希特著，郭忠华译：《何谓公民身份》，吉林出版集团 2007 年版，第 1 页。

② 《全球每秒都有一个新的博客出现 记者想当就能？》，中国互联网协会，2007 年 7 月 13 日，https://www.isc.org.cn/article/12409.html。

发的方式往往结合编辑把关构成由点及面的信息分发逻辑，使信息能够抵达尽可能大范围的受众。而在Web2.0时期，大众分发逐渐与社交分发模式相结合，并模糊了大众传播和人际传播的界限。可以说，大众分发是互联网实现"连接互通"的基本信息分发模式，极大程度地降低了大规模传播的成本，并提升了其信息传播的效率。

社交分发是新媒体时代涌现出的一种典型信息分发模式。不同于传统的面对面式的人际沟通，新媒体时代的网络技术解放了人际交流中的肉身，虚拟的网络空间取代了现实的物理空间并突破了人际沟通的时空限制，这极大地促进了卡斯特所预言的"网络社会"的崛起，使得信息的分发模式开始逐步向社交分发倾斜。在这种信息分发渠道中，对社会关系的维护以及分享带来的情感体验成为信息分发的内在动力，进而传统的自上而下的中心化的分发模式被网络化的拓扑结构所取代。社交分发是一种由人到人的信息分发渠道，其崛起伴随着用户地位的提升。由于人成为信息分发的主要动力，这种分发渠道的重心也逐渐从内容的吸引转向了关系的建立和维护。

个性化精准投放是基于数据和算法逐渐演进出的一种信息分发方式。互联网早期出现的搜索引擎就是通过数据爬虫技术从而实现了数据的精准传达，满足了用户个性化的信息需求。在某种程度上，搜索引擎提升了用户在信息分发环节的地位和能动性。而随着算法技术的不断升级以及大数据分析在内容生产传播领域的广泛应用，用户甚至不再需要主动地搜索信息，只需不断向个性化内容推荐平台留下自己的浏览访问数据，就可以接收算法的推荐获取符合自身兴趣的精准内容资讯。

事实上，当下新媒体环境中四种信息分发模式的不断混合和演变塑造了新媒体的传播逻辑，也蕴藏着媒体形式创新的无限可能。早期的门户网站可以理解成编辑把关和大众分发的结合，而当今火热的个性化内容推荐平台（如抖音平台等各类短视频平台移动客户端）已经集成了人工审核、大众分发、社群裂变、算法推荐等多种分发渠道，使得信息经由各种渠道实现传播，在各个时空碎片中夺取用户的注意力，并无孔不入地渗透到人们的日常生活中，甚至潜移默化地改变着人们的思维方式和生活方式。

（三）传播主体多元化与用户需求个性化

在新媒体环境下，不同国家、阶层、职业和领域的个人都可以平等地参与到意见表达和讨论当中，能够最大程度地还原事件的真实性并展现出理解视角的广泛性。同时，新媒体依托信息技术基础将不同媒介整合交互在一起也能极大地满足用户不断更新的个性化需求。

用户的崛起冲击了以传统媒体为中心的传播秩序，其中最为显著的例证就是大量自媒体的涌现。在大众印刷和广播电视为主流媒体的时期，创立和运行一家媒体的成本是非常高昂的。而在新媒体时代，信息平台会为接入用户搭建针对其自身的特定的信息基础设施，从而大大降低了用户发布信息的成本。一个人、一个账号就可以是一个独立的媒体，这种传播条件的便利促进了多层次海量信息的生成，塑造了众声喧哗的舆论场。

传统媒体在新媒体环境下依然保持着一定的自身优势，并逐渐探索着自身的转型升级以及向新媒体环境"迁移"的有效路径。在海量自媒体瓜分流量的挑战下，传统媒体仍然能够利用自身的资金、管理和人才优势，保持信息源验证、现场采访等专业的新闻采写流程，并着力生产高质量、长时段的深度报道。当然毫无疑问，传统媒体仍处于危机时期，"后真相时代"的舆论生态对理性和客观价值的质疑仍需媒体与公众进行进一步协商与调适。传统媒体"完成时态"的新闻报道与用户"进行时态"的信息挖掘构成了全息、动态的新闻生产环节，逐渐演化成为一种信息协同生产的模式。

除了个人和传统媒体，各类组织亦成为新媒体生态中不可忽视的主体。无论是网络空间建设服务入口和宣传窗口的政府机构，还是为维持公共关系、维持自身良好形象的公司企业，都纷纷在新媒体的网络空间中占据自己的一席之地。若将视野放在跨越全球的国际舆论场，可以发现各国纷纷在全球的网络空间中布局自己的新媒体矩阵。

(四) 传播行为数字化与信息传播即时性

新媒体与互联网技术相伴相生,因而始终携带着互联网的技术特质。随着传播行为逐渐向虚拟的网络空间转移,其进一步呈现出数字化和传播即时性的特征,可以实现瞬间超越地域限制的全球同步共享,突破了传统媒体中信息的发出和接收存在先后顺序的限制。新媒体平台中,在很多情况下事件与信息传播同时发生,这些平台通常成为突发事件第一现场的对外传播媒介,甚至会成为记录重要资料和还原现场状况的唯一依据。同时,由于所传播信息未进行带有特定传播意图的筛选、转述或二次加工,因此更能真实、客观地还原事件本身,便于公众的准确了解与实时参与。较之传统媒体通常有特定的出版或播出周期与时限的特点,新媒体表现出明显的即时性优势。

传播行为数字化不仅意味着一种物质性的变换,还揭示了新媒体中信息生产、加工的完整链条以及被隐藏的主体。从更加基础的维度来看,这种信息传播尽管以即时性的特征展现出来,但其背后仍然存在一定的预先编程规则。何塞·范·迪克等认为编程性是理解社交媒体的逻辑之一。[①] 在传统的大众媒体时代,信息内容选择和传播策略主要是由新闻编辑部制定的,而在社交媒体时代,这种编辑策略的重心转向了算法的选择和推荐,隐含在被工程师编写进界面之下的代码中,将用户和信息流连接起来的界面实际上经历了预先编程的过程。总体上看,对信息的预处理和选择策略从原有的"内容为王"转为研究和贴合平台提供的算法,信息流和传播行为都被限定在特定的算法之下,这就意味着能够更好地符合平台推荐算法的信息会得到更加有效的传播。另外,用户的传播行为在新媒体的传播环境中呈现出典型的数据化趋势。传播行为成了可以被系统收集并加以利用的数据,并被数字平台预先标

[①] Dick, J. and Poell, T., "Understanding Social Media Logic," Media and Communication, Vol. 1, No. 1, 2013.

记为可以二次利用的元数据①。② 随着大数据相关技术的不断成熟和完善，新媒体中蕴含着的数据资源得到大规模的开发，商业化是其中最主要的驱动力。

三、公共外交的发展历程及其概念界定

作为现代国家之间以和平方式通过对外活动实现其对外政策目标、维护国家利益、扩大国际影响力和发展同各国关系的活动，外交始终是全球化进程中各国最为前沿的实践场。因此，外交活动从某种程度上成为政治经济学、国际关系学、传播学等诸多学科经久不衰的研究对象，并在战略设计和具体实践的过程中不断拓展其展开形式、丰富其内涵与外延，而公共外交就是其中一种卓有成效的全新形态。公共外交这一新概念切中了当下不断变迁的政治、经济、社会、文化环境和技术与媒体演进，锚定着外交以及对外传播工作的转向。有学者指出，公共外交的兴起是外交公开化的必然结果。这表明在当前全新的环境下，外交活动已经揭开了秘密化与个人化的神秘面纱，不再是政府及外交部门的专属性活动，而开始同各国民众的日常生活产生密不可分的联系。③ 各国政府在制定外交政策、实施外交手段、开展外交活动时也愈发关注如何充分利用各种工具和方法对他国民众产生长期、深远且积极的影响，从而提高本国在他国公众心中的知名度和美誉度。公共外交的特点、发展规律及其实践路径等议题也日益成为各国政府、各类组织和专家学者高度关注的焦点。

事实上，国家将他国公众作为直接对象并通过塑造积极国家形象试图对他国公众施加影响，从而最大程度实现本国利益的行为可以追溯至 20 世纪之前，公共外交这一概念的出现也远远晚于公共外交的实践。

---

① 元数据指用于描述、解释、定位信息的结构化数据，如信息的时间戳、话题标签等；数据是新媒体环境中的基本资源，它可以是任何类型的信息，包括用户的个人资料。

② ［荷］何塞·范·迪克著，晏青、陈光凤译：《连接：社交媒体批评史》，中国人民大学出版社 2021 年版，第 35—37 页。

③ 赵可金：《公共外交的理论与实践》，上海辞书出版社 2007 年版，第 13 页。

（一）公共外交概念的早期发展

回顾公共外交在各国的使用和演变可以发现，美国是最早开始系统性地使用公共外交这一概念的国家。在最初的语境中，公共外交被视为一种政治公关战略。二战之后，国际关系进入一个更加错综复杂且不断变化的阶段。随着战后经济全球化、信息技术的快速发展以及公民社会的逐步崛起，公共外交作为一种行为主体多元、方式弹性灵活、施动领域宽泛且影响积极深远的国家形象塑造工具和理念，在被提出后便广泛应用于各国的外交实践。

美国国会图书馆的一项研究表明，公共外交这一概念在1965年由塔夫斯大学弗莱彻法律与外交学院院长埃德蒙·古利恩首次使用，后来该词在其教科书中被界定为：（公共外交是）超越传统外交范围以外国际关系的一个层面，它包括一个政府在其他国家境内培植舆论，该国国内的利益团体与另一国内的利益团体在政府体制以外的相互影响，外交官和媒体记者之间的沟通联系，以及通过这种过程对政策制定以及涉外事务处理造成影响的活动。[1]

彼时，美国正面临大国尖锐对抗的冷战问题，英文中的"宣传"（propaganda）一词在长期的使用过程中逐渐蕴含了"通过信息宣传、操控他者以达成某种目的"的负面内涵。朱豆豆认为，公共外交是冷战时期进入主流视野的"新宣传"表述，这一时期美国推行的以文化教育交流为主导的公共外交活动可被理解为一种更委婉的宣传形态，用以淡化"宣传"的贬义和负面色彩。[2] 可见，公共外交一词于最初出现时在某种程度上是一种命名的更替，这种战略式的话语变换，反而解释了其掩盖冷战事实的内在动机。

美国公共外交官方机构的调整亦能佐证这种话语的遮蔽或外交工作的转向。二战后，美国公众普遍对从事战时宣传工作的"战时新闻处"感到不满，

---

[1] Nicolson, H., "Diplomacy," Washington: Georgetown University Press, 1988, p.14.
[2] 朱豆豆：《从宣传到战略传播：美国宣传观念分野、影响及新宣传话语研究》，《新闻界》2020年第7期。

对战争的厌恶以及对宣传工作的反感导致美国的对外宣传工作出现了一段空窗期，其间并未设置专门从事宣传的机构。1953年，美国为了应对苏联在冷战时期的国际宣传，经艾森豪威尔批准设立了美国新闻署，试图通过广播电台、卫星电视和学术交流等多层次的宣传活动逐步改善美国的国际形象，虽然这些行为在冷战中仍然不可避免地被赋予了浓厚的意识形态色彩，但这些策略正对应着美国政治学家约瑟夫·奈提出的公共外交的三个维度：其一，日常传播活动，即利用国内和国际的媒体传递国际新闻，阐述本国的内政和外交政策；其二，策略性传播，即在某一个特定的时段中对某一议题进行较高密度的宣传，通常针对某一项政策而言；其三，长期交流，即通过学术访谈、职业培训、国际会议等文化交流形式，培植认同本国政策乃至文化价值的个人和组织。[1]

1987年，美国国务院首次对公共外交作出官方定义，指出政府是公共外交的主体，各类文化产品和文化活动是公共外交的传播工具，影响和塑造对象国的社会舆论是公共外交的主要目标。[2] 这一定义强调了媒体在公共外交中的重要作用。1990年，美国前外交官汉斯·N. 塔克在其著作《与世界沟通：美国在海外的公共外交》中给出了他对公共外交的定义："一国政府与外国公众沟通的过程，旨在让外国公众理解本国的思想和理想、制度和文化，以及国家目标和当前政策。"[3] 显然，尽管这个概念中没有特别强调媒体，但其中每个目标离开媒体的推动都不可能实现。

除美国外，全球各国在发展公共外交话语的过程中，也根据国家自身的特点制定了重点各异的公共外交政策。如英国政府主推"文化外交"，着重挖掘外交工作的文化特质，以文化为载体处理本国与世界的对外关系。英国通过开展一系列文化外交活动试图打破以往国际公众心中较为保守的国家形象，充分展示英国现代化的一面。在加拿大、挪威等中小国家，公共外交话语则强调多

---

[1] 刘海龙：《宣传：观念、话语及其正当化》，中国大百科全书出版社2020年版。
[2] 赵启正：《公共外交·案例教学》，中国传媒大学出版社2016年版，第7页。
[3] 陆佳怡：《媒体外交：理论与实践》，中国传媒大学出版社2016年版，第59页。

方主体的广泛参与，意在将外交职能从传统的官方外交机构分散到非政府组织和社会各界，鼓励广泛的民间参与。

（二）公共外交内涵的发展延伸

进入21世纪后，美国从活动内容、开展方式和目标效果等方面进一步丰富和发展了对公共外交的定义，加强了对当代国际交往活动、媒体工具、社会组织以及新的技术手段的利用，同时也加大了对本国与外国公众对话互动的重视，并再次强调公共外交活动在提高国家形象、增进国家利益等方面的重要任务。[1] 此外，在日本学者金子将史的研究中，公共外交的主要追求是提高本国的国际地位和影响力、塑造更加积极的国家形象、进一步扩大国际公众对本国的认同；主要开展对象是外国公众；主要活动涵盖了本国政府对外国公众开展的政策介绍活动、文化传播活动以及对外广播等各类活动。[2]

公共外交也是自由主义国际关系理论下传播观念的内在革新，这种观念突破了以往外交实践中将他国公众视作被传播者的预设，而是将公众当作平等沟通的对象，所采用的传播方式也从单向的信息灌输转向了立足于事实的双向沟通。尼古拉斯·卡尔于2010年发表文章提出了公共外交的七条法则：倾听；参与决策；不是为了国内宣传；以公信力为前提，但各要素之间要建立明确分隔；自己的声音有的时候不是最有公信力的；公共外交并不总是以自己为核心，需要从"国家形象"的困扰中解放出来；人人参与。[3]

与此同时，公共外交在理论层面与软实力概念更加紧密地结合在一起，两个概念的价值取向和发展路径不谋而合。软实力这一概念是由美国政治学家约瑟夫·奈于20世纪90年代提出的，是指一种通过吸引力而非威逼利诱来获得

---

[1] 邓显超：《新时期中国文化外交兴起的必然》，《天府新论》2006年第6期。
[2] ［日］金子将史、［日］北野充主编，《公共外交》翻译组译：《公共外交："舆论时代"的外交战略》，外语教学与研究出版社2010年版，第90页。
[3] 尼古拉斯·卡尔、钟新、陆佳怡：《公共外交：以史为鉴的七条法则》，《国际新闻界》2010年第7期。

己方利益的能力。约瑟夫·奈从行为和资源两个层次指出了硬实力与软实力之间的核心区别。在行为方面，硬实力主要指传统外交手段中的强迫、指令以及利诱；软实力主要通过借助大众传播的议程设置方法，对外交的对象进行相对柔性的吸引。在资源层面，硬实力偏重于调用军备武力、直接制裁等；而软实力则偏重于通过文化价值、意识形态、制度政策等层面来实现外交目标。在现代外交实践中，硬实力和软实力往往是相辅相成的，如美国提出"巧实力"的概念，其实质就是硬实力和软实力并驾齐驱，在与各国打交道的过程中注重采取软硬兼施的手段。[①] 据此，学者钟新认为："公共外交的目标是提升软实力，公共外交定义所包含的公共外交目标和途径与软实力的内涵具有显著一致性，即公共外交通过单向信息传播、双向对话交流或合作等具有议程设置、吸纳、吸引功能的途径力求改善国家形象、提升国家吸引力、增进国家利益。"[②]

在国际关系的相关研究中，公共外交的崛起冲击了原有的国际关系理论，亟须新的分析框架和信息时代外交实践的理论支持。在现代外交环境中，以国家中心论为前提的国际关系理论受到怀疑。信息社会已经催生了更适应时代发展需要的外交平台。一方面，全球化与信息化的趋势打破了国家对信息的垄断地位，在外交实践中出现了诸多非国家、政府的多元行为体，诸如企业、社会组织、媒体乃至个人等行为体充分参与到外交实践中，同样扮演着为各国阐明外交立场、传播价值理念、增进跨国互动的重要角色；另一方面，全球舆论的地位随之抬升，公众对全球事务的参与意愿和潜能空前高涨，与世界各国公众的交流和互动成为外交工作不可或缺的一环。[③]

---

① 刘海龙：《宣传：观念、话语及其正当化》，中国大百科全书出版社2020年版，第23页。

② 钟新：《新公共外交：软实力视野下的全民外交》，《现代传播》（中国传媒大学学报）2011年第8期。

③ Vickers, R., "Public Diplomacy and the War on Terrorism," Paper presented to the annual conference of the British International Studies Association, London School of Economics, Dec. 17, 2002.

在软实力的基础上，戴维·伦菲尔德和约翰·阿奎拉进一步提出了"心灵政治"的概念，网络与语言两大共同体经由"心灵政治"融合在一起，构成了一种与"心灵域"结合的国际关系分析框架。二人指出心灵政治是"信息时代的外交决策行为，通过软权力而不是硬权力起作用"。相对于传统国际关系框架中的权力政治而言，心灵政治着重强调"非国家行为体""软权力""合作共享"等关键词，成为信息化和全球化局势下的理论补充。[1]

（三）公共外交的概念界定

总体上看，中国现在认可并采用的公共外交的定义与欧美差异不大，在具体要素的界定上，国务院新闻办公室原主任赵启正提出了对中国更具时代意义和现实意义的公共外交概念，即公共外交和政府外交组成国家的整体外交。参与公共外交的国家应从各种角度向外国公众展示本国国情，说明本国政策，解释外国公众对本国的不解之处，同时在国际交流中了解对方的有关观点。开展公共外交的目的是提升本国的形象，改善外国公众对本国的态度，进而影响外国政府对本国的政策。[2] 具体关于公共外交的范畴、公共外交与政府外交的关系，以及政府与公众、公众与公众、政府与政府之间的互动形态见图1.1。

首先，公共外交是一国政府直接面对另一国公众（包括各类企业、非政府组织、民间团体、新闻媒体、普通民众等）开展的各种政策宣传、文化传播及交往活动等。这类活动往往由政府主导，是公共外交活动中最为主要的形式。比如美国政府通过广播电台向他国公众传达美国主流的价值观；各国政府通过各类平台将国家形象宣传片投放到他国等。其次，公共外交是一国的公众向另一国政府开展的各种公共外交活动。如一国公民通过各类平台和方式与他国政府之间进行互动，展示传统文化、国情政策、民生发展、祝福期望等，这些活

---

[1] 唐小松、王义桅：《公共外交对国际关系理论的冲击：一种分析框架》，《欧洲研究》2003年第4期。

[2] 赵启正主编：《公共外交·案例教学》，中国传媒大学出版社2016年版，第10页。

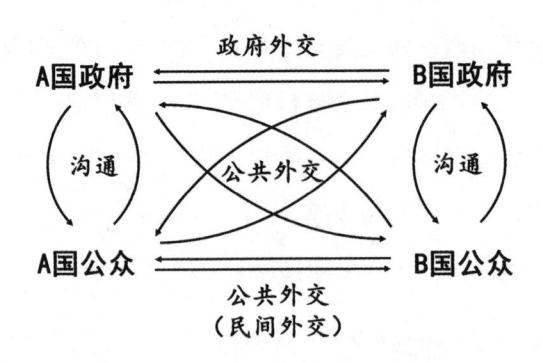

图1.1　公共外交的行为主体

资料来源：赵启正主编：《公共外交·案例教学》，中国传媒大学出版社2016年版，第11页。

动也会影响他国政府对本国的国家形象认知与评价。最后，公共外交是在两国公众之间开展的各种交往活动。在这个维度上这类交往活动也可被称为民间外交，是公共外交活动中泛围最为广泛，层次和维度最为复杂，形式最为丰富的外交方式，包括一国公众可以通过更直接、更具亲和力和创造力的手段与他国公众互动，展示本国文化与价值观，影响他国公众对本国的认知，营造积极的国际舆论环境从而实现国家利益，如著名的"乒乓外交"、友好城市建设、企业文化的海外传播、旅游、求学与国际婚姻等。

韩方明在其《公共外交概论》一书中将公共外交界定为：一个国家为了提高本国知名度、美誉度和认同度，由中央政府或者通过授权地方政府和其他社会部门，委托本国或者外国社会行为体通过传播、公关、媒体等手段与国外公众进行双向交流，开展针对全球公众的外交活动，以澄清信息、传播知识、塑造价值进而更好地服务于国家利益。[①] 这一定义明确了传统外交与公共外交主体的区别与联系，并且强调公共外交活动的主体也可以更加广泛地包含外国行为体，并说明其主要外交活动形式是开展面向外国公众的双向交流活动，进一

[①] 韩方明主编：《公共外交概论》，北京大学出版社2011年版，第9页。

步确认了公共外交这一概念中的相关要素。

狭义的或者古典的公共外交是指一国政府与国外民众的外交形式，它的活动手段包括文化交流项目、国际广播和互联网等，其主要表达形式是信息和语言。在进入到新媒体时代后，公众可以选择通过互联网等信息手段广泛地参与到公共外交活动中来，既能够和本国政府进行互动交流，也可同他国公众和政府开展互动，能够从更广泛的维度使更多的公众活动达到公共外交所追求的预期效果。也有学者提出，非政府组织及其网络的兴起标志着新公共外交的崛起，新公共外交这一概念更加强调双向沟通与对话，将公众视为意义的共同创造者与信息的共同传递者，是"巧实力"武库中的重要工具。而这一概念从本质上来看与公共外交概念并无过多本质差异，因此通常沿用公共外交这一表述。

公共外交以文化传播为主要方式，以传播本国国情和本国政策为主要内容，它对政府的外交工作有相辅相成的支持性和补充性意义。诚然，政府及外交部门同样也被视为公共外交活动开展的重要主体，但在公共外交维度上更多发挥作用的是诸如民间团体、大学、研究机构、媒体、社会组织以及国内外有影响的个人等非政府主体。他们面对外国的非政府组织、广大公众及政府机构，可以借助各自的优势和国际交往平台，从不同角度表达本国的国情和国际政策。由此，公共外交从内涵上来看也是对民间外交的重要发展及深化。

（四）中国的公共外交发展历程

中国首次提及"公共外交"这一概念的著作是南开大学周恩来政治学院韩召颖教授的《输出美国：美国新闻署和美国公众外交》。中国对公共外交的正式研究开始于 2009 年胡锦涛总书记在第十一次驻外使节会议上正式提出公共外交这一概念。2010 年，北京外国语大学仵胜奇出版名为《布什政府中东公共外交》的著作，其中对于公共外交相关概念及其应用领域也进行了详细阐释。2010 年清华大学刘江永出版的《公共外交："舆论时代"的外交战略》一书将

"舆论时代"作为大背景，分析了公共外交在这一特定时代背景下的作用场域。2011 年由察哈尔学会会长韩方明主编的《公共外交概论》出版，该书详细阐释了公共外交的内涵与特征、理论范式、历史变迁、战略及规划、方法与技术以及未来趋势，成为对于公共外交进行深入、细致阐述的重要著述。同年，中国人民大学新闻学院院长赵启正基于工作经历与体会所著的《公共外交与跨文化交流》出版。其后，檀有志的《美国对华公共外交战略》和赵可金的《软战时代的中美公共外交》相继问世。

实践探索方面，经历了改革开放前后中国社会发展的巨变，中国公共外交也经历了从民间外交到公共外交的话语更迭。在中国综合国力迅速崛起的时代背景下，中国不断重视自身与世界关系的历史性变化。党的十八大以来，党中央始终高度重视公共外交工作。2012 年 11 月，中国共产党第十八次全国代表大会召开，报告中首次提出并明确了公共外交的新目标："我们将扎实推进公共外交和人文交流，维护我国海外合法权益。我们将开展同各国政党和政治组织的友好往来，加强人大、政协、地方、民间团体的对外交流，夯实国家关系发展社会基础。"① 向全党、全国人民吹响了扎实推进公共外交的号角。在中国共产党第十九次全国代表大会上，习近平总书记更是在报告中系统阐述了新时代中国特色大国外交的指导思想和总体部署，为新时代中国特色大国外交作出顶层设计，开辟了中国外交的新气象、新格局、新航程。党的十九大召开以后，习近平总书记提出的中国特色大国外交形成了全方位、多层次、立体化的外交布局，共建"一带一路"倡议、丝路基金、亚洲基础设施投资银行、二十国集团峰会等理念与实践进一步提高了我国的国际影响力和感召力。党的十九大报告中虽然没有明确提到公共外交，但仍丰富且深化了其内涵："中国积极发展全球伙伴关系，扩大同各国的利益交汇点，推进大国协调和合作，构建总

---

① 胡锦涛：《坚定不移沿着中国特色社会主义道路前进　为全面建成小康社会而奋斗——在中国共产党第十八次全国代表大会上的报告》，人民网，2012 年 11 月 8 日，http://cpc.people.com.cn/n/2012/1118/c64094 - 19612151.html。

体稳定、均衡发展的大国关系框架,按照亲诚惠容理念和与邻为善、以邻为伴周边外交方针深化同周边国家关系,秉持正确义利观和真实亲诚理念加强同发展中国家团结合作。加强同各国政党和政治组织的交流合作,推进人大、政协、军队、地方、人民团体等的对外交往。"①

四、公共外交的特征及目标

外交是一项对国际政治、经济、技术、文化环境十分敏感的事业。综合公共外交概念的产生和演进可以发现,无论是修辞的变化("新宣传"的造词法)还是理论的更新,作为一种话语的公共外交事实上为急速变动的外部环境所塑造,并形成了相对稳定的内涵。也因为这种高速的变化,本书选择暂且搁置前文所谓新公共外交与公共外交之间的区别,而将新公共外交视作公共外交更为强调双向信息互动的一个侧面来理解。在外部语境的变化下,公共外交与传统外交工作的区别和试图解决的新问题得以浮现,沿着这条路径,笔者试图概括公共外交较之传统外交活动的特征和目标。

(一) 外交主体与对象下沉

外交主体与对象下沉是公共外交中公共特质最为直接的体现,也是公共外交的本质属性。传统的外交行为通常在政府和政府之间进行,公共外交则将外交行为的主体与对象同步下沉至包括企业、社会组织、个人等在内的公众层面,将外交的目标从争取他国政府的理解与支持转向更广泛地影响他国公众的态度。这也直接带来了公共外交活动较之传统外交活动更具广泛性的特征。

一方面,公共外交跳出了以往高度强调政府间外交活动效果的限制而关注

---

① 习近平:《决胜全面建成小康社会 夺取新时代中国特色社会主义伟大胜利——在中国共产党第十九次全国代表大会上的报告》,央广网,2017 年 10 月 27 日,http://news.cnr.cn/native/gd/20171027/t20171027_524003098.shtml。

到了公众在推进政府政策制定等方面的强大动力，将活动焦点放在公众这一广泛主体上，由以往的一对一关系变成了多对多的网状互动模式，为传统的外交目标实现提供了更为广阔的路径和可能；另一方面，公共外交通过主体与对象的下沉拓展了传统外交所不能抵达的新关系，促成了不同国家政府与各国公众之间、不同国家公众之间的更丰富、深化、频繁的接触和交流。将外交主体和对象下沉至民间，公共外交便能发挥多元主体的活力，调用更为丰富的信息资源，运用更加广泛的手段传递本国更多维度的信息。各国的非政府组织、智库、学术机构、各个阶层的公众都能在公共外交中找到自己的作用空间和一席之地，因而，公共外交的内容及其外交成果也同样具有广泛性的特征，可以覆盖经济、文化、历史、科技、教育、体育、媒体等多个领域。

此外，这种外交主体与对象的下沉也带来了公共外交的网络化趋势。此处所指的公共外交网络化不是狭义的互联网化的含义，而是指公共外交行为已经跳脱了政府间由点对点的单一交往模式所形成的线性关系，而是逐步涵盖了政府、企业、社会组织、民间团体、意见领袖及普通个人在内的分布于不同领域不同层级的各类主体与客体，开展公共外交活动时共同形成的复杂的多对多的网状互动系统。这些主体通过各种信息传播方式在不同程度上承载着各国阐明外交立场、传播文化价值、增进跨国互动、塑造国家形象、消除误解隔阂的外交使命。同时随着当前全球化程度的进一步加深，国家与国家之间的外交活动影响不会再被严格限定在两个国家内部，也会通过各类媒体平台以网状形式蔓延并放大到其他国家，相应地影响其他非目标国对该国外交政策、方针及措施的评价。

（二）外交手段柔性化

在与各国公众接触的过程中，传统的硬权力手段已经难以作用于权力弥散的信息空间，在互联网为用户赋权的技术逻辑下，各国公众逐渐获得了选择信息内容的自主权。作为对软权力的延续，公共外交往往是以公共关系、文化交流、学术访问、民间互动等非官方、非正式的手段开展，随着网络信息技术的不断迭代，互联网和社交媒体逐步成为公共外交实践的关键空间。区别于以往国家领导人、外交官的会晤以及相应伴随的政治事件，公共外交侧重于不同国家之间的跨文化传播，以柔和的方法增强国家的吸引力，促进各国公众对本国文化价值的认同。

柔性的公共外交手段与新宣传话语紧密结合，阿什德和约翰逊把宣传放到了组织与公共关系的框架中加以理解，认为旧宣传从底层逻辑来看是由国家操作的，而新宣传是组织通过现代公共关系来操作以实现其外交目标，并进而总结了新宣传与旧宣传的区别：从受众层面来看，旧宣传通常围绕着传播者的传播意图和传播目标来加工其传播内容，对全体受众进行无差别分发（如电视、报纸、广播等），而新宣传则对受众群体特质及偏好进行细致分析与分类，针对不同信息需求的受众进行有针对性的传播内容设计及分发渠道匹配，保证用户个性化的信息需求得以满足，从而实现外交目标的精准达成。在媒体使用上，旧宣传通常直接使用媒体作为手段来进行信息宣传，通过发布特定内容的信息实现宣传目标，而新宣传则侧重关注和控制媒体信息源，从更加根本的维度保证媒体上传播的信息能够保持原有的真实性，也能在发出的起始点就为外交目标的实现服务。在目的上，旧宣传意在通过宣传活动说服和改变受众的态度、信仰和行为，有强势塑造组织形象的特征，容易招致本国受众和他国受众心理抵触与反感。而新宣传在宣传活动中高度重视并时刻保持组织的正当性，用更加全面客观的信息展现组织形象，用更加柔化的方式强调组织对受众的吸引力与魅力，在塑造组织形象的同时，加强受众对组织目标的理解与认同。在手段上，旧宣传始终强调保持宣传内容的可信度，在某些信息发布中希望信息是"不容置疑"的。而新宣传强调"用事实说话"，尽管有些事实对于组织形象会有一些破坏效果，但能够展现出组织与受众真诚沟通的原则，能够勇于呈现事实，哪怕是那些关于组织的负面形象，也能够有助于公众形成对组织的认可与理解。① 这种新宣传的理念与行动也始终伴随着公共外交活动的开展发挥着积极作用。

表 1.1 旧宣传与新宣传传播要素的区别

要素	旧宣传	新宣传
受众	无差别对待受众	对受众进行细分
媒体使用	直接使用媒体	关注和控制媒体信息源
目的	说服和改变受众态度、信仰和行为	保持组织的正当性
手段	保持宣传内容的可信度	"用事实说话"

（三）外交理念升维与革新

公共外交话语的演进还折射出了外交理念的升维与革新，这种外交观的演进从国际关系和传播学的相关研究中汲取思想资源，从其具体体现上可以整体概括为"双向""尊重""共赢"三个关键词，凸显了公共外交的合作色彩。

其一，公共外交意识和关注到了非政府行为体在为各国阐明外交立场、传播价值理念、增进跨国互动、提高国家形象等方面发挥的重要作用，其强调的外交主体与交往对象向公众的下沉有效构建了国家与公众平等沟通的新型关系，外交机构不再是高高在上的"发声器""传声筒"，而是与他国公众平等对谈的圆桌会议中具有同等身份的一员，这种平等、双向的交流互动打破了以往自上而下单向的传播秩序与传播格局，促进了更贴近受众的外交互动的开展，并建立起畅通双向信息沟通渠道，在通过双向沟通交流于主体与客体间形成理解和认同的同时，也可以根据受众的反馈及时调整外交策略与外交目标。

其二，公共外交的实践必须建立在受众自愿接受的基础上，这就要求公共

---

① 朱豆豆：《从宣传到战略传播：美国宣传观念分野、影响及新宣传话语研究》，《新闻界》2020 年第 7 期。

外交将受众视作具备对信息进行自主判断能力的个体，从而高度尊重各国公众的主体性。因此，公共外交往往通过传递事实和文化价值等令人信服的内容以吸引他国公众。

其三，公共外交摆脱了传统国际关系和外交活动中零和博弈的困局，在网络空间和语言空间中建立起了平等对话的基础，有效实现了政府与公众的双向交流，从单向宣传转向互动交流，从竞争冲突转向合作共赢，从而实现了对传统外交理念的突破。据此，我们也应当客观地认识到公共外交较之传统外交具有更加明显的渐进性与长期性。由于公共外交旨在充分发挥公众的作用，从而形成一种从公众到公众再到政府的间接影响过程，因此，公共外交活动是一个潜移默化的过程，更是由政府主导、多元主体协同发力的系统工程，由于国内政策与国际环境时刻处于不断变化当中，公众开展的各类公共外交活动也将随之处于不断调整的动态过程中，难以在某个特定的时间段或是短期内达到预期效果。因此，公共外交活动更要做好顶层设计和长期规划，充分关注国内外环境变化，统筹协调好各方主体的外交职能，循序渐进、持之以恒，方可最终实现阐明外交立场、传播本国文化价值理念、增进跨国互动、塑造国家形象等公共外交目标。

五、公共外交的目标追求

在充分理解公共外交较之传统外交的特征后，笔者梳理了学者韩方明对公共外交几项理论使命的论述，即公共外交的目标。理解公共外交目标在政府及非政府行为体开展活动及进行公共外交效果评估时可做重要参考，也有助于后续理解新媒体技术与公共外交两者间的内在契合。

一是实现跨文化传播。韩方明认为公共外交作为一项国家战略，其关注的不再仅仅是政府间的外交关系，而是更广泛维度的国家公民社会之间的内在关联，关注的是跨国社会交往对外交提出的挑战，从根本上是不同国家间的文化和价值观之间的关系。① 美国哈佛大学政治学教授塞缪尔·亨廷顿的"文明冲突论"尽管在一定程度上对于国家间文明的冲突和矛盾过于悲观，但我们同样应当客观清醒地理解当前国家间不同文化彼此冲突的现实框架下，国际关系中的阻隔因素既包括宏观上的文化鸿沟，也包括日常生活中由于文化原因而导致的交流障碍、理解障碍与认同障碍。因此，传统的外交逻辑亟待更新，通过公共外交实现不同国家文化之间的深度交流与对话则成了公共外交一项重要的目标，需要通过非武力征服、政治鼓励或经济诱惑等更为柔性、长远的软性手段来实现。

二是有助于政策推行。公共外交属于外交工作的一种新形式，自然延续着传统外交工作的目标追求，在这一层面上，公共外交是执行外交政策的工具之一，因此，追求国家利益的目标可以说是不言而喻的。一方面，它通过官民结合为外交政策目标的实现创造条件。另一方面，公共外交也是外交政策释放信号的一种体现。如前所述，公共外交作为传统政府外交的有力补充，通过引入更多元化的主体参与到同国外公众的交往与互动中，通过向他国公众细致、开放地解释本国的外交政策，能够有效扩大外交政策的受众面，为外国公众理解本国文化与政策提供平民化、生活化的多元视角，非官方身份也更易于被外交对象所接受。同时，各类公共外交活动的开展没有本国政府的允许和支持也是无法实现的，从这个角度来看，公共外交活动的开展也能够体现本国政府同他国真诚交流的积极态度。

三是便于信息获取与管理。韩方明认为，信息管理在全球化时代已成为一种国家工程，在信息流动日益加速的时代，一个国家失去信息，就意味着失去安全和机会。所谓信息管理，是指对信息资源进行搜集、存储、整理、开发、规划、利用的一种战略管理，以提供一次、二次和三次文献为主，有效满足用户的信息需求，其管理和提供的对象是编码化的显性知识。从外交关系的角度

---

① 韩方明主编：《公共外交概论》，北京大学出版社2011年版，第11页。

来说，一个国家对信息进行管理，可以有效地解决信息现象的复杂多样性和信息的无序性与国际公众对该国信息需求之间的矛盾，使在特定的时间内获取所需要的特定信息成为可能，从而为人们做出正确的行为决策提供依据。在发生国际性热点事件时，通过梳理与分析来自外国公众的观点与态度能够帮助当事国更好地理解国际舆论环境，从而能够进行准确的政策制定与外交活动策略设定，从而对于不同受众开展更有针对性、指向性的公共外交活动，以实现国家利益。

第二章 新媒体助力下的公共外交新形态：新媒体公共外交

在前文中，我们深入分析了新媒体与公共外交的概念及其特征，发现无论是从传播学还是外交学的视角上看，二者皆为更广阔的语境所塑造，并在诸多方面共享着相似的宏大命题。沿着此种路径，本章试图论述新媒体公共外交的产生、概念及其特征，将新媒体与公共外交两种话语有机结合，借以分析新媒体公共外交的内在理路。

一、新媒体公共外交及其相关概念辨析

从历史发展上来看，尽管各国都有运用各种媒介塑造本国国家形象、传播本国政策的实践尝试，但事实上，媒体与外交事务两者的正式结合始于20世纪中叶。此前两者处于分离的状态，缘由是利用媒体开展的面对外国政府的外交活动无论从合法性还是实践成效方面都始终备受怀疑，例如1948年美国出台的《史密斯－蒙特法》（正式名称为《美国信息与教育交流法案》）中就明文禁止在国内传播由国外制作的专门针对本国公众的节目。而后，伴随全球化浪潮的涌进和各国对外交理论与实践的深入探索，特别是在公共外交这一概念

新媒体助力下的公共外交新形态：新媒体公共外交

出现之后，媒体似乎便自然而然地成为了开展公共外交事务天然、有力的工具。

尽管前文已经对公共外交这一概念进行了深入阐述与辨析，但笔者在这里仍想引用赵可金在《公共外交的理论与实践》中对于公共外交的定义来说明公共外交与媒体之间的天然联结。赵可金指出：公共外交是指为了提高本国的知名度、美誉度和认同度，而由其政府或其授权的有关机构通过对外信息传播和国际文化交流等形式与外国公众进行双向交流的过程，以澄清信息、传播知识、塑造价值观，进而更好地服务于国家利益的实现。[①] 杨闯于2010年主编的《外交学》一书中进一步指出：（实现上述目标的）具体形式包括报刊、电视、广播、电影、录像、光盘等媒介，出版发行文化交流期刊、外文图书，互派留学生、学者、艺术或体育代表团等。[②]

由于前文对于新媒体的产生及其技术已经进行了详细论述，因而在此不再进行赘述。在谈及新媒体公共外交时，笔者发现诸多学者并没有给出新媒体公共外交的定义，或者说没有试图将其当成一个具有广泛共识性的专有名词来论述，而是更多地将新媒体时代作为研究公共外交的特定背景及语境，或是以新媒体作为公共外交的展现形式或技术工具进行叙述。究其原因，笔者发现，尽管直接使用新媒体公共外交加以论述的文献寥寥，但存在大量关于网络外交或媒体外交的研究成果。

（一）网络外交的概念界定

赵可金在其论文《网络公共外交大有可为》中极富前瞻性地提出了网络外交的概念、表现形式以及发展趋势。

从定义上看，赵可金在兼顾网络公共外交的技术性和社会性的基础上，将其界定为："一个国家的中央政府适应信息传播技术革命的需要，为了实现国

[①] 赵可金：《公共外交的理论与实践》，上海辞书出版社2007年版，第15—16页。
[②] 杨闯主编：《外交学》，世界知识出版社2010年版，第184页。

家利益和执行外交战略和政策，在遵守国际互联网安全管理制度基础上，通过运用信息传播技术手段所开展的一系列信息发布、政治动员和社会交流活动的总和，它是信息化时代国家外交形态的新发展，与现代外交相比是一种主体多元化、手段虚拟化、议程即时化、互动人性化和价值民主化的外交形态，核心是澄清信息、供给知识和塑造认同。"① 从这个定义上看，赵可金强调了传播技术革命在推进外交进程中的作用，认为网络外交是信息网络技术与外交系统耦合的产物，是开展外交活动的一种实现形式。②

此外，他在文中详细论述了网络公共外交的三种形式。

一是在线外交（diplomacy online）。他指出，这是一种政府隐身幕后从事导演和指挥功能，进而依靠独立网站和商业性网站台前操盘以加强与公众沟通的外交机制。这种外交方式通过依托互联网平台挑起社会公众舆论的争论，或者通过暗中支持跨国公司的商业行为从而在海外开展社会抗争，激励海外的社会运动，以推行特定的外交议程，其开展形式如图2.1所示。这方面的例子不胜枚举，例如美国以"网络自由"为借口，支持谷歌、推特（Twitter）以商业行为的面貌对其他国家的互联网政策施加压力等。

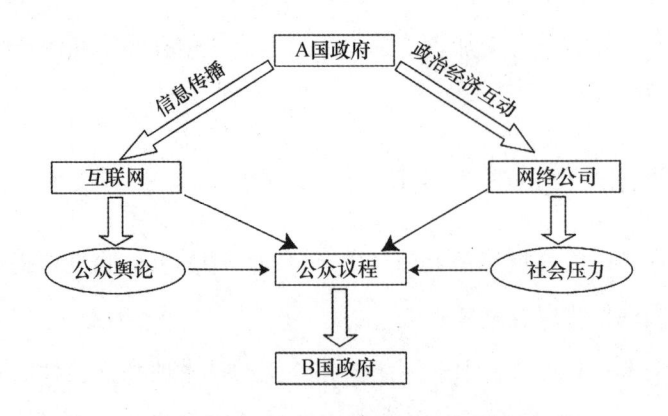

图2.1　在线外交的开展形式

---

① 郭可：《国际传播学导论》，复旦大学出版社2004年版，第158页。
② 赵可金：《网络公共外交大有可为》，《公共外交季刊2010年冬季号》2010年。

二是虚拟外交（virtual diplomacy）。与在线外交的间接性相比，虚拟外交直接推动外交虚拟化，建立与现实外交相对应的虚拟外交世界，包括建立与现实外交系统相匹配的虚拟外交系统、开展虚拟的公共外交等，塑造在虚拟世界中的外交形态，实现国家利益和外交议程。例如通过设置平台开展国家元首、外交部门之间的互动交往，其活动流程及效果与现实的外交活动几乎无差异，甚至可以通过技术手段将本国政策、文化、价值观传播至世界各地，从而影响他国人民的看法及行为。其开展形式如图 2.2 所示。

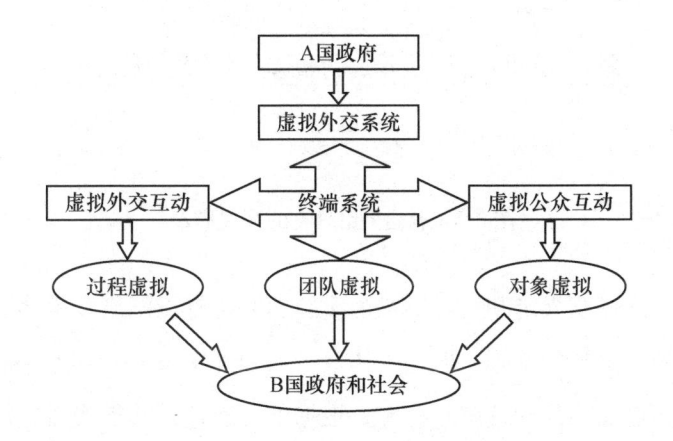

图 2.2　虚拟外交的开展形式

三是社会网络外交或者 Web2.0 外交（social network diplomacy/Web2.0 diplomacy）。从这个维度上看，这一种外交形式即我们在本文中所界定的以社交网络媒体为基础的新媒体外交。类似于油管、脸书（Facebook）、推特和各类社交网络服务等 Web2.0 工具所具有的强大社会动员能力，网络外交也体现在外交主体运用网络系统所建立起来的电子邮件群、各类全球视频会议、美国国务院的 DiploWiki 群、瑞士外交部门的 WorldChat 社区、中国的微博等开放沟通机制，将众多政府、非政府组织及个人在世界范围内组织和动员起来，构成威力巨大的外交力量，影响着全球政策的变化发展。赵可金指出，以推特为代表的社会网络外交最能体现出以人为核心线索的特征，用户（无论是个人、政府机构或私人组织）都可以创建一个账户，发送不超过140字的短消息给订阅者，无数由用户自行粘贴和编辑的信息即时发送，成为实时更新的强大信息流。其开展形式如图2.3所示。

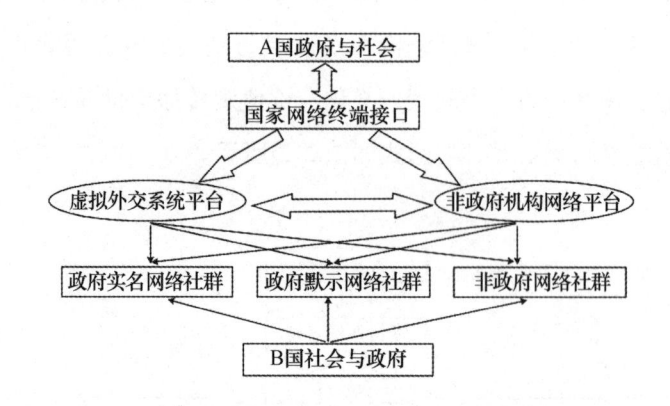

图2.3 社会网络外交的开展形式

网络外交的概念界定和三种形式为我们理解所有以网络技术为支撑的外交活动奠定了极为重要的基础，但随着技术发展和外交事业的不断深化，也需要对其内涵进行更加深化的理解与探究。根据上文综述，我们发现，尽管赵可金将社会网络外交或者Web 2.0外交作为网络外交的一种表现形式，但网络外交中扮演更多角色的主体仍然是政府，而网络外交只是作为原有传统外交的一种技术拓展与延伸。网络在其中发挥着技术基础的作用，在这个技术基础上所衍生的一切外交形式都可以被纳入网络外交的范畴。他指出，尽管人们日益重视互联网在外交中所担负的收集和共享信息、谈判、沟通和其他功能，但仍然很少有人关注运用Web2.0技术推动社会网络外交机制。但他同样非常敏锐地判断出这将是未来的发展趋势：在运行机制上，网络外交从官方一元交流、谈判、达成协议的单一问题解决路径，转化为从官方到非官方的多元主体均参与交流、博弈及合作的多样化问题解决路径。而在那个语境下的展望在信息技术高度发展、公民政治参与意识热情高涨的今天已经成为现实。

也有学者在此基础上将网络外交细化出了网络公共外交这一概念。如李希光、王晶则在《中国如何面对网络公共外交》一文中使用了网络公共外交的含义：一国政府把过去通过传统媒体开展的政府外交、政府对外传播变为通过新媒体的个人对个人的网络公共外交。① 其实这一定义就和新媒体公共外交的概念内涵高度一致了。

（二）媒体外交的概念界定

以色列学者艾德恩·吉尔博阿是较早明确提出媒体外交概念的研究者之一，他对媒体外交的内涵阐释可以归纳为：国家在具体情境下利用大众媒体传递信息，以建立与对象国民众信任为基础，从而裨益国家利益的实现。② 这一定义强调了国家是媒体外交的主体，媒体外交作为外交的一种方式和手段，其活动对象是对象国公众，其根本目的是实现国家利益。这一定义关注到了媒体外交的工具性和政治性特征，是对外交领域日益凸显的国际竞争态势的一种策略回应。

尤耳·科海恩在其所著的《媒体外交：传播时代的外交部门》一书中指出，媒体外交的发展源于大众传播的不断发展和民众对国际事务的兴趣增长，并对外交产生了冲击。新闻媒体与外交之间的互动关系即媒体外交。外交政策的制定者在对大众媒体进行必要控制之余，还充分利用它为自身服务。③ 这一定义重在强调，大众传播技术的发展和民众参与国际事务的意识与热情提升是媒体外交出现及发展的根本动力。相较上述两个定义，我们不难发现，尽管后者仍然没有回避媒体外交中所蕴含的政治目的，但已不再把其当作原初动力，而是愈发重视公众在媒体外交中所发挥的作用，淡化意识形态色彩，国家和政

---

① 李希光、王晶：《中国如何面对网络公共外交》，《公共外交季刊》2010 年第 4 期。
② 刘伟：《试析美国媒介外交》，南京师范大学 2006 年硕士学位论文。
③ Cohen, Y., "Media Diplomacy: The Foreign Office in the Mass Communication Age," London: Frank Cass, 1986, p. 2.

府在其中所扮演的角色更像是在媒体技术发展和公众思维觉醒背景下的积极适应者。

综合上述定义，李观在其硕士学位论文《新世纪的中国媒体外交》中为媒体外交给出定义：媒体外交是基于信息全球化的技术背景，以政治目的为旨向，在新世纪媒体发展现状的形式中，开展外交活动的行为。[①] 这一定义比较宽泛和简单，但涵盖了媒体外交的技术性和政治性特点。同时李观指出：媒体外交这一概念本身也包含着变革性的内在特质，这种变革不仅要受到国内外因素的制约，同时也受制于媒体技术的不断发展迭代和外交思维理念的不断更新，媒体外交因此也具有极强的生命力与活力。

这似乎是一个可以不断被拓展的概念，媒体公共外交这一概念又悄然出现。薛力源在其硕士学位论文《中国媒体公共外交的现状及对策研究》中为媒体公共外交给出定义：媒体公共外交是指媒体作为主体所展开的公共外交活动，可以分为两个层面来进行，宏观上，政府通过向目标国家推销其新闻理念和媒体运作模式，以变革目标国家的新闻和媒体为切入点影响其政治社会的转型，实现自身利益的最大化。微观上，政府采用新闻管理的手段，促使媒体直接或间接地参与外交事务。[②] 诚然，这一定义体现出了学界对于媒体与外交两者之间互动研究的不断深入，但仍存在令人疑惑的表述——既明确指出媒体是该种外交活动的主体，又在具体开展形式中强调了政府的根本性作用，无法自洽地表达媒体公共外交这一复合性概念的深刻内涵。

（三）新媒体公共外交的概念界定

从上文的叙述我们能够发现在理解媒体与外交这两种话语时的复杂情绪，有趣的是学者似乎分成了两类，一类在对两个概念进行复合阐释甚至构词时表现出一种理所当然的自信，另一类在使用两者概念时却有意地设置了屏障，体

[①] 李观：《新世纪的中国媒体外交》，山东师范大学 2017 年硕士学位论文。
[②] 薛力源：《中国媒体公共外交的现状及对策研究》，青岛大学 2014 年硕士学位论文。

现出超乎想象的慎重。尽管如此，在纷繁复杂的概念及其衍生概念中，媒体与外交二者间密切的关系已经呼之欲出。笔者试图在各类概念中阐明一条更为清晰简约的逻辑主线，以期能够从各种复杂的概念中厘清新媒体公共外交的具体含义。

首先，新媒体公共外交的核心不是新媒体而是公共外交，其目的是运用各种方式和手段提升公共外交的效能。无论是何种媒体（传统媒体或是新媒体），其根本目的都是为了有效保障公共外交形式多样、渠道畅通的手段。我们应当理智地认识到：诚然，新媒体技术的不断发展带来了公共外交活动的蓬勃发展，但媒体并不是脱离管制框架的完全超然的存在，一切媒体活动的正常开展运行是有前提的，亦是在特定的制度框架下开展的，因此也必须符合一国的政策标准，也就必然代表着一国政府根本的价值取向。认为媒体本身具有独立开展公共外交活动的排他性与能动性的理解是脱离现实的。而无论是网络外交抑或媒体外交，其根本目的是围绕公共外交目标服务的，缺乏了这个根本的目标指引，一切网络活动或媒体活动就缺失了信息的根本价值取向而成为零散的信息本身，无法服务于某一确定目标，这无论从外交学还是传播学视角来看都无法接受。因此，新媒体公共外交是公共外交主体运用新媒体手段开展公共外交活动的一种形式。

其次，前文详细叙述了新媒体与传统媒体的区别，因而尽管媒体这一概念能够既包含新媒体也包含传统媒体，但两者在公众之间产生的交互性特征上所能发挥的效果不可混为一谈。当然，传统媒体建设时间长、经验积累丰富的显著优势在推进外交进程方面的重要作用时至今日仍然不容小觑，但新媒体的理念之新，强调了传播者和受众两者身份的融合，因此能够使全体公众都有均等机会参与的公共外交活动更加发挥实效。鉴此，新媒体所体现的公共性、交互性和公共外交所体现的公共性、交互性在价值取向上高度一致，存在极为紧密的内在契合。这一点也将在后文详述。

因此综合两者概念，笔者将新媒体公共外交定义为：由政府或者政府授权的企业、非政府组织、新闻媒体、普通民众等公共主体，依托由数字技术、互联网等技术为基础建立的开放性、互动性平台与信息服务的复合式媒体形态开展针对全球公众的外交活动，以阐明外交立场、传播文化理念、塑造国家形象、增进跨国互动、消除误解偏见，进而实现国家利益的外交形式。

二、新媒体与公共外交的内在契合

尽管前文已经较为详细地阐释了新媒体公共外交这一概念较之其他相关概念的区别与联系，但新媒体与公共外交两者的融合似乎能够赋予新媒体和公共外交原本并不具有的一些衍生内涵，因此，进行更为详细的文献梳理从而寻找到新媒体与公共外交的内在契合则显得十分必要。

（一）语境共享：技术与价值的交叠

如果从历史维度梳理了媒体外交的理论背景及发展源流会发现，二战后，随着大众传播技术的不断发展以及民主政治的扩散，传统的"秘密外交"已被揭开了神秘面纱，不再是政府或外交部门专属的职能，而逐步转变为公开进行的公共外交活动。政府、企业、民间组织、社会团体、普通民众等多元行为体均能够作为主体通过各种媒体手段参与到公共外交过程当中。赵可金也对媒体外交进行了专门的论述，认为媒体外交是公共外交中通过媒体进行运作的那一部分活动，是公共外交的一个重要组成部分。[①] 在对于媒体公共外交的研究中，国外学者通常聚焦于政府、媒体、公众与外交决策这四大要素之间的关系和互动，形成了三个研究视域：其一，媒体作为信息源，其价值主要是为公众和外交决策提供信息；其二，媒体作为联络渠道与平台，在政府、公众与外交决策者之间架起顺畅沟通的桥梁；其三，媒体作为干预渠道，呈现外交议程，影响

---

① 陆佳怡：《媒体外交：一种传播学视角的解读》，《国际新闻界》2015年第4期。

公众意见。国内学者则更侧重强调了作为媒介渠道的媒体在呈现外交议程、影响公众意见和塑造国家形象方面的作用。① 可见，众多学者将外交活动的媒介化作理解媒体外交的核心维度，外交的公开化进程和公共外交的出现，很大程度上都可被视为现代社会媒介化在外交领域的反映。相应地，媒体卷入外交决策程度不断增强，逐渐成为外交进程的参与主体和影响国际关系的行为主体。②

公共外交着眼于赢得其他国家人民的理解和认同，信息技术的发展和社会的信息化是其产生、发展的内在动力之一。王文认为，以社交媒体为主要代表的Web2.0技术，借助高速传播的信息扩散效应以及个人信息创造与交互功能，正在重新组织与排列当今世界的社会行动、政治议程与外交博弈方式。③ 在Web1.0时代，用户只能通过互联网浏览、获取信息发布主体想要呈现的信息内容，彼时的公共外交更多是一国意愿的单项输出；而Web2.0时代则为用户提供了交流互动的可能，即时通信、内容分享、社交网络等功能得以实现，以脸书、推特为代表的社交媒体发展壮大，极大地拓展了国家外交的路径。

史安斌等认为，在技术和理念的双重推进下，"数字化外交""Web2.0外交""新公共外交""E外交"等一批新名词涌现，体现出外交发展的两个转向。一是外交行为的公共化。外交主体不断下沉，从单一的政府机构转变为多元的民间组织、社会团体和广大公众，传播方式从权威独白到沟通对话，再到理解合作。二是数字技术在外交实践中的广泛应用。数字技术对外交机构的规范、价值观、工作组织架构产生了潜移默化的影响，数字化外交已然成为当今国际关系和跨文化传播的"新常态"。④

---

① 陆佳怡：《媒体外交：一种传播学视角的解读》，《国际新闻界》2015年第4期。
② 陈婷：《新公共外交的内涵、特征及对我国外宣媒体的启示》，《青年记者》2019年第12期。
③ 王文：《Web 2.0时代的社交媒体与世界政治》，《外交评论》（外交学院学报）2011年第6期。
④ 史安斌、张耀钟：《数字化公共外交：理念、实践与策略的演进》，《青年记者》2020年第7期。

综上所述，在当前的外交与信息技术发展进程中，媒体与外交已经从两个独立的研究领域转为在更大时代背景下的融合，媒体作为一种技术手段已经和外交的特定价值理念交叠在一起，共享着更广阔的完整统一的发展语境。

（二）目标共享：跨文化交流与新传播秩序

如前文所述，公共外交具有对象下沉、手段柔化、理念更新等特征，并具备跨文化传播、政策推行、信息获取与管理等明确目标。与此同时，新媒体所内嵌的数字信息技术以及网络传播模式又进一步激活了公共外交的内在需求，响应了全球化进程中国家进行政策及文化传播的政治议程。由此，新媒体和公共外交在技术和价值的双重逻辑上实现了目标的对接，其中最为具体的机制就是跨文化传播以及全球传播格局的重构。

文化从一个区域传播到另一个区域，从一个群体传播到另一个群体，从一个时代传播到另一个时代，这种文化的传递、扩散和流动被称为文化传播。[①]从文化传播的方向上看，文化传播包含两个主要形态：一是文化传承，指同一文化内知识、观念和价值规范等的继承；二是跨文化传播，这种形态同时包括文化传播主体和内容的跨文化属性，强调不同文化内容之间的互动与融合以及不同文化背景的主体之间日常的交流沟通，对不同文化和人类社会发展的影响。[②]

文化传播作为公共外交的重要目标，具有下述几个方面的意义：第一，文化传播是公共外交目标实现的基础。不同国家间主体在开展交往活动时需要在理解自我、理解对方的基础上发挥作用，因此，对于公共外交的主体来说，只有充分挖掘本民族文化内涵做到理解自我，并在此基础上进行高效的文化传播，让更多国际化客体能够理解我方文化，我方也更好地理解对方文化，才有可能真正提升本国与他国民众之间的相互理解和认同。第二，文化传播是开展公共外交的重要途径，在文化传播的过程中，政府、企业、社会组织、媒体以

[①] 陈晓莹编著：《文化传播学》，福建人民出版社2017年版，第25页。
[②] 孙英春：《跨文化传播学》，北京大学出版社2015年版，第14页。

及普通公众都承担起了主体责任，潜移默化地进行着公共外交活动。第三，在文化传播过程中，多元化主体可以呈现更为丰富、多元的视角与案例，实现文化资源的整合。这种借助多主体优势共同发挥作用的过程，同时也是公共外交资源的整合过程，有利于实现公共外交效果的最大化。

新媒体使公共外交中的重要目标——跨文化传播具备了技术上的可能性。当前 Web2.0 将全球各国的网民连接在一起，不同国家、不同民族的公众可以跳出身份的限制在网络空间中实现较为直接的对话与互动，使异质文化的碰撞与交流成为惯常的状态。从另一个角度看，这种基于社交媒体的跨文化传播可以促进大量发展中国家文化向发达国家的逆向扩散，从而改造全球传播秩序。大量后殖民主义相关文献研究表明，"文化帝国主义"仍是当今全球传播秩序不平等的体现之一。王维佳等认为，新的全球传播环境非但没有再培育众人期盼的"全球公民社会"，反而是在不断促成新型的强权支配结构。在这一过程中，20 世纪所遗留的第三世界主权体系和社会革命话语是被攻击的首要目标。一个与 19 世纪颇为相似的新的文化和信息帝国体系已经浮现，它的最大挑战来自全球边远地区国家与人民的再次结合。[1]

从公共空间的尺度上看，张志安认为，国际传播秩序的结构已不再只靠政府力量和跨国传媒集团的优势，以社交媒体、搜索引擎、短视频平台等为代表的互联网平台赋予网民自主生产、加工、存储和传播信息的便利，让世界各国的网民在数字化的日常生活中构建新的文化传播空间。基于这些全球性互联网平台的跨国信息流动，信息技术的全球共享、网民之间的跨文化对话、多元主体参与的网络公共外交等都变得活跃起来，这种生活化、碎片化、非正式的民间沟通成为官方沟通、媒介建构之外形塑信息传播新秩序的重要方式。[2]

---

[1] 王维佳、曹泽熙：《"文化帝国主义"过时了吗？——"全球传播时代"的国家、主权与平等》，《北大新闻与传播评论》2013 年第 00 期。

[2] 张志安、潘曼琪：《抖音"出海"与中国联网平台的逆向扩散》，《现代出版》2020 年第 3 期。

基于此，他进一步指出，当前以公众为行为主体的对外传播多元格局已经形成，社交媒体的出现打破了国内与国际传播的界限，全球传播同步和国内外公众共同参与成为当今生活的常态。他认为，海外社交媒体在创新民间互动方式、参与国际传播与推动国际话语交流方面所发挥的效能越来越强。加之这些社交媒体中信息的传播与流动具有低成本、高时效、易扩散等特点，因此社交媒体无疑是承载国际传播功能最为便捷、有效的载体。由此，更具交互性的社交媒体不仅成为国际传播的新战场，也开辟了国家实施对外传播和开展公共外交活动的全新空间。沿着这一思路，他发现社交媒体的媒介属性决定了其对外传播的行动主体选择与路径模式特征，将社交媒体的媒介属性和国际传播的功能对接。[1]

三、新媒体助力下的公共外交

如上所述，媒体技术极大地丰富和拓展了公共外交的手段与方式，为外交活动提供了更多更富有开放性、互动性、个性化、便捷性与灵活性的开展形式，用以更好地服务公共外交目标的实现。各国政府和领导人、企业、社会组织、民间团体、意见领袖、普通民众创建的微博账号、微信公众号、视频网站账号、社交媒体主页等，都成为传统媒体外交形式的重要补充，并且通过更富有活力和创造性的信息双向输出模式来触及国际公众，进一步实现和深化公共外交的目标。新媒体助力下的公共外交为不同半官方或非官方的组织和个人发声提供平台，不仅能够多元化地展示一国在各个层面上的真实情况，也能够为外国公众展现一国政治环境的公开、透明、公平程度，获得来自外国公众对该国文化与价值观更为广泛的理解，能够有效提升本国的国家形象与软实力。下面将从几个方面详细阐述新媒体助力下的公共外交较之其他外交活动开展形式

---

[1] 张志安、李辉：《海外社交媒体中的公众传播主体、特征及其影响》，《对外传播》2020年第5期。

在实现公共外交目标上所具备的特征与优势。

（一）促成公众间接触

何塞·范·迪克在其著作《网络社会：新媒体的社会层面》中，提出了新媒体社会与此前社会结构的区别，其中最为显著的特征就是经由网络连接的个人成为社会的基本单元，而不再是传统意义上的社区。当个人在社会中成为一个个网络节点之后，连接彼此的也不仅是内容的分享，更是关系的建立和维护。互联网或称新媒体技术成为连接社会的纽带，同时也提供了一种接触公众的可能。

若以全球化的视野观察新媒体技术提供的功能，会发现新媒体携带的连接和接触公众的潜力与公共外交的目标天然地相契合。在新媒体平台上，每个账号的传播潜力是相对平等的，而任何两个节点之间在理论上都存在相互连接的可能。这种互联性对应着公共外交所追求的公共性，即将外交的对象从他国政府下沉到各国民众，实现与全球公众的直接接触。互联网的连接不同于传统的媒体宣传，而是试图通过新媒体技术建立和培养政府与公众之间的关系，从而在"双向、尊重、共赢"的理念上最大程度地实现外交的公共取向。如前所述，新媒体的发展使得不同国家及其公众前所未有地紧密联系起来，从而形成复杂的网状结构，将公共外交主体国家针对某一特定对象国的公共外交活动的效果，在更大的范围内，以网状形式蔓延放大至其他国家，也会相应地接收到其他非目标国的评价，这也是在进行新媒体公共外交活动评估时会衡量"是否实现了积极的预期以外的成效"这一要素的原因。因此，新媒体在公共外交网络化的发展趋势下能够带来更多可利用的手段和实现形式，通过对两者契合之处的有效发掘和利用，能够在公共外交活动开展中带来预期以外的积极外部效应，在成功影响目标国公众的同时，在其他非目标国同样树立起正面、积极的形象。

同时，新媒体所提供的全新的、交互式的信息传播模式也使各类外交事务不断对大众公开，这种公开能够极大地提高公众对外交事务的关注度，激发参与热情。外交专业人士及外交相关部门更是基于这一技术环境的变化，有意识地利用新媒体，尽可能多地公开外交信息，为公共外交的发展打下有利的社会基础。

（二）塑造国家形象

作为外交活动的重要目标，目前国内外对于国家形象的研究成果已经较为丰富，并且形成了相对完善的研究体系，对于国家形象最常见的研究主要集中于传播学、国际关系学、政治学等领域，主要围绕国家形象的概念和特点展开。徐小鸽是国内最早关注国家形象问题的学者之一，他侧重于媒介形象对国家形象做出了定义，认为国家形象是一个国家在国际新闻流动中所形成的形象，或者说是一国在他国新闻媒介的新闻和言论报道中所呈现的形象。[①] 刘小燕也持有相似观点，但有所发展。她认为，国家形象是国际媒体影响力的投射，反映在各国公众舆论态度当中。她将国家形象诠释为：国家形象是存在于国际传播中社会公众对国家的认识和把握，是公众作为主体感受国家客体而形成的复合体，也即国家行为表现、性状特征、精神面貌等在公众心目中的抽象反映和公众对国家的总体评价和解读。[②] 这个定义也关注到了对国家形象评价的主观性，公众的主观反映与国家客观状况之间难免存在误差，因而带来了通过媒体传播塑造国家形象的空间。管文虎作为专注于国家形象领域研究的学者，其《国家形象论》一书对学界认知国家形象这一定义影响巨大。他认为，国家形象是一个综合体，是国家的外部公众和内部公众对国家本身、国家行为、国家的各项活动及其成果所给予的总的评价和认定，国家形象具有极大的

[①] 吴献举、张昆：《国家形象：概念、特征及研究路径之再探讨》，《现代传播》2016年第1期。

[②] 刘小燕：《关于传媒塑造国家形象的思考》，《国际新闻界》2002年第2期。

影响力、凝聚力，是一个国家整体实力的体现。同时，国家形象是国家力量和民族精神的表现与象征，是主权国家最重要的无形资产，是综合国力的集中体现。[①] 李智从建构主义的角度出发，认为国家形象是在该国与他国长期而持续的交往互动中构建起来的产物。[②] 这一定义强化了国家间实际交往行为对于国家形象的发展作用，同时，李智系统阐述了中国的近代、当代的国家形象变迁，并将中国置于国际大环境中对中国国家形象的建构的外交决策进行分析，提出国家形象具有持续性（同一性）、依赖性（结构性）、多重性（冲突性）、转换性（变异性）、权力性（规范性）五大特点。

无论上述哪种定义，都高度强调了塑造国家形象的重要意义，并且极大地注意到了媒体对国家形象塑造效果的影响。在本书后面的案例中将多次提及国家形象这一概念，本书对国家形象的定义是：国家形象通常反映在媒介和人们心中，是对一个国家及其民众的历史、现实、政治、经济、文化、生活方式以及价值观的综合印象，是国家的外部公众和内部公众对国家本身、国家的各项活动及其成果所给予的总体评价和认定，其中既包含着对于国家的客观认知，也包含着主观态度，具有极大的影响力、凝聚力，是一个国家综合实力的体现。

从前文定义可以看出，国家形象并不是一个单一概念，而是由多个要素共同构成的一个综合体系。要想深入研究国家形象从而提升国家形象，必然要将国家拆解成多个组成要素，进而研究每一个具体要素的塑造与发展。因此，对于国家形象的研究要尤其把握宏观和微观相结合的原则，既要分析国家整体形象，又要分析各个微观国家形象要素。孙有中认为，国家形象的要素包括一国内部公众和外部公众对该国政治（包括政府信誉、外交能力与军事准备等）、经济（包括金融实力、财政实力、产品特色与质量、国民收入等）、社会（包

[①] 管文虎主编：《国家形象论》，电子科技大学出版社2000年版，第23—24页。
[②] 李智：《中国国家形象——全球传播时代建构主义的解读》，新华出版社2011年版，第25页。

括社会凝聚力、安全与稳定、国民士气、民族性格等）、文化（包括科技实力、教育水平、文化遗产、风俗习惯、价值观念等）与地理（包括地理环境、自然资源、人口数量等）等方面状况的认识与评价。国内公众和国际公众对于上述要素的评价会有相当大的差异。国家形象从根本上看取决于国家的综合国力，但并不能简单地等同于国家的实际状况，它在某种程度上是可以被塑造的。[①]同样，基于这一分类，国家形象可被细化为政治形象、经济形象、社会形象、文化形象、地理形象等方面。这一分类与美国学者肯尼斯·博尔丁对国家形象的理解完全一致，认为应该是一国内部和外部公众对该国政治、经济、社会、文化与地理各方面状况的认识与评价。[②] 中国学者刘康在其《国家形象与政治传播》一书中，将国家形象定义为一个国家及其民众的历史、现实、政治、经济、文化、生活方式以及价值观的综合印象。[③]

中国共产党第十八次全国代表大会站在历史和全局的战略高度，提出了新时代的"五位一体"总体布局并作出全面部署。"五位一体"总体布局是指经济建设、政治建设、文化建设、社会建设和生态文明建设五位一体、全面推进，是党的十八大之后国家发展的总体目标。在党的十九大报告中，习近平总书记提出我国要加强建设物质文明、政治文明、精神文明、社会文明、生态文明，实现社会主义现代化强国的建设目标。上述提法在内涵要素上都可用于指导我国的国家形象建设。在 2013 年的第十八届中共中央政治局第十二次集体学习时，习近平总书记对于当前国家形象塑造目标定位进行了清晰明确的阐述，他指出要重点展示中国历史底蕴深厚、各民族多元一体、文化多样和谐的文明大国形象，政治清明、经济发展、文化繁荣、社会稳定、人民团结、山河秀美的东方大国形象，坚持和平发展、促进共同发展、维护国际公平正义、为

[①] 孙有中：《国家形象的内涵及其功能》，《国际论坛》2002 年第 3 期。
[②] 李卫东、张昆：《国家形象评估理论初探》，《中州学刊》2012 年第 1 期。
[③] 刘康主编：《国家形象与政治传播》（第一辑），上海交通大学出版社 2010 年版，第 11—13 页。

人类作出贡献的负责任大国形象，对外更加开放、更加具有亲和力、充满希望、充满活力的社会主义大国形象。这四个"大国形象"定位也在内涵上对应了"五位一体"中的不同领域。党的二十大报告中指出，要增强中华文明传播力影响力，坚守中华文化立场，讲好中国故事、传播好中国声音，展现可信、可爱、可敬的中国形象，推动中华文化更好走向世界。学者金伟对可信、可爱、可敬的中国形象进行了精彩解读："可信"是中国在长期的世界交往中建立起的国际信誉，本质上是中国形象的说服力。"可爱"的中国形象的背后，是文明的厚重与真正的文化自信，本质上是中国形象的吸引力。"可敬"的中国形象，"敬"的是中国共产党团结带领中国人民从近代以来的贫弱沉沦走向伟大复兴的艰苦斗争与卓绝毅力，本质上是中国形象的感召力。[①] "可信、可爱、可敬"又为我国国家形象塑造及传播提供更加具有高度的方向指引。

新媒体公共外交在新的平台为更多主体提供了从不同侧面展现国家形象的机会。政府部门可以通过新媒体平台建立账号，发布展现高质量的政府服务、高效率的政府办公、高水平的政府人员队伍等信息，政府首脑也可以有机会展现更多的个人风采与内政外交成就等，塑造积极的政府形象。企业可以展现更多品牌优势和产品特征，提高企业知名度与美誉度。个人也同样可以展现自己的生活品质、风俗习惯、文化传统等，塑造积极的国民形象。高校、科研院所可以展现教育水平和教育成果以及最新的科技发现与研究成果，文化旅游部门可以通过介绍名胜古迹、文化遗产、民俗习惯等共同塑造积极的文化形象。社会的各类信息也可以通过不同形式展现出来，整体构成国际社会对于一国社会形象的认知，等等。新媒体平台也极大地丰富了一国国家形象的评价主体。能够接入互联网并且注册账号登录全球新媒体平台的全部用户，无论其身份是企业家、公务员、事业单位工作人员、媒体工作者，还是处于任何一个行业领域，都可以通过从这一平台上获取的关于某国的信息而形成对这一国家形象的

---

① 《二十大报告·每日一学 | 可信可爱可敬的中国形象》，《乌海日报》2022年12月26日。

认知，尽管认知深浅有所不同，但毫无疑问，所有新媒体平台的公众都天然地具有了评价他国国家形象的身份，同时也在新媒体平台上展示着本国的形象。

（三）推行外交政策

公共外交的本质是外交，推行外交政策始终是公共外交的核心目的之一。韩方明概括了外交政策的四个特点：一是重要，外交政策问题关系到一个国家在国际社会中的位置、取向和站位等，都是关系到国家全局性的重要问题。二是敏感，外交政策的任何微小的变化都会引起各国的强烈反应，一动全动，十分敏感。三是时效，外交政策的时效性很强，要求决策者在很短的时间内就必须做出反应。四是影响，外交政策影响深远，波及社会各个领域。[①] 他认为，利用公共外交的手段有利于外交政策的推行，并指出公共外交是执行外交政策的工具之一。一方面，它通过官民结合为外交政策目标的实现创造条件。另一方面，公共外交也是外交政策释放信号的一种体现。[②]

结合新媒体的技术特质会发现新媒体环境中信息发布的特征恰好能解决外交政策发布的"痛点"。新媒体平台上的外交组织并不仅是信息发布的窗口，还是信息集成的超链接和提供服务的枢纽。新媒体作为互联网环境中一国政府与他国公众接触的传播功能中心，一方面能够通过信息的发布来释放外交政策的信号，营造有利于外交政策推行的信息环境；另一方面能够通过长期宣传系统性地阐明本国采取具体外交政策的原因、本国坚持的价值理念，并提供进一步了解本国外交政策的接口，从而打破一国外交政策与他国公众之间的层层阻隔，实现外交政策相关信息的畅通传输。同时，新媒体还能使政府的内政外交行为迅速在国内外新媒体平台上进行高速率、多层级的传播扩展，引发国际社会的广泛讨论，这种将政策纳入新媒体平台上的行为，能够释放政府用更加开放、透明的姿态接纳更多公众参与其中的积极信号。

[①] 韩方明主编：《公共外交概论》，北京大学出版社2011年版，第103页。
[②] 韩方明主编：《公共外交概论》，北京大学出版社2011年版，第104页。

（四）提升外交效率

新媒体在物理的现实世界之外营造了一个虚拟的、高度数字化的网络空间。传播介质的改变不仅促成了社会成员高效地"连接"，也大大提高了信息的传播效率。此前，公共外交是一种高难度的传播行为，诸种外界因素如时差、地理、语言、文化等限制使得公共外交的效率处在较低的水平，更多地停留在跨国组织针对某个固定议题的短期互动层面。而新媒体在解放人们有形身体的同时，也突破了时空的限制，在虚拟空间实现了更加便捷、多样的国际交流互动，解决了公共外交效率低下的难题。

从时间上看，新媒体实现了全时和瞬时的信息发布。这就避免了外交工作中繁冗的时间协调，使得政府与公众的接触能够以更密集的时间尺度来进行。而在国际的新媒体环境中，信息一旦发布，全球的用户都能够立刻接收，大大缩短了一条外交信息从发布到被公众接受的时间差，为公共外交中与公众的双向互动和即时接触创造了技术条件，也极大程度地提升了一国危机公关的应对能力。

从空间上看，数字介质的信息经由互联网实现了跨地域的传输，信息的发布者和信息的接收者在网络空间中实现了零距离的接触。在虚拟的网络空间中，用户共同位于一个没有国界的网络共同体，这也使得信息跨国传输的成本大大降低，并延伸了传统公共外交活动所能抵达的边界。

与此同时，在网络化的社会结构中，个人和社会之间的相互作用力是彼此加强的。彭兰认为：每个个体节点都连接着广泛的社会网络，网络中的关系便成为影响网民行为和能力的重要因素。一方面，个体拥有将自己的力量转化为社会性能量的更大可能性；另一方面，他们也在随时受到社会关系的影响，这种影响的广度与深度可能是前所未有的。新媒体加强了外界信息环境对受众/用户的作用力，一国公民与他国政府之间关系的建立也提升了公共外交的传播效果。①

此外，当前国际政治实体之间相互依赖、相互依存的程度大大提高，各实体之间在政治、经济、文化上相互影响、相互作用，这种国际关系形态的转型对公共外交行动及其成效也产生着深刻的影响。新媒体时代，外交主体可以通过借助新媒体技术使目标国家所有能够接入互联网的民众都成为其潜在受众，在一定外交事件的催化下就能够迅速、便捷、隐性地通过新媒体这条纽带结成一致性的"政治同盟"，产生聚合力量和高度的互联性，从而形成一致的外交行动，产生确切的外交效果。这方面的实际应用案例不胜枚举，比较著名的案例有：2009年伊朗大选之际，美国关注到伊朗反对派在网络社交新媒体平台所发布的信息，意识到新媒体这种崭新的媒介在外交事件中可能扮演的重要角色，进而进行了切实的技术投入，全力保障新媒体平台的畅通以实现自身的政治目的。此后，以推特为代表的新媒体或称社交媒体平台在影响国际性事件中所发挥的作用引起了各个国家的广泛关注，学界甚至出现了"推特外交"的研究热潮。尽管这种因特定事件而集结起的力量与同盟关系会伴随着热点的消失而解体，但我们应当理性地注意到，政治热点事件层出不穷，在其出现爆发前兆时都可以通过新媒体形式预热点燃，并发挥作用。

在提升公共外交活动效率的同时，新媒体公共外交也能够极大地节约成本。传统外交活动从调查、策划、实施到反馈各个环节都需要诸多专门机构进行协同工作，往往伴随着人力、物资的大量投入及消耗，完成周期较长。新媒体公共外交能够在平台一次性建成后便利地进行自动化、程序化的用户信息和意见反馈收集整理，之后只需投入固定的运维成本，这使公共外交信息传播范围和效果得到大幅度扩大和提升的同时，极大地降低公共外交主体开展传播活动的成本以及国际受众参与公共事务的成本。

---

① 彭兰：《新媒体用户研究：节点化、媒介化、赛博格化的人》，中国人民大学出版社2020年版。

（五）整合数据资源

公共外交的发展需要有大量的信息交换作为支撑，各类公共外交政策的制定也需要基于大量关于目标国政治、经济、社会等诸多方面的指导性数据，以及对目标国民众对本国政府所持有的普遍态度和当前阶段所关注的热点议题有准确的把握。新媒体环境中，用户的点击、阅读、浏览行为都可以被系统捕捉并转换为可以量化计算的数据。这些数据是各国获取公众对本国认知，并相应确定本国外交政策的宝贵资源。同时，新媒体技术具有信息传输速度快、来源广泛等显著特征，使各类信息的收集、归纳、分析活动在更加系统的框架下进行，并且能够保证信息完整、准确、及时。海量的数据为公共外交的全球实践创造了新的可能性。各国公众在新媒体环境中生产出的内容从某种程度上属于一种开放和公开的资源。利用这些数据，公共外交工作可以收集并分析他国公众对本国外交政策的评价，甚至是更为抽象的本国的国家形象信息。这种高效的舆论监测方法有助于监测他国公众的反应，并及时化解跨国的国家形象危机或普遍发生的公关危机。与此同时，他国公众与公共外交的互动（如他国公众在我国外交部推特账号下的点赞、转发、评论）也是一种直接的信息反馈。数据资源不仅可以体现他国公众对本国的印象和看法，还能够作为对公共外交实践的反馈，使外交人员不断调整自身的公共外交策略。

如今，各大新媒体平台为内容生产者提供了丰富的数据管理工具，软件开发工具包和应用程序接口激活了组织自行利用海量数据的功能。对于公共外交的组织人员来说，无论是微信、微博提供的开发者平台和应用程序接口，抑或是脸书、油管提供的一系列广告管理、内容检测服务，有效地利用数字基础设施提供的功能已经成为收集数据、利用数据的捷径。

由于新媒体环境中的互联网平台主要通过算法来推荐、管理和规制其内部的各类内容，因此，公共外交的实践也需逐渐和各平台达成一种共谋的关系。一方面，公共外交需要逐渐贴合平台算法的推荐逻辑，在海量的内容中获得更大的话语权,并根据公众的反馈不断调整自身的传播策略和政策部署;另一方面,公共外交主体需警惕平台算法对政治和跨文化内容的规制,规避他国政府和平台的双重限制导致的风险。此外,不同的数字平台存在平台拥有者自行设定的一套排序和推荐逻辑,公共外交主体需在调查不同平台所代表的传播渠道和受众画像后,有针对性地调整传播的语态和风格。

更重要的是,新媒体整合资源的过程也将进一步推进公共外交的扁平化趋势。传统外交活动中,国家对外政策传播机制基本包括两个层级:其一,政府将经过审查的包括政府声明、政策性文件等文本通过国际媒体对外发布;其二,媒体在收到政府信息、依据特定政治立场进行解读后进行二次加工与过滤,再进入面向国外公众的国际传播流程,有效发挥形象塑造和舆论导向的作用。而新媒体技术手段有效地改变了传统外交的二级传播模式。新媒体平台上发布的信息都能够保证即时、直接地传递给接入互联网的国内外民众,一次性地完成了信息传播行为,有效保证公众获得的公共外交信息是初始的、未经加工的、客观真实的一手信息,而来自国外民众的评价及反馈可以进一步成为政府未来行动的方向标,便于审时度势地策划舆论引导行动。

但是,我们也应当理智地认识到,新媒体以其自身特征与优势促成其在公共外交领域广泛应用的同时,也为公共外交实践提出了新的挑战。赵可金在《新媒体对外交的挑战》一文中指出,新媒体发展势头迅猛,使得新媒体技术在外交公众化中具有极强的生命力。新媒体在外交技术化、外交互动化、外交民粹化及外交公众化四个方面给国家带来了挑战。具体来看:

在外交技术化层面,由于新媒体对外交活动的影响日渐深入,不懂新媒体应用技术的国家就会在外交活动中失去主动权,贻误有利发展机遇。在外交互动化层面,新媒体使得国家与公众互动更加快速、更加平等,这就要求一国政府在运用新媒体开展外交活动的时候必须加快信息的回复速度,同时还要竭尽全力把握对话活动中的话语权与主动权。在外交民粹化层面,由于新媒体增强了普通人参与国际事务的能力,这就赋予了普通大众制造舆论的可能性。而普通大众由于受教育水平和对国际问题认识能力的不平衡，很有可能导致其言论带有一定的草根性质和民粹化倾向，给政府的舆论管控提出了新要求。在外交公众化层面，由于现代公共外交向社会的延伸，政府不得不面临如何妥善处理中央意图与民众意图间的鸿沟问题。[①] 为了应对这些挑战，政府就要理解新媒体公共外交的运作机制，理解作为工具的新媒体之功能如何与公共外交之目标对接。

四、理解公共外交中的新媒体：从工具到平台

随着信息技术的快速发展，诸多以互联网与信息技术为基础产生的"新经济"蓬勃崛起，互联网平台及其衍生品凭借其技术优势和传播特征快速地渗透到当代人日常生活的各个方面，从衣食住行到社会交往，平台似乎无孔不入，"平台"一词也在人们的日常语言中被重新"发现"并被赋予了新的含义。平台的重新"发现"不仅是一种修辞的不断演进，还意味着对新出现的社会现象的一次细致观察。从学理的意义上说，平台为我们提供了一种理解技术和社会之间关系的框架。透过平台的视角，我们得以重新审视新媒体与公共外交的关系，在批判性地理解当下技术和政经要素的运作机制之后，进行信息时代新媒体公共外交战略的顶层设计并制定行之有效的行动方略。

（一）平台的概念与内涵

何谓平台？毫无疑问，无论是在中文还是英文语境中，平台都不是一个新近发明的词汇。塔尔顿·吉利斯皮梳理了"平台"（platform）一词的英文词源，总结出该词产生和具体应用领域的四大范畴：其一，在计算机领域中，平台代指各类计算机技术得以应用的基础设施，包括硬件、操作系统、设备、在

---

① 赵可金：《新媒体对外交的挑战》，《世界知识》2012 年第 8 期。

线的开发环境等；其二，在建筑领域中，平台代指建筑中的特定物理形状，指人造或自然形成的平面；其三，在比喻义的维度上，平台代指行为得以发生的基本条件，现也指实现更大成就的前提基础，可用于形容机会、行为和内在等要素；其四，在政治领域中，平台代指讲台，指选举人为了向受众传递政治理念而搭建的场地场所。进而，他总结了"平台"一词的含义，认为该词"不仅呈现了一种基本形状，还意味着一种进步和平等的安排，这是对那些站立于其上的人的承诺。在任何一种意义中都富含抬升、水平、可进入的内在意涵，是和物理特征一样重要的意识形态特征。[1]

从技术层面看，"平台"一词经过不断发展演进，已经从单纯表示"计算基础设施"扩展为能使其他程序运行的技术。平台应用于数字工业后趋于泛化，各种电子商务、网络服务、线上广告、移动设备和数字媒体销售等研究和投资领域都广泛地运用该词汇。在技术领域词汇代指深化的同时，"平台"一词也生成了丰富的政经含义。

如塔尔顿·吉利斯皮以油管为例说明了平台作为一种文化中介，主要服务于广告商、专业内容生产者和终端用户三方。针对平台中的各行为主体，平台的承诺与赋权为：其一，广告商层面，包括运用平台提升品牌影响力，组织和发布面向公众的宣传推广及其他活动，进行产品发布和用户数据统计分析等；其二，内容生产者层面，提升信息内容的曝光度、拓宽发布内容传递渠道和丰富运营工具；其三，用户层面，包括生产原创内容，围绕某些政治事件发声或获取相关信息等。他认为平台之所以是平台，不仅因为它允许代码运行，更是因为它提供了沟通和购买的机会。平台技术蕴含着 Web2.0 的逻辑，将技术应用于自由的网络政治并迎合了商业的机会。[2] 沿着此种分析路径，塔尔顿·吉

---

[1] Gillespie, T., "The Politics of 'Platforms'," New Media & Society, Vol. 12, No. 3, 2010.

[2] Gillespie, T., "The Politics of 'Platforms'," New Media & Society, Vol. 12, No. 3, 2010.

利斯皮发现平台的出现绝非偶然，而是一种精心创造的修辞，旨在以柔性、渐进的方式规避广告商、内容生产者和用户三方之间的紧张关系。

从这个视角来看，一方面，平台是言论自由的捍卫者，平台中的行为体能够运用这一平台架构在一些重大政治议题上表达观点及发声，以换取自己更多的话语权或商业发展空间；另一方面，平台同时扮演中立的服务者的角色，以这种"超然"的身份来规避内容生产者带来的对于平台的直接风险（如版权纠纷等）。此外，"平台"一词还辐射了技术、经济、文化、政治、比喻等多个层面，一定程度上满足和回应了人们对科技的想象和期待，也塑造了公众话语空间和表达渠道，给人一种科技中立和进步的舒适体验。① 据此，目前一种普遍被学界接受的更具操作性的定义将平台描述为：一种可编程的数字体系结构，旨在组织用户之间的交互行为，它应当被理解为技术、经济和社会文化的协调配置，而不仅仅是促进各种用户交互的单一的技术设备。② 这一定义也为我们深刻理解平台所带来的超越平台技术属性本身的价值蕴含奠定了基础。

何塞·范·迪克等在《平台社会：互联世界中的公共价值》一书将平台分成两种类型：基础设施型平台和专业部门型平台。在海外，大多数技术基础设施型平台均由五巨头"GAFAM"［Google（谷歌）、Apple（苹果）、Facebook（脸书）、Amazon（亚马逊）、Microsoft（微软）］运营和提供，并设置了平台生态系统的基本结构框架，在这种生态系统之上可以不断生成新的平台和应用程序。基础设施服务包括搜索引擎和浏览器、数据服务器和云计算、电子邮件、网络广告、社交网络、应用程序商店、支付系统、识别服务、地理信息和导航服务等。专业部门型平台则无缝集成到这一结构框架当中，能够满足特定领域的服务需求，并且不断在更加细化的市场领域中加以延伸，例如新闻、交通、

---

① Gillespie, T., "The Politics of 'Platforms'," New Media & Society, Vol. 12, No. 3, 2010.

② Helmond, A., "The Platformization of the Web: Making Web Data Platform Ready," Social Media & Society, Vol. 1, No. 3, 2015.

金融和酒店业等。这类衍生出的具体平台［例如 Yahoo News（雅虎新闻）、Uber（优步）、Coursera 和 Airbnb（爱彼迎）等］都能够在不同侧面满足更加广泛的用户需求，提供平台服务。当然，其中也存在一些比较特殊的平台，它们没有有形资产或特定部门的员工，甚至不提供具体的产品、内容或服务，只是负责搭建一个虚拟的整合的框架作为连接桥梁，将单个用户连接到特定的提供商。学者们指出，基础设施型平台和专业部门型平台之间的界限是动态变化的，五大公司（"GAFAM"）也已成为部门的主要运营商。通过所有权关系，它们正在不断渗透到社会和经济生活的各个领域。[1]

（二）平台化理论下的技术与社会

由上文所述，我们会发现平台的出现不只是一个静态技术架构的产生，更是一个技术向社会不断扩散延伸的动态过程。在这一基础上，平台化的概念逐渐得到了学界的高度关注。平台化可以被定义为数字平台的经济、治理和基础设施的扩展对网络和应用生态系统的渗透过程，而这一过程超越了技术本身，从根本上影响了文化产业的运作。[2] 相较之平台的定义，这一理论框架的设定则更具动态性和批判性，强调数字平台技术发展在社会领域引发变化是如何形成的，又将带来何种后果。

平台化融合了商业研究中对多边市场的分析，政治经济学研究中对文化生产商品化、公司垄断和数字劳动的分析，以及软件研究中对物质的基础设施和算法逻辑的分析，整合出了一套具有跨学科特性的模型。尼堡和珀尔在其论文《文化生产的平台化：对权变性文化商品的理论分析》中为了深入探讨文化生产的平台化过程，在商业研究、政治经济学和软件研究三个领域中汲取资源，并在这些流派的研究传统上系统地提出了平台化模型的三个维度，即研究平台

---

[1] Keskin, B., Van Dijck, Poell, and de Wall, "The Platform Society: Public Values in a Connective World," Markets, Globalization & Development Review, Vol. 3, No. 3, 2018.

[2] Poell, T., et al, "Platformisation," Internet Policy Review, Vol. 8, No. 4, 2019.

的市场结构、治理框架和基础设施的相关变化。①

(三) 市场结构

这一部分主要研究的议题是平台化如何使单边和双边市场向复杂的多边市场转变，也就是通过观察平台经济中新增的经济主体，分析其产生背景、内在动因、行为模式以及各个主体地位的变化。

在商业盈利层面，平台化主要基于这样一种逻辑，即谁能够更加广泛地聚集更多的用户，谁就更有优势可以接到广告，从而在平台商业领域获得成功。以新闻业为例，以往新闻业得以繁荣发展的重要前提是因为在那个时代背景下，报纸、电视台是为数不多能够快速吸引大众注意力的渠道，所以新闻业能够获得海量的广告收入，由此带来行业的成功。而随着信息技术的迅速发展，伴随各类社交媒体、流媒体的崛起，海量用户被分流吸引进入各个平台之中，新闻媒体则变成了众多选项之一，无法吸引以往体量的大众关注度，诸如报纸、电视台等传统新闻媒体日渐式微，其行业发展变迁的历程也能印证平台化的商业盈利逻辑。

通过对商业研究的分析可以发现，以往的双边市场描述的是用户和广告商直接对应的线性结构，新闻机构和媒体发行商则是连接读者或观众与广告商之间的媒介与桥梁。而在新的平台生态中，少数跨国公司成了聚集大量用户的龙头，市场中也据此出现了广告中介、社会机构和文化内容生产者等多个节点，打破了以往的"用户—广告商"双边市场结构。可以发现，原有的文化内容生产者由市场的主导者变成了平台生态中的从属者，成为了平台逻辑下市场的有力补充者。

这一部分对外交活动的理论推进有三点：其一，国际传播与商业问题正在空前复杂地纠缠在一起。外交工作需认识到在平台社会中无孔不入的商业纷争

---

① Nieborg, D. B. and Poell, T., "The Platformization of Cultural Production: Theorizing the Contingent Cultural Commodity," New Media & Society, Vol. 20, No. 11, 2018.

和商业机遇，从而制定更具统筹性的战略。其二，对外传播窗口的性质正在发生变化。例如，在平台化的发展进程中，推特或油管等新媒体平台上的账号事实上不能算作国家拥有的数字资产，其本质是平台信息的提供者与补充者，因而必然要因其相对独立的身份而受到平台的管制并承担相应的风险。其三，外交工作应该直面平台化衍生出的市场结构，积极利用平台提供的数字基础设施和数据分析工具随时调整传播策略与自身定位，实现优质的内容生产。

（四）治理框架

这一部分关于平台化的主要研究议题包括以下内容：其一，国家应当如何治理平台；其二，平台如何实现内部的治理，处理与用户和补充者之间的关系；其三，用户、内容生产者如何在平台中实现自治。

市场结构对于外交理论提出的新问题是：平台本身如何与具体的国家打交道，并适应全球化的治理模式。比如抖音海外版（TikTok）出海引发的争议和遭遇的禁令，就说明了平台这种组织在全球化过程中必然会面临不同国家政策之间的碰撞。而且，由于平台本身更具垄断性的商业结构、数字基础设施的地位以及聚合大量数据的技术能力，因此所遭遇的控制必然更加严格苛刻。这一方面与前文的市场结构产生关联，例如 TikTok 作为一个海外新媒体短视频平台，中美两国所采取的态度再度折射了国家在全球资本主义结构中所发挥的作用；另一方面则与下面将要阐述的基础设施产生关联，即 TikTok 平台具有的数据收集能力将触动各国数字政策和国家安全政策（如澳大利亚政府和脸书于 2021 年发生争端，澳大利亚政府立法要求脸书对澳大利亚的媒体内容付费，脸书禁止澳大利亚用户在主页上浏览公共媒体的内容等）。

治理框架和基础设施建设试图解决的问题是，内容生产者的对外传播机构如何应对平台和各国政策的双重控制。如上文所述，各个平台上的账号已经不是专属于国家的数字资产，而是平台规则下平台信息的提供者与补充者。这些规则通过平台政策中的服务条款、使用条款和应用商店审查指南等，以体现和实施用以限制账号用户的某些特定行为，因此，平台政策必然要受到国家政策的严格审核与限制。

在治理方面，超级数字平台问题及现象同样存在，甚至由于其技术能力的优势而显现出更加明显的倾向。跨国平台倾向于在内容方面设置全球而非本地标准，美国对自身拥有并运营的平台的治理有效地促成了美国文化标准的全球化，同时规制了内容生产的禁区。而这种一言蔽之的全球平台政策遵循的通常是美国文化标准、原则与规律，往往会忽略每个国家具体化、本土化的历史，文化和政治价值观。此外，平台治理中非常显著的特征是基于算法的内容排序、过滤和管理，与下面要谈及的数字基础设施产生关联。

（五）基础设施

平台化是指数字技术将取代由政府垄断的基础设施（原来通常是水、电、交通等）的过程。基于对软件研究领域的探究，这一内容主要研究平台的界面、数据流以及软件开发工具和文档的可用性和功能性。

在这里，社交媒体平台被理解为一个数据基础架构，它承载着各种不断发展的"平台实例"，例如脸书平台上设置的邮件系统飞书信（Facebook Messenger）等应用程序。每个应用程序都与包括内容开发者、企业、内容创建者和广告商等补充要素建立起数据计算和商业经济的网状联系，为该平台的边界扩展作出了巨大贡献，也彰显出了更多潜力。① 这种平台化的基础设施对外交产生的影响有如下几个方面。

首先，将对数据工具的利用纳入外交手段。数字化平台使内容生产者通过其对内容进行管理和发布，从而基于广告投放而盈利。通过提供对应用程序编程接口（API）、软件开发工具包（SDK）和开发人员文档的即时访问，平台为发布者提供了一种用以替代物流基础设施或自营数字财产的替代物。除了管理

---

① Nieborg, D. B., Poell, T., "The Platformization of Cultural Production: Theorizing the Contingent Cultural Commodity," New Media & Society, Vol. 20, No. 11, 2018.

平台发布内容之外，平台还提供了各种集成服务用以补充原有的服务功能，这些服务都利用了平台技术中包括普适性、可访问性和可靠性等特征在内的基础结构功能。① 此类服务的突出例子是，社交平台上所应用的各类插件、支付系统、广告投放技术和数据分析工具通常能够拓展延伸原有社交平台单纯的社交服务功能。而微信公众号、微博等平台也都可以提供专门的接口和专门化的数据分析工具。外交人员在开展外交活动或制定外交政策的数据收集过程中，可以按需求便捷地调用这些数字资源，从而对传播内容进行调整，并制定更符合用户偏好的信息传播方式。

其次，国际传播内容对算法逻辑的贴合。内容制作人员逐渐将传播内容制作和发行策略引导至可以获得主要平台的推荐、更靠前的排名和其他得以更广泛地面向最终用户的算法，对平台算法逻辑的研究在文化制作中变得越来越重要。在传统媒体时代，传播内容制作者围绕着传播主体想要实现的传播目标来进行内容设计，体现了以传播者为中心的价值取向。随着国际传播理论与实践的进一步深化发展，传播主体愈发重视传播对象的信息获取需求与偏好，主动投其所好以获得更积极的传播效果，体现了以传播对象为中心的价值取向。而在平台化的媒体时代，传播主体则更多地回应平台的算法逻辑，并以此作为传播内容设计或技术处理的核心，比如中国国际电视台（China Global Television Network，简称 CGTN）在油管上要想起到较好的传播效果，就必须贴近算法的排名和推荐逻辑，从而获得平台的推荐，以获得更多平台用户点击的机会，借此运营粉丝群体，实现预期传播效果。与此同时，传播的过程由线性的生产变成不断迭代的过程，对外传播不仅要完成内容的制作，还要根据受众的反馈不断调整、及时互动，并据此规划下一步的传播策略。同时我们也应注意到，平台算法逻辑的设定是由平台公司开发者预先设计的，并且依据平台公司所属国家的利益需求和技术政策不断调整，因此，这种以算法逻辑为中心的行动准则

---

① Nieborg, D. B., Poell, T., "The Platformization of Cultural Production: Theorizing the Contingent Cultural Commodity," New Media & Society, Vol. 20, No. 11, 2018.

在相当大的程度上也体现了平台的政治属性。

最后，内容限制与数据安全。我们也应理智地看到，数字基础设施和算法在推进传播策略革新与发展的同时，也会产生负面的问题，这为诸多本已复杂的外交行动增加了更多富有变数的面向。最为直接的问题是，平台可以通过技术性的算法和行政性的平台政策对补充者发布的内容进行控制并形成单一的舆论，这就形成了一国外交主体利用平台限制他国外交活动效能的张力。

数字基础设施引发的数字主权、国家安全等问题也成了平台中外交活动面临的重要问题。欧洲各国同他国不断修订的数字政策也不断改写着平台在全球化过程中所要遵循的规则。而由于用户数据事关本国国民的隐私，国家安全成为国家处理平台争议时首先选用的价值取向。此外，从综合数字基础设施的特性来看，外交与平台之间的关系既高度一致又较为矛盾，既要为实现外交信息的有效传播而顺应算法的逻辑并充分利用数据工具，又要警惕数字设施引发的危机和潜在风险，包括对本国国家安全的挑战和数字主权的丧失等，这从某种程度上深刻地证明了自主开发为更广泛的国际公众所接受的本土平台的必要性。而本土平台的出海和其与全球化之间的互动关联则是另一个值得关注的问题。

平台化理论还提炼出了三个要素，但是各要素之间的关系还需要在未来进一步的研究中被发现和印证。尼堡和珀尔在论述文化生产的平台化时提出了三个步骤（或称议题）：首先，研究平台化如何影响文化生产领域的市场结构和平台策略。这似乎是个过于复杂但又相当重要的议题，需要在研究中构建平台化对于文化生产领域的直接影响，进而研究市场结构和平台策略在上述互动关系中所扮演的角色。其次，平台权力如何通过平台的治理框架得以行使和运用。最后，基础设施服务的使用如何影响文化生产与流通的特定模式形成。[1] 上述三个步骤在其提出路径上总体是按照市场、治理、基础设施

---

[1] Nieborg, D. B., Poell, T., "The Platformization of Cultural Production: Theorizing the Contingent Cultural Commodity," New Media & Society, Vol. 20, No. 11, 2018.

的顺序层层递进的，笔者认为这三个要素之间并非线性的递进关系，而是技术变革对原本就嵌套在一起的政治经济问题产生了更加复杂的影响。

尼堡在研究中进一步强调，未来研究的关键挑战在于：需针对平台在具体地理空间、特定行业领域及差异文化生产实践中的运作机制，开展深入的案例分析与实证考察。在推进此类研究时，确认市场结构、治理形式和基础设施之间的相互影响和联系尤为重要，当然也尤为艰难。此外，虽然我们已经证明文化产业在平台化的轨迹上存在差异，但是对这种差异产生的根本动因的探索还需要不断加深。这说明平台化理论三要素之间的关系尚不明确，需要结合更多的具体案例来加以分析与印证。①

（六）平台化理论中的六大要素分析

何塞·范·迪克在其著作《连接：社交媒体批评史》中进一步完善了平台理论的层次，其根据行动者网络理论和政治经济学理论将平台分成作为技术文化建构的平台和作为社会经济结构的平台两个维度。前者着重探讨了平台中人和技术的关系，主要包括技术、内容和用户之间的相互关联和相互影响；后者将视角聚焦于平台所嵌入的更大社会结构当中，主要包括平台所有权、平台治理和平台运营商业模式的三个要素。上述六个要素在何塞·范·迪克看来是密不可分且彼此交融的，其通过这六个要素深入分析了脸书等五个主流平台，并将对个体平台的研究转向了对整个平台生态系统的综合分析。②

何塞·范·迪克搭建的模型是一种典型的多层次的分析方法，是对作为技术文化建构的平台和社会经济结构的平台两种维度的研究方法的折中。通过吸纳拉图尔的行动者网络理论以及卡斯特的政治经济学观点，何塞·范·迪克希

---

① Nieborg, D. B., Poell, T., "The Platformization of Cultural Production: Theorizing the Contingent Cultural Commodity," New Media & Society, Vol. 20, No. 11, 2018.

② Dijck, J., "The Culture of Connectivity: A Critical History of Social Media," New York: Oxford University Press, 2013.

望能够提供一个理解复杂社交媒体现象的框架。她认为这种方法上的折中是必要的，通过跨越人文、社会科学、经济、法律、信息科学、政治传播的学科边界，基于平台的文化假设和社会规范得以逐渐浮现。

以下笔者将简要展示这六个要素的内涵。技术要素是对平台基础设施与用户之间关系更细致的描绘，体现了平台中计算、架构和基础设施的物质特征，并将平台软件生产运作的机制理解为将社交行为编码成具体的指令的过程。平台的技术包括数据、算法、协议、界面、系统默认设置等具体的信息科学概念，并通过程序的编写实现对用户隐秘的"操控"。

用户自主性要素则侧重关注用户在平台行为的自主性空间，即用户在多大程度上拥有控制自己行为的权力。何塞·范·迪克将用户分成内隐性用户和外显性用户两种主要类型，内隐性用户是在技术要素的作用下被编码所塑造的用户，也就是说当我们在平台上按照平台技术规则与政策要求进行用户身份注册，并在平台上存在了一个事实上以编码形式体现的能够代表自己个人行为的账号时，我们就成为内隐性用户。外显性用户则可以指代作为人口统计、实验和民族志方法的研究对象，也就是能够同外部客观世界进行对应的用户。透过用户外显部分的视角可以考察用户的自主性。

内容要素着重研究 Web2.0 技术环境下用户的内容生产。内容要素使平台技术和用户的自主性行为相连，并引发了关于业余内容与专业内容、平台中内容产权归属等一系列关于用户内容生产的争论。此外，对内容要素的研究也为用户内容生产中的共享理念以及用户将兴趣爱好转化成商业盈利的行为提供了更具有批判性的视角与反思。

结合上面三个要素，何塞·范·迪克认为：技术、用户自主性和内容是平台为了创建网络社交结构而编织在一起的三种纤维，而这些技术文化的参与者很难从平台运作的社会经济结构中分离出来。[1] 技术、用户自主性和内容尽管

---

[1] Dijck, J., "The Culture of Connectivity: A Critical History of Social Media," New York: Oxford University Press, 2013.

存在于平台空间，但平台运行本身就是某种特定的社会经济结构的产物，因此技术、用户自主性和内容也必然受制于一个更加广阔的语境，由此何塞·范·迪克认为，对那些作为社会经济结构的平台进行分析尤为重要。其中，所有权、管理和商业模式要素则成为进一步理解平台的抓手。

所有权要素是以经济学的视角考察平台的权力结构。以上市、公开募股为标志，多数互联网平台从早期的以用户为中心转向了以企业为中心，其标志就是将扩大用户基数作为平台的核心目标，并通过一系列的收购手段占用相关的技术专利和算法逻辑。在所有权争夺的过程中，兼并、收购等方式成为平台聚合并扩大连接能力的常用手段，不同平台的相互协作使得数据流在不同平台的接口中得以充分流动，同时也使其中的权力关系和具体规范变得难以追踪。与此同时，在非营利的公共空间中，硬件与软件所有权的争夺亦体现着公共与企业盈利之间的博弈。如果我们将社交数据定义为一种公共资源，那么占有这些数据并将其专利化的过程是否真的可取？关于所有权在不同国家之间的博弈困境依然严峻，这也成为运用平台开展公共外交活动的行为主体难以回避的一个问题。

管理要素近似于上文讨论的平台内部规制。研究者通过考察平台指定的最终用户许可协议和服务条款，试图分析平台所有者在监管方面的权限。平台内部自行制定的协议条款类似于法律条文，但并非强制性的法律规范，在具体的执行过程中却往往赋予了平台所有者超越地方政府的权限。这种权限扩散到全球的网络空间中则变得更为复杂，并造成了国家和超级互联网平台之间的矛盾和摩擦。

商业模式要素敏锐地关注到了平台的盈利方法，并据此为透镜考察了文化产品和社交行为的商业化过程。商业模式和管理模式在文化生产的维度上有共通之处，用户对平台商业行为的"容忍"以及平台对新商业模式的探索，都折射了用户信任和平台盈利之间的动态博弈过程。进入Web2.0时代后，文化产品的变现方式从传统的销售复制品、收取观看费用、播放广告转变为付费下载，在这一过程中，用户能否培养出新的消费习惯与模式，以及平台在文化产品商业化过程中所扮演的角色值得探究。

综合上文的论述，单一的主体和单一的技术逻辑已经不能解决新媒体环境下公共外交遭遇的问题。在传统的公共外交研究走入窠臼之后，新的技术变量催促着我们重访公共外交的经典议题并作出新的回答。因此，平台这一分析框架被重新发现并被赋予了新的含义。与其说平台是一种新的公共外交开展形式，不如说它是一种新的技术、政治、经济和文化分析框架，一次范式的结合和更迭。

五、平台化理论下公共外交中的新媒体

如前所述，新媒体与公共外交的语境高度契合，并使公共外交的目标具备在更多元主体中得以深度实现的潜能。作为对新技术、新媒体环境的回应，近年来外交学研究中出现了一批新的概念，如网络外交、数字外交、虚拟外交、电子外交、"E外交"、新媒体外交等等。这些概念之间的界限较为模糊、彼此重叠、相互借重，这皆是因为各学者对数字化这一技术过程与外交实践之间的关系存在不同理解。而前文笔者也试图通过将新媒体从各类相关概念中分离出来，并且多次强调新媒体公共外交这一概念中公共外交作为核心价值的中心地位，这自然地导致了一个有必要深入阐述的问题的出现——新媒体在公共外交中扮演的角色是什么？如果说是作为路径、工具，那么平台是否能够延伸我们对新媒体的理解？

学界目前研究数字化对外交的影响主要有三种路径：一是功能主义路径。这一路径高度关注不同外交行为体对数字化工具的使用，分析数字化工具在多大程度上可以实现并深化外交功能。二是规范主义路径。这一路径关注数字化对于外交规范的冲击和重塑。三是批判主义路径。这一路径则高度强调科技进步和数字化工具的发展并没有改变外交的本质，甚至为外交带来

了更多挑战与风险。①然而，当我们考察具体的外交实践时（例如 CGTN 在推特、油管等新媒体上开展的一系列国际传播声量较小，效果有限；TikTok 出海遭遇的困境，以及围绕此争端中美两国进行的由政治领域延展至数字化领域的博弈与角力）会发现这三种解释路径全部存在于当前的数字化平台外交进程中，各国已经开始注意到外交行为体对数字化工具的使用能够有效实现外交目标，因此纷纷跻身其中。数字化平台主导者也高度警惕他国运用这一手段开展外交活动挤压本国外交空间和舆论空间，因而出现了第二种路径，即外交主体旨在用规范性政策来重塑他国的外交进程，这就必然导致了第三种路径的出现。不难看出在这一复杂交互的过程中，对第二种路径即关注数字化对于外交规范的冲击和重塑的研究尤为重要，这是因为外交事务不仅包括对外传播这一项内容，数字化也远不只是一次媒介符号的更迭，还代表着围绕一种新的技术逻辑而产生的商业模式、市场结构、治理框架以及文化实践，更好地理解这一内容就更有可能实现数字化外交的功能主义，同时也可以有效规避第三个路径中所提及的风险与挑战。

总体上看，对公共外交中新媒体的理解实现了从单纯的工具到理解人和工具之间的关系这一转向，正如前文所论述的，技术的变化不仅意味着物质性、具化的工具本身的变化，还反映了人在特定的历史阶段与物、工具或技术之间关系的变化。从某一特定的新媒体技术史上看，张超通过爬梳数据新闻的诞生及发展历史，发现数据得以进入新闻生产的重要基础性条件是于 2005 年兴起的开放数据运动。② 开放数据运动是 20 世纪 80 年代开源运动与本世纪初开放政府（数据）运动的延伸，经历自由软件运动、Linux 及 Windows 操作系统更迭、开源运动及 Java 等开源编程语言的应用后，软件中的代码开放成为越来

---

① 任远喆、科尔内留·波乔拉、周幻：《数字化与当代外交的转型——基于组织文化理论的视角》，《外交评论》（外交学院学报）2019 年第 1 期。
② 张超：《从开放数据到数据：数据新闻"数据"内涵的演变》，《编辑之友》2020 年第 7 期。

多计算机从业人员的共识，人们开始将目光转向数据的开放，并且积极要求数据开放和资源共享。其中最显著的成果就是各国政府对行政透明度和政府数据共享的战略性关注。2009 年，美国建立了世界上第一个政府数据开放门户网站 data.gov，并于 2013 年发布了名为《开放的数据政策——将信息作为资产管理》的行政备忘录，将数据作为行政工作应关注的一种资产，并不断提升数据开放的等级。英国对数据公开同样重视，历经布朗、卡梅隆以及特雷莎·梅三任首相，英国的政府数据公开逐渐实现了战略制定和政策落实，并设立政府数字服务局用以协调各部门推进数据开放。近年来，世界各国进行数据开放的程度总体上得到提升，万维网基金会于 2018 年公布的"开放数据晴雨表"显示，墨西哥、韩国、哥伦比亚、乌克兰、日本等国的数据开放指标（包含准备程度、实施度和影响力三个维度）在近 5 年中得到大幅跃升。

就公共外交获取和管理信息的目标而言，各国政府的数据开放为数据新闻生产提供了大量可以调用的信息资源。对于新闻媒体来说，将这些关乎健康、环境、交通等各个民生领域的数据提供给公众成了一项迫切的任务。另外，市场和新闻机构对数据技术的感知、采纳以及相应形成的管理策略也影响着数据资源的获取。可以发现，将新闻生产与科技史（或称人对科技的利用史）相结合，便可同时调用三种范式中变化与创新的部分，形成有益的研究路径。

除此之外，近年兴起的可供性研究也为理解公共外交中的新媒体提供了理论支持。可供性是指技术可令某种社会学行为或实践成为可能的内在属性。因此，在本质上技术可供性是一个"技术—文化"的二维分析框架。在这一框架中，对技术自身属性的清晰描述是研究的基础，对这些属性的文化指向的阐释则是研究目的。① 可供性可分成高维可供性与低维可供性两个层次。高维可供性指技术设备、平台和媒体所提供的动力机制与条件，支持或限制某些传播实践或使用习惯；低维可供性与物质特性相关，更为具体，即某个具体平台或设

---

① 常江、田浩：《从数字性到介入性：建设性新闻的媒介逻辑分析》，《中国编辑》2020 年第 10 期。

备的技术特征与页面设计。① 关于这两类可供性形态的研究覆盖了从抽象的技术特质再到具体的物理功能和用户需求，其研究成果有效弥合了建构主义与技术主义之间的鸿沟。为了避免仅仅根据技术特质而对新媒体做出片面的界定，彭兰将视角放在新媒体时代的用户研究上，借以回应学界此前对可供性研究的呼唤。沿着此种路径，她提出今日的新媒体用户具有网络节点的特征，并给出了理解新媒体发展的三条线索：一是传播渠道与模式的变化；二是网络作为一种社会属性的强化；三是新媒体应用与网络经济模式的发展。这三条线索从传播、社会和经济三个层面关注了新媒体的不同属性。②

此外，在数字时代中，原有的问题仍在延伸甚至因数字时代的特征而暴露得更加明显。王维佳认为，新自由主义全球化所产生的各种问题与困局和中美两国经贸互补关系的逐渐解体，自然会促使中国对外传播工作开展制度和话语方面的双重革新。在总体上，中国的外交工作将与经济工作、对外传播工作、国家安全工作深度整合，融为一体、统一步调。③ 美国外交组织和策略的调整就是这种趋势的例证，21世纪以来，美国发布一系列《战略传播报告》《美国国家战略之公共外交与战略传播》《国家战略传播构架》文件，用以统合各部门、综合各手段，并强调外交的网络化和科学化转向。可见，数字时代绝非单一向量的改变，而是新维度与旧维度之间的深度整合，所有置身于数字时代的行为体都要将其路径、价值和目标与数字化内涵深度融合。

因此，要想在数字时代中寻找更有解释力的外交理论，就必须对数字化过程进行更加全面、细致的理解，并考察其中外交主体的潜能和角色。这要求我们从媒体的多重角色来思考外交问题。媒体已不再是单纯的宣传机构，还是分布式的内容分享平台、聚集大量资本的商业公司，以及掌握算法技术的科技巨

---

① 王晓培、田浩：《数字新闻生态与极化：赋能、固化与调和失效》，《新闻界》2021年第3期。
② 彭兰：《新媒体用户研究：节点化、媒介化、赛博格化的人》，中国人民大学出版社2020年版。
③ 王维佳：《中国对外传播的范式转变》，《对外传播》2015年第1期。

头。其中每一个角色都深刻影响着外交实践。媒体外交的对话不只是沟通渠道的搭建和跨文化传播的内容创作，更是在信息、经济和技术领域的多方博弈。为此，笔者将焦点放在平台这一新的媒介和经济组织上，引入了以荷兰学者为代表的平台化理论。该理论具有鲜明的跨学科特征，在描绘数字化的过程和结果上有较好的解释力，为我们理解新媒体时代的外交转型提供了丰富的思想资源。

据此，本书结合了彭兰和何塞·范·迪克的理论，试图从技术和传播的角度概括新媒体的特征，并通过其社会和经济属性分析新媒体具备的功能，从而与公共外交的目标相连接。总体上看，这种分析取向从属于功能主义流派，试图在理解和把握作为工具的新媒体的特征和作用后，利用新媒体调整公共外交的实践方式，并迎接新媒体时代公共外交遭遇的挑战。在后文中，笔者将选取政府、社会组织、媒体及个人等多元主体，考察其如何运用新媒体技术开展公共外交实践。这些实践将以实现阐明外交立场、传播文化价值、增进跨国互动、塑造国家形象、消除误解隔阂等具体目标为导向。研究将着重分析这些新媒体公共外交行动的实施成效，并深入探讨其面临的现实困境及可能的优化路径。

第三章　新型主流媒体对国家形象的塑造及传播研究
——以 CGTN 为例

公共外交中最为重要且具有代表性的形式之一便是媒体外交。所谓媒体外交是指利用新闻媒介来阐述和推进外交政策的方式或新闻媒介积极参与并发挥影响的外交方式，或指政府运用新闻、出版、无线电广播、电视、电影、录像带以及新兴的电子通信手段宣传对外政策。简言之，媒体外交就是由媒体开展或参与的外交活动。当前国际关系急剧变化、国际舆论场风云迭起，伴随着新媒体技术飞速发展与广泛应用，中国主流媒体作为拥有雄厚传播实力、面对社会主流受众、代表社会主流发展方向、关注社会基本问题从而引领社会舆论并产生强大社会影响力的权威媒体，在展示全面的、真实的、客观的国家形象，加深国际公众对本国的认知、理解与认同进而实现公共外交目标方面发挥了至关重要的作用，但同时也面临内部生产模式变革与外部舆论环境复杂交织的双重挑战。

从国内视角来看，2014 年习近平总书记就在中央全面深化改革领导小组第四次会议上提出，着力打造一批形态多样、手段先进、具有竞争力的新型主流媒体。① 这是国家第一次对新时代新型主流媒体发展提出明确要求。此后各类旨在推进媒体深度融合，实施全媒体传播工程，做强新型主流媒体的战略需求被屡次提出。如何在国际传播领域将中国作为"世界和平的建设者、全球发展的贡献者、国际秩序的维护者"的国家形象更好地传播出去，成为中国主流媒体发展与探索的重点方向。从国际层面来看，海外各国的主流媒体近些年也纷纷加速在新媒体平台的发展布局，旨在抢占国际舆论的话语权和制高点。一些西方国家借助其在国际传播领域中的先发优势导致他国形象被扭曲的现象时有发生，破坏了积极、友好的国际舆论环境。

在这一背景下，中国主流媒体发展迫切需要具有全局视角和长远视角的顶层设计，细致研究和探索国际传播的发展规律及趋势，充分借助各类新媒体技术，提升主流媒体的能力，建成全面触达海内外互联网用户的新型主流媒体，并将新型主流媒体建设与国家形象建设战略有机结合，让海外受众得以"兼听则明"，从而在国际层面更加广泛深入地塑造和展示真实立体的国家形象，扭转国际受众对中国的刻板印象，推进新时代中国国际传播与公共外交事业发展。

在本章中笔者将基于习近平总书记在第十八届中共中央政治局第十二次集体学习时提出的包括文明大国形象、东方大国形象、负责任大国形象和社会主义大国形象在内的四个"大国形象"，系统分析中国颇具代表性且有一系列令人瞩目的建设成果的新型主流媒体——CGTN，其运用新媒体理念与技术开展国际形象塑造及传播活动的具体情况，并用拉斯韦尔"5W理论"对其发展历程、传播内容、传播对象和传播效果评估等要素进行详细阐释，分析CGTN在中国国家形象塑造及传播过程中开展的行动和实际效果并提出策略性建议，从而在理论上丰富学界对主流媒体在新媒体时代所具外交潜力的研究成果，从实践上推动传播界更有效地利用新媒体平台塑造国家形象。

---

① 《持续建设新型主流媒体　努力做好新闻舆论工作》，光明网，2021年2月19日，https：//m.gmw.cn/baijia/2021-02/19/34626061.html。

一、媒体融合推动下的新型主流媒体转型

伴随着信息技术的快速发展，互联网与媒体呈现出了愈发紧密的融合发展趋势，也带来了国际传播格局的全新变化。可以说，中国媒体在这一背景下与西方主流发达国家史无前例地站在同一起点，中国媒体有了承担起构建更加公平合理的国际传播秩序的能力与机遇。随着综合国力的日益提高，中国急需将国际传播能力与大国地位相适配。

关于主流媒体的概念，周胜林指出，主流媒体是相对于非主流媒体而言的，是那些影响力大、起主导作用、能够代表或左右舆论的省级以上媒体。具体指中央、各省（区市）党委机关报和中央、各省（区市）广播电台、电视台等。他同时概括了主流媒体应当具备的三个特征，即有较大的发行量、收视率；有较多的广告营业额；有较大的影响力和权威性。[1] 邵志择认为主流媒体是依靠主流资本、面对主流受众、运用主流的表现方式体现主流观念和主流生活方式，在社会中享有较高声誉的媒体。[2] 尽管对于主流媒体的概念、特征在不同视角仍有诸多不同侧重的理解，但对主流媒体作为党和国家的耳目喉舌、对内宣传与对外传播的"领头羊"与排头兵，在提升中国的国际传播能力、提高国际舆论话语权，塑造积极国家形象的时代任务中负有当仁不让的责任和使命已成共识。

（一）新型主流媒体概念、特征及建设路径

关于新型主流媒体的概念，学者王金鹏认为新型主流媒体是融合媒体这一全新时代的主流媒体，能够利用内容和资源优势实现新媒体融合发展。新型主流媒体在内容、技术、平台、管理等方面进行融合，形成一个具有强大引导

---

[1]　周胜林：《论主流媒体》，《新闻界》2001年第6期。
[2]　邵志择：《关于党报成为主流媒介的探讨》，《新闻记者》2002年第3期。

力、影响力、可信度和传播力的全方位传媒矩阵。① 也有学者指出，新型主流媒体是兼具新兴媒体和主流媒体的功能与属性，既拥有强大实力、传播力、公信力和影响力，又有形态多样、手段先进、具有竞争力等特征的全新主流媒体。② 肖叶飞认为新型主流媒体是凭借内容优势、资源优势与品牌优势，通过流程优化、平台再造等手段实现新旧媒体一体化发展，各种媒介资源、生产要素有效整合，信息内容、技术应用、平台终端、管理手段共融互通，从而形成具有强大传播力、影响力、引导力、公信力的全媒体形态。③

关于新型主流媒体的特征，李良荣等认为新型主流媒体应当具备以下几个基本特征：要以大众为中心、以主流文化和价值观为指导；要把重点放在报道时政新闻上，记录好时代风云；以互联网为主要媒介，构建具有互联性的主流媒介，重塑与使用者的联系，使其在网络社会中重新成为核心节点。④ 肖叶飞也对新型主流媒体的要素特征进行了概括：从媒体形态来看，新型主流媒体除传统媒体形态外还具有融合新媒体矩阵等全媒体形态；从传播内容来看，新型主流媒体需要提供融媒体内容服务；从传播终端来看，新型主流媒体具有多终端立体传播的能力；从影响力来看，新型主流媒体在重要事件的报道中具有强大的传播力、引导力、影响力和公信力。⑤

对于新型主流媒体的建设方式，当前国内学界普遍认为大力推进媒介融合是传统主流媒体实现新型主流媒体变革的根本途径。黄丹琪等人在研究中发现中国新型主流媒体建设正在通过三条途径实现互联融合：一是保持专业领域垂

---

① 王金鹏：《论新媒体时代如何打造新型主流媒体提升主流媒体的舆论引导力》，《公关世界》2021年第7期。
② 谭天、林籽舟：《新型主流媒体的界定、构成与实现》，《新闻爱好者》2015年第7期。
③ 肖叶飞：《新型主流媒体的基本特征、构建路径与价值实现》，《编辑之友》2020年第7期。
④ 李良荣、袁鸣徽：《锻造中国新型主流媒体》，《新闻大学》2018年第5期。
⑤ 肖叶飞：《新型主流媒体的基本特征、构建路径与价值实现》，《编辑之友》2020年第7期。

直深耕、深度功能挖掘的媒体自身转型；二是与自媒体联袂，打造全员媒体化发展格局；三是推进政务媒体建设，促进"信息+服务"模式发展。① 杨明品指出，当前广电系统在新型主流媒体建设方面已初具成效，尤其是互联网技术在新闻生产流程中的广泛应用，新闻矩阵传播模式和机制普及完善，体制机制改革等方面已取得显著成效。同时也指出新型主流媒体建设仍处在整体转型的深度调整关键期，改革的体制性障碍依然突出。② 朱春杨教授也指出，在新型主流媒体建设过程中要把握好价值取向的变革，既要建立有效对话沟通的传播治理机制，又要均衡媒体和平台间存在的竞争、合作等关系，做好发展目标规制。③ 为了更好符合新媒体技术发展和媒介整合的时代需求，切实提高媒体的传播效果，从而推进中国公共外交及媒体外交成效，中国出台了一系列战略目标和政策文件旨在加快推进媒体融合发展，构建新型主流媒体。

（二）新型主流媒体构建的发展要求

国家始终高度重视媒体融合的发展，早在2014年就开始进行整体布局与谋划。2014年8月，中央全面深化改革领导小组第四次会议审议通过了《关于推动传统媒体和新媒体融合发展的指导意见》。习近平总书记强调，推动传统媒体和新兴媒体融合发展，要遵循新闻传播规律和新兴媒体发展规律，强化互联网思维，坚持传统媒体和新兴媒体优势互补、一体发展，坚持先进技术为支撑、内容建设为根本，推动传统媒体和新兴媒体在内容、渠道、平台、经营、管理等方面的深度融合，着力打造一批形态多样、手段先进、具有竞争力的新型主流媒体，建成几家拥有强大实力和传播力、公信力、影响力的新型媒体集

---

① 黄丹琪、陈昌凤：《新型主流媒体深度融合建设路径探索——以新闻行动者网络为框架》，《电视研究》2021年第4期。

② 《【观察】七周年！激发新型主流媒体建设新动能》，国家广电智库，2021年8月18日，https：//mp.weixin.qq.com/s/8SCvq2eTND9U2RDL-F51fA。

③ 朱春阳、刘心怡、杨海：《如何塑造媒体融合时代的新型主流媒体与现代传播体系?》，《新闻大学》2014年第6期。

团，形成立体多样、融合发展的现代传播体系。要一手抓融合，一手抓管理，确保融合发展沿正确方向推进。①

2016年2月19日，习近平总书记在北京主持召开党的新闻舆论工作座谈会，并到中央新闻单位调研。他在调研中提出，尽快从相"加"阶段迈向相"融"阶段，从"你是你、我是我"变成"你中有我、我中有你"，进而变成"你就是我、我就是你"，着力打造一批新型主流媒体。②

2019年1月25日上午，中共中央政治局就全媒体时代和媒体融合发展举行第十二次集体学习，习近平总书记在学习中强调，推动媒体融合发展、建设全媒体成为我们面临的一项紧迫课题。③

2020年6月30日，中央全面深化改革委员会第十四次会议审议通过了《关于加快推进媒体深度融合发展的指导意见》，强调推动媒体融合向纵深发展，要深化体制机制改革，加大全媒体人才培养力度，打造一批具有强大影响力和竞争力的新型主流媒体，加快构建网上网下一体、内宣外宣联动的主流舆论格局。④

2020年9月，中共中央办公厅、国务院办公厅印发的《关于加快推进媒体深度融合发展的意见》指出，推动传统媒体和新兴媒体在体制机制、政策措施、流程管理、人才技术等方面加快融合步伐加速，尽快建成一批具有强大影响力和竞争力的新型主流媒体，逐步构建网上网下一体、内宣外宣联动的主流舆论格局，建立以内容建设为根本、先进技术为支撑、创新管理为保障的全媒

---

① 《习近平主持召开中央全面深化改革领导小组第四次会议》，新华网，2014年8月18日，http://www.gov.cn/xinwen/2014-08/18/content_2736451.htm。

② 《从相"加"到相"融" 习近平绘就媒体融合发展蓝图》，央广网，2021年2月19日，http://news.cnr.cn/native/gd/20210219/t20210219_525416200.shtml。

③ 《习近平在中共中央政治局第十二次集体学习时强调 推动媒体融合向纵深发展 巩固全党全国人民共同思想基础》，央广网，2019年1月25日，http://news.cnr.cn/native/gd/20190125/t20190125_524494294.shtml。

④ 《习近平主持召开中央全面深化改革委员会第十四次会议》，求是网，2020年6月30日，http://www.qstheory.cn/yaowen/2020-06/30/c_1126179508.htm。

体传播体系。①

2020年11月印发的《中共中央关于制定国民经济和社会发展第十四个五年规划和二〇三五年远景目标的建议》中明确提出,要推进媒体深度融合,实施全媒体传播工程,做强新型主流媒体。②

党的二十大报告中也强调,要加强全媒体传播体系建设,塑造主流舆论新格局。健全网络综合治理体系,推动形成良好网络生态。同时要努力塑造可信、可爱、可敬的中国形象。③ 这些战略目标和政策文件有力地为中国加快实现媒体融合,建设新型主流媒体,提升国际传播能力指明了方向。

(三) 该研究的主要分析工具——"5W理论"

对于本书后面几章中所涉及的新媒体公共外交具体案例,笔者均选用"5W理论"框架进行分析,一方面是因为"5W理论"自提出至今仍被各国学者广泛应用于多领域的传播研究中,其实践例证也在不断丰富发展,时至今日也有着蓬勃的生命力和不可替代的理论价值;另一方面是"5W理论"便于将不同类型的新媒体公共外交活动置于相对一致的理论视角下进行分析,能够得到更多具有可比性的研究结论,因此在这一部分有必要先对"5W理论"及其相关内容进行说明。

"5W理论"是由美国著名政治学家哈罗德·拉斯韦尔于1948年在《社会传播的结构与功能》一文中正式提出的传播学理论,该文一经问世便因其对传

---

① 《中共中央办公厅 国务院办公厅印发〈关于加快推进媒体深度融合发展的意见〉》,中国政府网,2020年9月26日,http://www.gov.cn/zhengce/2020-09/26/content_5547310.htm。

② 《中共中央关于制定国民经济和社会发展第十四个五年规划和二〇三五年远景目标的建议》,中国政府网,2020年11月3日,http://www.gov.cn/zhengce/2020-11/03/content_5556991.htm。

③ 《习近平在中共中央政治局第三十次集体学习时强调加强和改进国际传播工作展示真实立体全面的中国》,中国政府网,2021年6月1日,https://www.gov.cn/xinwen/2021-06/01/content_5614684.htm。

播学深刻的理解和极大的包容性与前瞻性受到了学界的广泛推崇与赞誉，成为早期传播学研究的经典成果之一。学界甚至将其评价为"一部纲领性的力作，一部传播学的独立宣言"，而后所有的传播学研究似乎均是对拉斯韦尔这一文章的某一个方面的注释与延伸，其本质一直被保留下来。究其原因是该理论所涉及的内容均为传播学中重点研究且无法绕开的基本内容。张国良在《现代大众传播学》中将"5W 理论"概括为两个第一，一是传播学史上第一次科学，详细地分解了传播过程；二是第一次规定了传播学的五大研究领域，为后人继续深入研究开辟了广阔的道路。①

从产生背景来看，"5W 理论"的诞生事实上是源于拉斯韦尔宣传资产阶级意识形态的初衷。二战中美国对日本宣战后，拉斯韦尔等一大批传播学先驱都纷纷加入了为美国国家利益服务的行列，通过分析传播过程中的内部要素和外部功能等方面来研究如何更加有效地利用传播活动进行战争动员，塑造政府在民众心中的正面形象，形成更强的内在凝聚力。"5W 理论"就是在这样一个特定历史背景下应运而生的。

"5W 理论"中所说的 5 个"W"分别是传播过程五个要素的缩写，并且将这五个要素按照传播流程进行了科学排序，分别是谁（who）、说了什么（say what）、通过什么渠道（in which channel）、向谁说（to whom）和有什么效果（with what effect）。② 这五个要素从本质上可以抽象为传播主体、传播内容、传播渠道、传播受众以及传播效果，这也就奠定了传播学研究的五大基本内容：控制分析、内容分析、媒介分析、受众分析以及效果分析，强调只有选择适宜的传播主体并明确自身的传播目标，精准分析受众偏好和需求，通过合适的渠道及方式，把恰当的内容传播出去才会带来有效的传播效果。

传播主体就是传播者，是整个传播活动的发起人，传播主体的身份、目标和行动过程对后续诸多传播要素起到重要影响，在整个传播过程中起主导作用。从

---

① 张国良：《现代大众传播学》，四川人民出版社 1998 年版，第 32 页。
② 郭庆光：《传播学教程》，中国人民大学出版社 1999 年版，第 58 页。

功能上看，传播主体负责控制分析，需要依据受众的信息需求对相关信息进行搜集、筛选与加工，同时对受众的反馈进行整理，根据反馈积极调整信息发布内容与方式，以取得有效的传播效果。传播主体的类型多种多样，不仅仅是媒体人、编辑、记者等个人，新媒体时代的传播主体呈现出更加多元化、多维度、多层级的特点，政府、企业、社会组织、民间团体、有影响力的意见领袖和普通个体都可以成为传播主体。如前所述，基于新媒体传播双向互动的特征，在新媒体平台中的传播者既扮演着传播主体的身份，同时也兼具传播受众的身份，作为传播主体的同时也能随时成为其他传播主体的传播受众，这种身份的实时切换更利于接收受众反馈和丰富的外部信息，从而更好地提高传播效能。

传播受众就是信息的接收者，同时也是信息再加工和反馈环节的主要行动者，可以说传播受众是整个传播活动的中心环节。受众对于信息的接收与反馈，以及受信息传播产生的影响是整个传播活动的最终目的，也是衡量传播活动成功与否的核心指标。如前所述，在新媒体时代，传播主体与传播受众的角色可以互换，传播主体与传播受众双方不仅能够根据对方的需求及行为及时调整信息传播的内容与方式，而且在新媒体平台的助力下，传播受众的反馈和信息补充有时会带来内容更加深入的二次加工，传播受众本身会因其反馈及信息二次加工而扩大范围甚至又形成新的受众。目前在理论与实践研究中针对受众的研究主要是围绕其身份特征、需求偏好、行为特点、反馈内容以及反馈价值等方面展开。

传播内容是传播活动的核心内容，这里所说的内容并不是指全部的海量信息，而是特指那些经过大众传媒筛选、处理、加工后分发给受众的信息。因此，要想达到预期的传播效果，就必须通过充分研究受众的身份特征、需求偏好、行为特点来确立传播的价值取向，从大量信息中进行甄别从而确定适当的、受众可接受和愿意接受的传播内容，并且依据传播受众的反馈以及不同受众的反馈价值差异进行传播内容的及时调整。在对传播内容进行甄别与整合的过程中，要努力设置符合时代发展前沿趋势和受众需求的富有多样化的议题，在传播内容的阶段性安排中要注重其相互作用与影响，这些都对传播者能否顺利达到预期传播效果、实现传播的预期目标意义重大。

传播渠道即传播的媒介，简单来说就是传播者以何种方式来影响受众，强调信息传播手段与方式的选择对于传播效果的影响。传统意义上的传播媒介多指一些传播消息的物质实体，例如报刊、电视、广播等，但是随着网络技术尤其是新媒体技术的快速发展，传播媒介也逐渐由实体媒介转向各类诸如社交媒体、网络社区、视频网站等虚拟线上媒介，信息以视频、图文、直播等更多具有交互性特征的方式进行传播，并且使传播过程产生新的特征。

传播效果是用以判定传播活动是否成功的核心指标，它是指传播者所发出的内容是否对受众的行为观点产生一定的影响，同时这种影响效果是否符合传播主体预期的效果等。具体表现在受众是否通过信息传播形成了某些新观念，或者强化了某些旧观念，或者改变了对某件事物的固有看法等等。一般而言，研究效果并不是一蹴而就的短期活动，而是一个动态发展的长期过程。在信息传播的过程中，由于传播受众的观点与偏好本身就处于不断变化的过程中，传播主体对于传播内容与传播渠道也在不断进行着调整与优化，其传播的效果在短期内未必会出现稳定的变化成效，我们需要在更广泛的视域下和更长期的时间范围中分析其传播效果。

由此可见，"5W理论"中所涉及的五个要素彼此独立又统一，在相互影响制约的同时，具有促进彼此发展的潜力，缺一不可，共同构成了完整的信息传播流程。

从"5W理论"应用的主要学科来看，该理论毫无疑问最先被广泛应用于新闻传播学科，进而进入戏剧电影与电视艺术、高等教育、图书情报、文化和出版等领域。从学界对"5W理论"探索成果的梳理可以看到其理论与实践发展历程，早期对于"5W理论"的研究通常围绕着该理论的形成背景、发展历程和历史内涵等内容展开。① 而后有学者以"5W 理论"为指导细致梳理了媒介融合的发展历程。② 随着当前新媒体技术与形式的不断发展与丰富，更多的学者对于"5W 理论"与现实传播形态的结合进行了研究，例如栾萌飞、薛可运用"5W 理论"对短视频新闻的传播要素进行分析。③ 其他成果还包括"5W 理论"下对新闻发言人制度的透视，对会议新闻、政务抖音、反转新闻、梨视频以及网红群体等传播效果的研究等等，可以说"5W 理论"在本书中与每个具体实践案例都有着高度相关性。

除此之外，"5W 理论"在其他领域的发展延伸也体现出该理论的强大解释力与生命力。例如运用"5W 理论"提升企业的总体传播效果，并结合实际案例总结符合"5W 理论"的企业大众传播技巧。④ 有学者将"5W 理论"运用于提升旅游文化传播效果的各个环节，寻找到有效提高旅游市场文化传播的最佳策略。⑤ 还有学者将"5W 理论"运用于分析影响城市户外广告投放的因素当中，从五个要素对城市户外广告主、城市户外广告受众、广告代理商、城市户外广告内容、广告投放效果等方面研究城市户外广告的发展思路等。⑥ 随着时代的发展，各领域越来越重视自身的传播过程和产生的具体效果，也愈发重视传播受众对于传播行动的态度、评价及反馈，因此"5W 理论"于未来必将获得更加广泛的应用空间，焕发更强大的理论生命力。

由此，选用"5W 理论"作为下文不同章节案例分析的主要核心工具，有

---

① 高海波：《拉斯韦尔5W 模式探源》，《国际新闻界》2008 年第 10 期。
② 许颖：《从5W 模式看媒介融合的"融合"与"细分"》，《国际新闻界》2008 年第 6 期。
③ 栾萌飞、薛可：《基于5W 模式的短视频新闻传播特征研究——以梨视频为例》，《新闻研究导刊》2016 年第 24 期。
④ 周裕琼：《5W 模式下的企业传播技巧》，《当代传播》2007 年第 3 期。
⑤ 谭宏：《论文化传播在旅游市场开发中的作用——基于"拉斯韦尔5W 模型"的分析》，《新闻界》2008 年第 5 期。
⑥ 顾伟：《基于5W 理论的城市户外广告效果影响因素分析》，《商业经济》2012 年第 2 期。

助于我们将不同平台、不同时期的案例用统一的分析方法来进行系统阐述，以保证该研究的规范性，也能够从"5W 理论"要素的视角为我们进一步发展新媒体公共外交提供确切、科学的思路。

二、CGTN 在塑造国家形象中的传播主体分析

长期以来，受制于传播技术基础和传播语言及传播思维上的滞后起步，中国在国际传播领域长期处于"西强东弱"的被动局面。党和国家高度重视国际传播路径建设，迫切需要一个能够打开局面、迎合时代、传播中国声音的权威窗口。在这一背景下，中国国际电视台于 2016 年 12 月 31 日正式成立，自此成为向世界展示立体、全面的中国的颇具代表性与影响力的新型主流媒体。

（一）CGTN 的发展历程

在 1990 年召开的全国对外宣传工作会议上，党中央强调要加强电视对外宣传的力量。在这一背景下，中央电视台于 1991 年 7 月成立了对外中心。[1] 通过电视开展对外传播活动正式在国家层面被提上日程，是中国电视对外传播发展史中的一个里程碑。借此机会，中国于 1992 年 10 月 1 日开设了第一个国际电视频道——中央电视台第四套节目（CCTV-4）。之后发展的数十年，中国国际电视频道经历了从 CCTV-9 到 CCTV-NEWS 再到 CGTN 的多次改版，播报方式也从以中文节目为主发展为编排少量英文节目，再到以英文为主要播报语言的逐步转换。2007 年该对外传播矩阵增设了西班牙语频道（CCTV-E）与法语频道（CCTV-F），标志着中国国际电视频道正式进入了多语种时代。[2]

---

[1] 赵化勇主编：《中央电视台发展史（1958-1997）》，中国广播电视出版社 2008 年版，第 239—241 页。

[2] 李宇：《从 CCTV4 到 CGTN：浅析中国国际电视频道的发展嬗变》，《对外传播》2017 年第 5 期。

81

2016年12月31日,中国国际电视台正式成立,这是中国电视国际传播发展历程中的又一个里程碑。① CGTN是一家多语种、多平台的融媒体传播矩阵,将中央电视台的核心对外传播资源实现有效整合。其中包括新闻频道、纪录频道、西班牙语频道、法语频道、阿拉伯语频道、俄语频道在内的6个电视频道、北美、非洲、欧洲在内的3个海外分台、1个视频通讯社和1个新媒体集群。旨在利用国际化传播平台,客观、真实、生动地报道中国经济社会发展情况,标志着中国的国际传播事业迈出了崭新的步伐,旗舰媒体平台已初步搭建完成,硬件设施也达到了国际一流水准。② CGTN是中国媒体融合的先驱,通过CGTN Digital提供数字化信息内容,用户也可通过官网CGTN.com、CGTN移动应用程序或国内外新媒体平台如油管、脸书、推特、微博和其他社交媒体平台便捷访问获取信息资源并开展讨论,截至2023年2月,CGTN在全球共拥有超过1.5亿粉丝。

(二) CGTN的传播目标

习近平总书记在致中国国际电视台(中国环球电视网)开播的贺信中提到,要坚定文化自信,坚持新闻立台,全面贴近受众,实施融合传播,以丰富的信息资讯、鲜明的中国视角、广阔的世界眼光,讲好中国故事、传播好中国声音,让世界认识一个立体多彩的中国,展示中国作为世界和平的建设者、全球发展的贡献者、国际秩序的维护者良好形象,为推动建设人类命运共同体作出贡献。③ 毫无疑问,这一祝愿为CGTN未来发展提供了更加明确、精准的方向与目标指引。

---

① 李宇:《从CCTV4到CGTN:浅析中国国际电视频道的发展嬗变》,《对外传播》2017年第5期。

② 吴克宇:《试论CGTN国际传播理念与传播方式的转变》,《电视研究》2017年第9期。

③ 《习近平致信祝贺中国国际电视台(中国环球电视网)开播》,中国政府网,2016年12月31日,http://www.gov.cn/xinwen/2016－12/31/content_5155302.htm#1。

CGTN 的宣传语是"看见不同"(See the difference)，这一极为简洁的口号表达了要向世界展示立体、真实的中国，同时也让中国用更加开放的眼光看待世界的深刻意涵。意指在同样的世界，我们提供不一样的报道；对于同样的报道，我们提供不一样的观点，用事实说话。事实上，伴随着中国国际电视频道多年的发展历程，其宣传口号也经历了数次变迁。从"让世界了解中国""传播中国文化"，到"传播中国资讯、树立现代中国形象"，再到"全球的视角、中国的眼睛、世界的窗口"，直至当前的"看见不同"，这一发展路径标志着中国的国际传播理念从最初的对外宣传逐步向符合国际传播规律的思想迈进。[①] 从 CGTN 微信公众号简介中亦可看出其定位与传播目标：CGTN 是一个多平台的国际传播机构，旨在为全球受众提供准确、及时的信息资讯和丰富的视听服务，促进中国与世界沟通了解，增进中外文化交流与互信合作。根据这一定位，CGTN 在国际新闻的报道上努力追求独立风格，不断探索创新，守护网上主流舆论阵地，制定"国际视野，中国视角；强化评论，改进编排；尊重规律，追求效果"的编辑方针，切实推动中国媒体融合事业的不断进步。[②]

同时为了充分发挥 CGTN 在全球信息采集和传播中的独特优势，围绕全球热点问题展开调研，为世界发展建言献策，为 CGTN 全媒体内容生产提供强有力的智力支持，在 2019 年 12 月 4 日于北京举办的以"媒体与科技"为主题的 CGTN 第三届全球媒体峰会暨第九届全球视频媒体论坛上，CGTN 智库正式成立。该智库旨在推动全球智库之间的合作，打造一个开放的国际交流平台，增进不同文化之间的沟通，为世界提供更加多样化的声音，进一步实现 CGTN 的总体传播目标。截至 2019 年，CGTN 智库已经与世界上 50 家著名智库和机构建立了合作关系。[③] 这也体现了中国在科技发展、媒体融合的背景下积极回应

---

① 李宇：《中国电视国际传播的理念嬗变与定位回归》，《中国记者》2019 年第 6 期。
② 李玲：《融媒体时代下 CGTN（中国环球电视网）国际传播实践》，辽宁大学 2018 年硕士学位论文。
③ 《CGTN 全球媒体峰会共话"媒体与科技"CGTN 智库成立》，央视网，2019 年 12 月 4 日，http：//m.news.cctv.com/2019/12/04/ARTIM9WBWnCjD22ABgCgp1CH191204.shtml。

新时代号召，抓住历史机遇，探索全球媒体建设的责任感与使命感。

（三）CGTN 的传播主体优势

从国际传播的理论与实践中不难看出，对于中国的国际传播发展来说，外文媒体被赋予了极为特殊的地位，承担着国家对事件的澄清、对政策的解读、对社会的动员，以及对国家形象的包装等一系列政治功能。[①] 随着中国媒体"走出去"战略的实施，外文媒体在全球媒体领域内传播中国文化、解读对外政策、澄清事实消除误解、积极塑造国家形象、提升软实力等方面发挥的作用日益凸显。为了更好地融入国际传播体系，更好地被国际社会理解并接受，从新闻播报形式来看，以 CGTN 为代表的外文媒体也通过调整话语体系和内容不断选取符合国际传播格局的客观需求，同时在新闻播报体系与模式上进行调整，在新闻呈现方式上表现为更加客观、中立的播报范式，以提高媒体的知名度与美誉度，从而获得对国际事件播报更大的话语权与权威性。[②] 对于国际新闻事件则更多关注于细节信息的收集与呈现，尽可能全面、真实地向公众澄清真相，并表达观点。

CGTN 相较于其他主流媒体在国家形象塑造上呈现出了明显的优势。CGTN 的组织架构相当完善，播报语言更加丰富，一方面保证了 CGTN 信息来源的广泛性，并且能够对所收集的信息进行统一的加工和过滤，以保持其播报内容的一致性、系统性与可靠性；另一方面也使 CGTN 新闻直接用当地语言触及更广泛的国内外受众，更大幅度、更高效、更精准地展示中国国家形象。

CGTN 作为中国典型的新型主流媒体，在国内外全面布局形成新型传播矩阵，目前已加入了多个国内外具有影响力的社交平台，直接面对国内受众和海

[①] Chang, T. K., Chen, C. H., Zhang, G. Q., "Rethinking the Mass Propaganda Model: Evidence from the Chinese Regional Press," International Communication Gazette, Vol. 51, No. 3, 1993.

[②] Lin, W. Y., Lo, V. H., Wang, T. L., "Bias Intelevision Foreign News in China, Hong Kong and Taiwan," Chinese Journal of Communication, Vol. 4, No. 3, 2011.

外受众开展新闻传播与互动交流，并较之其他主流媒体拥有更大的粉丝群体。从国内来看，截至2023年2月，CGTN在微博上开设的账号共有粉丝602.7万；在短视频平台抖音上开设的账号，共有粉丝967万；同时也在微信平台上开设了CGTN公众号。这些在国内新媒体平台上开设的账号不仅能满足国内公众的信息需求，也能为生活在中国的海外公众提供高质量、便捷的新闻内容，从而使其更好地认识和了解中国。CGTN还进驻多个外国受众极为喜爱的社交媒体：截至2023年2月，CGTN在脸书平台有1.1亿关注者，做出了令人惊叹的传播成绩；在推特平台共有1310万关注者；在全球最大的视频分享网站油管上共有297万订阅者；在照片发布类社交网站Instagram上共有236万关注者。

除了拥有巨大体量的国内国际传播受众，CGTN较之其他主流媒体在传播内容上也更加多元，让有兴趣了解中国的海外受众可以从各个角度深度理解中国各领域的发展情况。

三、CGTN在塑造国家形象中的传播内容分析

大国通常是国际社会中地位最显耀、最具影响力、也最容易受到国际社会影响的行为主体。[①] 古往今来，大国的发展历程通常伴随着各种谣言与纷争。中国作为崛起的东方大国，长期以来面临着一些别有用心的国家所实施的"污名化"甚至"妖魔化"。习近平主席在2014年中法建交50周年纪念大会上说："中国这头狮子已经醒了，但这是一只和平的、可亲的、文明的狮子。"[②] 中国的和平发展离不开良好的国际舆论环境，同时也需要加强自身的国家形象建设，构建国家品牌，让良好的国家形象服务于政治、经济、外交、文化等多方面国家利益。良好的国家形象也能够为中国履行大国责任、推进人类命运共同

---

① 李格琴：《大国成长与中国的国家形象塑造》，《现代国际关系》2008年第10期。
② 习近平：《在中法建交五十周年纪念大会上的讲话》，《人民日报》2014年3月29日。

体国际共识与务实的国际合作贡献力量。①

主流国际媒体作为拥有雄厚传播实力、面对社会主流受众、代表社会主流发展方向、关注社会基本问题,能够引领社会舆论并产生强大社会影响力的权威媒体,拥有强大的传播力、公信力和影响力,对于国家形象的塑造是其传播中的重要内容。而CGTN作为唯一的中国官方外文新型主流媒体,更要立足于国家发展和人民要求,为中国的和平发展争夺更加广阔的国际舆论空间,为展示全面、立体、真实的中国国家形象争取更多机遇。

(一) 中国国家形象定位——四个"大国形象"

积极的国家形象建设始终是公共外交目标得以实现的重要保障,也是各项公共外交活动关注的核心内容。要想进行成功的国家形象建设,首先需要进行科学的国家形象定位,这是每个国家形象构建的方向性、目标性指引。国家形象的定位要尊重国家发展的历史,立足国家的现实国情,同时也要有面向未来的长远眼光,是对国家形象全局性、系统性和前瞻性的全面思考。

习近平总书记在第十八届中共中央政治局第十二次集体学习时首次提出了包括文明大国形象、东方大国形象、负责任大国形象和社会主义大国形象在内的四个"大国形象"。中国构建的大国形象应当是这四种形象的综合体,而这四个"大国形象"又分别从不同角度、不同维度高度概括了中国国家形象应该包括的具体内容和基本内涵,言简意赅、内涵丰富。进而,习近平总书记又对四个"大国形象"进行了更加具体、深入的解读:"要注重塑造我国的国家形象,重点展示中国历史底蕴深厚、各民族多元一体、文化多样和谐的文明大国形象,政治清明、经济发展、文化繁荣、社会稳定、人民团结、山河秀美的东方大国形象,坚持和平发展、促进共同发展、维护国际公平正义、为人类作出贡献的负责任大国形象,对外更加开放、更加具有亲和力、充满希望、充满活

---

① 钟新、张超:《新时代中国大国形象的四个维度与两种传播路径——基于习近平相关论述的分析》,《中国人民大学学报》2020年第3期。

力的社会主义大国形象。"①

文明大国体现了中华文化兼容并蓄、厚德载物、源远流长、历久弥新，中华文化是全人类优秀文化遗产的重要组成部分，也是中华民族得以长久屹立的宝贵精神财富与精神力量。在当今世界文明冲突加剧的大背景下，强调文明大国的形象，不仅是对中国文化自信的完美诠释，也是希望能够用中国文化中求同存异与兼收并蓄的包容精神与其他民族的文化和平相处，在文化交流中吸收、借鉴其他文化的积极成分，为世界和平稳定发展提供具有可行性的价值观样本。

东方大国是对西方语境下对东方想象的回应。从本质上看，东方文明与西方文明是两种完全不同类型的文明。尽管近代以来一些西方国家把中国强行拖入了现代化的轨道，使中国在这一过程中不断认知和接纳着一些在以往不曾存在过的诸多政治、经济概念，但是作为一个拥有几千年悠久文明的传统东方大国，当代中国仍然是一个典型的东方国家，其价值准则和行为模式仍然保留着东方文明的特征，而这些特征仍然不断为不同国家和其公众带来对神秘东方的憧憬与想象。"东方"这个词语本身就蕴含着勤劳勇敢、民风古朴、风景秀丽、古色古香、历史感厚重的形象，东方国家也蕴含着独特的情感特色，比如重视家庭、人情往来、和气生财、注重传统节日习俗等。这些东方特质不仅支撑中国在融入世界的同时保有自我特色的精神源泉，也让中国在世界民族之林屹立不倒，更能够展现和谐团结、可亲可爱的国家面貌，从而凝聚成不竭的精神力量，唤起其他国家和民族的人民对于美好生活向往的共鸣。

负责任大国是由中国的发展现实和所处时代背景决定的。自1949年中华人民共和国成立以来，中国的国家形象也经历了数次变迁，最初服务于政治目标，改革开放以后则坚持自身经济发展，强调建设发展型大国。伴随中国经济

---

① 习近平：《习近平谈治国理政》第一卷，外文出版社2018年版，第162页。

实力的不断提高，2010年中国国内生产总值超越日本成为世界第二大经济体，创造了一个又一个全球瞩目的发展奇迹。进入新时代后，中国站在了全新的历史起点，正如习近平总书记在党的十九大报告中指出的那样：中国特色社会主义进入了新时代，这是我国发展新的历史方位。① 2021年，中国胜利实现了第一个百年奋斗目标，继续向着全面建成社会主义现代化强国的第二个百年奋斗目标迈进。从时代背景来看，当今世界正处于起伏跌宕的百年未有之大变局，世界更需要中国发挥更大的引领作用，在全球治理中承担起更多大国责任。做负责任的大国，既是中国自身实力发展到一定阶段所必然面临的责任，也是为满足国内人民更美好生活、维护世界和平稳定发展所做的不懈努力与庄严承诺。

中国的社会主义不同于其他国家的社会主义，是中国人民在中国共产党的领导下，坚持走中国特色道路的社会主义。尽管中国的政治制度与其他国家不同，但中国人民生活幸福、安居乐业，经济发展趋于良性，民生福祉不断提高，法律制度不断完善，不仅广泛惠及中国民众，也为国际社会呈现出这一制度优势下蓬勃发展的现实。

在四个"大国形象"的阐述中，习近平总书记从文化、社会、外交、制度四个维度，用文明大国、东方大国、负责任大国、社会主义大国四个词语对新时代中国应有的国家形象做了高度概括，既尊重了中国的历史，又体现了中国的现代特性；既回应了国际社会对中国的某些质疑或期待，又坚持了中国的道路自信、理论自信、制度自信、文化自信，也为新时代中国国家形象传播提出了议程设置的系列主题。② 这四个"大国形象"也为CGTN在中国国家形象构建与传播上提供了明确的内容设置思路。

---

① 习近平：《决胜全面建成小康社会夺取新时代中国特色社会主义伟大胜利——在中国共产党第十九次全国代表大会上的报告》，人民出版社2017年版，第10页。

② 钟新、张超：《新时代中国大国形象的四个维度与两种传播路径——基于习近平相关论述的分析》，《中国人民大学学报》2020年第3期。

（二）CGTN 国家形象传播内容分类

CGTN 作为媒体融合背景下最具整合效应的新型主流媒体，其内容在官网、电视频道、新媒体平台中，均结合不同平台传播特征进行了差异化精准投放，因此，如果仅对某一单一平台信息内容进行概括，恐怕会出现内容展示不全面的情况，使归纳结论有失偏颇。据此，笔者选择作为各类信息权威源头的 CGTN 官网和具有代表性的全球视频分享网站——油管作为数据来源对传播内容进行分析。

油管是美国知名的视频分享网站，为用户提供视频、音频、图像等多种类型多媒体文件的观看、下载及分享功能。该网站的主要特点就是支持大多数格式的视频文件，并且支持在大多数设备上播放。当前，油管已经成为美国和世界上领先的专业视频共享平台之一。在 2019 年 5 月的一次营销活动中，油管首席执行官苏珊·沃西基透露，油管目前有 20 亿活跃用户，占全球网络人口的 45%。另外，根据销售情报平台 Datanyze 发布的数据，截至 2020 年 5 月 14 日，油管占全球视频网站市场份额的 74.12%，以绝对优势占据市场第一名。著名互联网数据分析组织 Data Reportal 于 2022 年 8 月发布名为《YouTube 数据及趋势》的研究报告，该报告主要通过分析广告商触及用户的行为来探究油管的用户发展状况。报告指出，截至 2022 年 7 月，广告商通过在油管上投放的广告可以接触到约 24.76 亿用户，油管总用户大约达到全球总人数的 31.%，占全球 18 岁及以上人口的 36.3%，同时能够触及到 49.4% 的全球互联网使用者。[1] 由此可见该平台在国际传播中的热度及广度。

在传播内容设置上，CGTN 紧密围绕四个"大国形象"建设目标展开，对呈现四个"大国形象"的不同维度均有明确、细化的体现。笔者依据四个"大国形象"的具体内涵，对近 3 年来 CGTN 在油管平台发布的与国家形象塑造有

---

[1] "YouTube Users, Stats, Data, Trends and More," DataReportal, August 2022, https：// datareportal.com/essential‐youtube‐stats? rq = YouTube.

较高相关性的代表性视频进行了初步整理,如表 3.1 所示。诚然,尽管四个"大国形象"在内容上各有侧重,但在传播内容的具体体现上也存在一定程度的重合,如文明大国形象中所强调的尊重文明多样性也不可避免地会与东方大国形象中所包含的文化繁荣主题相重合,因此,在这部分仅作大致分类,将每个大国形象分类中的内容按照点击量降序排列。

表 3.1 CGTN 在油管平台反映四个"大国形象"的代表性视频

(截至 2023 年 2 月 3 日)

内容类别	代表性视频名称	发布时间	点击量
文明大国形象	《中国国庆节庆祝活动期间女兵游行》	2019.10.01	2664996
	《"土壤喷洒"技术使中国北部贫瘠的山岭变绿》	2021.05.19	1688488
	《习近平与教师:共同改善国民教育》	2022.09.10	662065
	《2021 春晚:当流行音乐遇上高科技》	2021.02.11	649760
	《Tech It Out:中国将创造地面运输的新速度记录》	2021.03.11	598106
	《60 秒 J-20 战斗机》	2020.08.06	514357
	《为什么中国可以建造自己的空间站?》	2019.07.19	504848
	《中国国家主席习近平发表 2021 年新年致辞》	2020.12.31	439095
	《中国国家主席习近平发表 2022 年新年致辞》	2021.12.31	406156
东方大国形象	《随着气温上升,新疆牧民将牲畜转移到春季牧场》	2021.02.13	1540182
	《迁徙的野生大象被发现在森林中睡觉》	2021.06.08	1253466
	《春晚舞蹈表演致敬传统文化》	2022.02.01	1026182
	《中秋节欣赏经典京剧〈贵妃醉酒〉》	2020.10.02	883626
	《中国如何击退沙漠并将其变成绿色空间》	2019.04.07	571492
	《武当僧锹:道教最重的武器》	2022.07.14	456240
负责任大国形象	《这里没有英雄,我们只想完成我们的工作》	2020.03.07	3091247
	《CGTN 电视论坛:中日韩三边贸易愿景》	2020.11.04	1222873
	《中国修建的麦加—麦地那高铁改变沙特阿拉伯城市面貌》	2022.12.11	721301
社会主义大国形象	《对话特辑——商业空间新时代》	2020.10.16	753793
	《中国将把浙江建设成为共同富裕示范区》	2021.06.10	360698
	《香港与大湾区:国际化与融合》	2020.11.24	247323
	《中国经济:过去和未来 20 年》	2021.04.18	48089

1. 体现文明大国形象的传播内容设置

其一，注重展示各民族共同繁荣的美好图景。CGTN 高度重视呈现中国少数民族的生活情况、文化风俗、民族节日等，体现出中国各民族平等、共同繁荣的和谐发展景象。如 2022 年 10 月 8 日 CGTN 于油管平台发布的视频《中国少数民族聚居地区生活条件发生的变化》展现了在过去 10 年里中国广大的农村地区尤其是少数民族居住地区在生活条件上发生的巨大变化。CGTN 记者在云南省的一些村庄对当地民俗、文化形式、主要经济作物、创收方式等进行了采访，当地的少数民族居民通过向记者展示日常生活介绍自己生活水平上的实际改善。视频还将融合了大量富有特色的民歌作为背景音乐，少数民族居民身着色彩艳丽的民族服饰，在民族节日中载歌载舞，呈现出一片和谐繁荣的景象。①

中国的少数民族政策一直是国际公众高度关心的问题，CGTN 在 2019 年 3 月 5 日于油管平台发布名为《中国如何对待其少数民族？》的观点类对话视频，详细介绍了中国的少数民族政策。② 该视频邀请到中国藏学研究中心的吉格德雷·旺楚克（Jigdrel Wangchuk）与刘欣进行对话，探讨了少数民族作为中国大家庭的一分子，如何在作出自己的贡献的同时还能保持少数民族文化的多样性，中国的民族自治制度是如何运作并取得了哪些成果。该视频不仅正面回答了来自国际社会的疑问，也在与做客的藏族嘉宾的对话中直接展现了中国少数民族政策在坚持民族平等团结、发展少数民族地区经济文化事业、发展少数民族科教文卫事业、尊重少数民族风俗习惯等方面的具体发展成果。此外，CGTN 还上传了大量关于探讨如何保护少数民族音乐、语言、文化、风俗多样性的视频，其中既有纪录片，也有深入少数民族地区的体验式专访，还有来自

---

① "Living Conditions Transformed in Areas of China Inhabited by Ethnic Minority Groups," https：//www.youtube.com/watch？v = z9W4S9slSXU.

② "The Point：How is China Treating its Ethnic Minorities？" https：//news.cgtn.com/news/index.html.

政府工作人员的政策解读以及高校、学界研究人员的专业视角分析。

其二，展现中国科技创新发展的文明进步。"文明"一词本身涵盖内容非常广泛，在理解中也可将文明与其反义词"落后"来对比理解，因此在呈现中国的文明大国形象时，可以对中国文化、教育、科学、艺术、卫生、体育等各项事业的发展规模和发展水平进行表述，也可以通过呈现中国运用科技创新推进物质生产方式变革、改善物质生活质量等内容加以实现。

习近平总书记在2017年致"全球航天探索大会"的贺信中强调：中国历来高度重视航天探索和航天科技创新，愿加强同国际社会的合作，和平探索开发和利用太空，让航天探索和航天科技成果为创造人类更加美好的未来贡献力量。[1] CGTN以此为导向，用及时、准确、以事实为依据的客观报道持续向国际社会证明了中国在发展航天事业时所秉持的"开放合作"的发展态度。[2]

2021年，中国航天事业取得突破性进展并受到了世界的广泛关注，其中以CGTN为代表的新型主流媒体进行的多平台、多主体、多维度、多时空的叙事可谓功不可没，不仅将中国航天事业取得的建设成果全面、真实、具体地展示在全球公众面前，而且使中国作为航天科技强国和建构人类命运共同体倡议的实践者这一国家形象更加鲜明地被塑造起来。[3] 例如在油管平台CGTN账号进行同步直播，并与推特、脸书等多个新媒体平台进行联动投放，不仅将中国航天发展资讯第一时间广泛送达全球公众，还为其他国家媒体、自媒体机构的新闻制作提供了丰富、精准的第一手素材。CGTN对神舟十二号的飞行任务、各项技术准备工作以及从发射到返航全过程的细致深入追踪报道，受到数十万海外观众的持续关注，多次被半岛电视台等媒体转载、引用，获得良好的二次传

---

[1] 习近平：《向2017年"全球航天探索大会"致贺信》，《人民日报》2017年6月7日。
[2] 王润珏、张若溪：《国际传播视域下的航天故事讲述与国家形象塑造——基于CGTN的实践经验》，《电视研究》2022年第4期。
[3] 王润珏、张若溪：《国际传播视域下的航天故事讲述与国家形象塑造——基于CGTN的实践经验》，《电视研究》2022年第4期。

播效果。①

　　CGTN 传播的中国航天故事不仅是中国航天科技事业的有益发展成果，也是全人类在宇宙探索、太空征程中的重大进步，是对人类命运共同体理念的直观体现。CGTN 在关注中国航天事业报道的同时，也呈现了欧洲、美国、俄罗斯、印度、日本等国家及地区卓有成效的航天探索进展，展示了太空并不专属某个国家而属于全人类，每一个探索进步都需要各国通力合作方可实现的内在意涵。CGTN 的报道始终以人类的未来发展和共享太空发展成果为根本立足点，呈现出积极乐观和开放共赢的站位，与美国媒体报道中充斥的"太空战争论""太空威胁论"等明显带有意识形态色彩的播报理念形成鲜明对比，更加体现了中国豁达、包容的文明大国形象。

　　此外，CGTN 还充分发挥了海外新闻投送能力，充分整合英语、西班牙语、法语、阿拉伯语、俄语的多语种团队资源，全方位、多元化地关注第十四届中国国际航空航天博览会。CGTN 自 2022 年 11 月 5 日起，通过多平台同步推出《航展新视觉》特别报道，带领全球观众近距离领略中国航空、航天、国防领域的硬核重器，介绍中国的科技创新突破，向全球传递合作共赢、开放自信、文明发展的中国声音。在航展开幕日，CGTN 全力打造五小时不间断全英文解说飞行表演直播，并在多平台同步投放。记者从飞行动作、幕后故事、机型背景、战术意义等多角度切入，为海外受众全面解说多型战机。CGTN 提供的英文解说文稿被包括法新社在内的多家海外媒体机构转载使用。除了多平台联动的航展直播，CGTN 还特别聚焦中国航空航天发展与国际合作议题，CGTN 英语新闻频道推出的航展现场演播室直播特别节目邀请瑞士公司 TE Connectivity 亚太区总经理程锦胜探讨中国航空航天产业发展给国际公司带来的机遇，彰显了中国在航空航天领域开放、合作、共赢的大国风范。

　　在中国空军成立 73 周年纪念日之际，CGTN 邀请"八一勋章"获得者、

---

　　① 王润珏、张若溪：《国际传播视域下的航天故事讲述与国家形象塑造——基于 CGTN 的实践经验》，《电视研究》2022 年第 4 期。

歼-10飞机试飞任务首批试飞员之一李中华做客航展现场演播室直播特别节目。李中华表示，航展的新装备体现了中国作战装备的系统化、信息化、无人化、隐身化，这些变化都对飞行员提出了更高的要求。同时通过分享他在海外飞行学习交流以及培训中东、非洲、西亚等地区飞行员的个人经历，表达了希望通过更广泛深入的国际航空航天交流传递中国开放包容的态度和维护和平的理念。

CGTN还在多平台同步推出《带你感受中国航天新高度》《一起看看航展上的尖兵神器》《中国原创力》《直击珠海航展明星机型》等系列直播或精彩视频，让海外观众身临其境般感受中国航天科技魅力。视频中展示的新一代载人运载火箭、首飞在即的中国目前最大固体运载火箭捷龙三号、"翼龙"系列无人机、中国产VT-4A1主战坦克以及DS1综合防御系统等都抓住了最受海外用户关注的前沿技术与话题，尽显中国在航空航天领域的攻关技术突破和自主研发能力，彰显了文明富强的国家形象。

2. 体现东方大国形象的传播内容设置

政治清明、经济发展、文化繁荣、社会稳定、人民团结、山河秀美等，构成了中国东方大国形象的关键要素，也是CGTN展示相当丰富的内容。以油管平台CGTN账号为例，该账号中设置了多个视频专辑，其中有一档名为《旅游指南：探索不为人知的中国》的专题节目，是由CGTN文化节目部制作推出的重要的英语旅游节目之一。截至2023年2月，该栏目共有270个视频，共获17万次观看。节目内容遍布中国的各个地区，每条视频分别介绍当地的风土人情、人文景观、风俗传统、餐饮文化等，从历史到现实，从传统到现代，把每一个文化故事娓娓道来，让观众体会中国文明古国的深邃智慧和无穷魅力。

例如有一期节目名叫《内蒙古冰冻的仙境》，在节目中记者勇敢地面对冰冷极寒的天气，前往中国最北部地区探索内蒙古的白雪草原。即使是在这样极北的维度里和极寒的环境中，仍然有各种令人心潮澎湃的民族传统节日，例如历史悠久的那达慕节和冬季英雄会，让每个人都热血沸腾。"那达慕"是蒙古语的译音，不但译为"娱乐、游戏"，还可以表达丰收的喜悦之情。传统那达慕大会于每年农历六月初四开始，是草原上一年一度的传统盛会。而自2000年成功举办首届内蒙古冰雪那达慕大会开始，呼和浩特就开始每年举办集体育竞技、民俗风情展示为一体的冰雪那达慕大会。视频向我们展现了热闹非凡的冰雪那达慕大会，当地牧民共同参加赛马、赛骆驼、传统射箭等民族体育赛事。牧民表示，因为冬季天气苦寒，热爱挑战的人民欢聚一堂，用肾上腺素来保持温暖，体现了蒙古族人民勇敢豪放的民族性格和博大精深、绚丽多姿的中国文化。①

美食文化也是东方文化中的重要组成部分，各地都有因多种因素影响而产生的不同饮食文化。栏目中有一类名为《好吃客》的专题节目，该专题以美食为切入点，跟随外籍主持人来到北京、长沙、青岛、西安、重庆、乌镇、大同等地，在深度体验中国食物色香味美的同时，深刻挖掘食物的发展渊源和文化内涵，在寻找美食的过程中，领略城市代表性景观和人文魅力，探讨人与食物以及人与城市的关系，从而向世界呈现充满活力和烟火气的可爱中国形象，把中国博大精深的美食文化传播给海外公众。例如《好吃客》泉州篇中，外籍主持人用英文介绍了开元寺、洛阳桥、德济门、清净寺等泉州特色人文景点，同时体验了牛肉羹、炸醋肉、石花膏、肉粽，还有面线糊、润饼、姜母鸭等泉州本地的特色美食。主持人还带着镜头走进蟳埔渔村，梳起簪花围，亲自撬海蛎，烹制海蛎煎，亲自体验美食的制作过程，妙趣横生，令人垂涎三尺，印象深刻。②

此外，CGTN还高度重视生态主题，传递中国的生态文明理念。这同样也是东方大国形象建设中山河秀美得以实现的重要基础和保障。习近平总书记在党的十九大报告中指出：要坚持人与自然和谐共生。建设生态文明是中华民族永续

---

① "Travelogue：Inner Mongolia's Frozen Wonderland," https：//www.youtube.com/watch? v = Bd_b7TBlC8A.

② "Foodwise：Quanzhou，" https：//www.youtube.com/watch? v = - Lv0JF8R7kk.

发展的千年大计。必须树立和践行绿水青山就是金山银山的理念，形成绿色发展方式和生活方式，坚定走生产发展、生活富裕、生态良好的文明发展道路，建设美丽中国，为人民创造良好生产生活环境，为全球生态安全作出贡献。①因此，CGTN 也设置了大量生态类内容。

如 2021 年 5 月，云南野生象群向北迁移成为国内外共同关注的热点事件，CGTN 也积极参与这一热点事件的国际传播。据统计，迁移发生两个月以内，CGTN 英文官网共发布云南野生象群北迁新闻 51 条，报道内容以云南野生象群迁移动态为主，兼顾对人象关系与云南野生象日常生活的报道。报道形式以视频为主，其次是"短视频+图文"与图文特稿，此外还包括卡通漫画、数据新闻、直播等多种样式。② CGTN 在油管平台于 2021 年 6 月 8 日发布的一条名为《野生迁徙象群在森林中睡觉》的只有短短 22 秒的视频获得 125 万次观看、2.5 万次点赞和 1060 条评论，其中热门评论包括："我之前一直不知道它们这样睡觉，它们互相依偎着，真是可爱极了。""它们看起来如此幸福安宁，给人带来美好的联想，一起探索新土地，品尝新食物，享受彼此的陪伴。""这太可爱了，感谢政府保护这些可爱的大象。"③ 通过对迁徙大象的追踪报道使 CGTN 得到了更多国际社会的关注，截至 2023 年 2 月，CGTN 于 2021 年 6 月建立的"wandering elephants"（流浪的大象）话题获得累计约 150 万次点击量，随后野生象群迁徙的新闻也得到了包括英国广播公司（BBC）、美国《纽约时报》、英国《独立报》、美国有线电视新闻网（CNN）等在内的多家国际媒体的热切关注。中国的形象更加立体、丰满、细腻，更多人通过野生动物保护这一事件感

---

① 《习近平：决胜全面建成小康社会　夺取新时代中国特色社会主义伟大胜利——在中国共产党第十九次全国代表大会上的报告》，中国政府网，2017 年 10 月 27 日，http：//www.gov.cn/zhuanti/2017-10/27/content_5234876.htm。

② 钟新、蒋贤成、崔灿：《构建可信、可爱、可敬中国形象的媒体传播策略——CGTN 云南野生象群迁移热点事件报道分析》，《电视研究》2021 年第 9 期。

③ "Migrating Wild Elephants Found Sleeping in a Forest，" https：//www.youtube.com/watch? v=WhFeyuwxq50.

受到了中国人对于自然、对于生命的尊重,中国国家形象被赋予了更多的活力和细节。

据《中国生物物种名录2024版》显示,中国动植物物种及种下单元总计超过11.9万个。中国拥有约6.9万种动物,约4万种植物;国境内栖息着近5000种鱼,1500多种鸟,690多种哺乳动物;国土上盛开着3万多种花卉,生长着约2.7万种菌类。CGTN自然频道制作组从2019年到2021年走访了中国近30个省区,将镜头对准了数百个物种,拍摄了460集《美丽中国:自然》微纪录片。2022年,制作组再次出发,来到苍茫壮美的青海三江源,追溯中华民族生命的源头;走进草木葱茏的南岭,寻找独特而可爱的海陆精灵;从河北塞罕坝的冬日冰雪童话,到广东南澳岛的海边阳光风情;从辽东湾的圆滚滚呆萌海豹,到云南巧家年年飞来的"中国最美小鸟"。纪录片以一种近距离的视角切入,并配以柔和细致的解读,让国外受众同我们一起走近中国的自然世界,让人与自然的距离无限靠近。该纪录片上线后于CGTN官网、应用程序和油管等各大海外社交媒体平台同步推广,收获大量盛赞与好评。例如在2020年1月26日上传的《秦岭系列:山中的凤凰》一集中介绍了"红腹锦鸡"这一鸟类,它有着彩虹般的羽毛,被认为是中国传统神话中凤凰的原型。纪录片还介绍了从唐代以来,凤开始频繁出现于诗句,可见人们对其喜爱,并借此引用了唐代诗人伊孟昌的唐诗《凤》:"好是山家凤,歌成飞楚鸡。毫光洒风雨,纹彩动云霓。"在介绍自然物种的同时,也传播了中国博大精深的诗词文化。[①]海外公众的热门评论包括:"真是令人惊叹的鸟,看到它真是一种乐趣,如果对鸟来说没问题的话,应该尝试将其引入英国,它肯定会为我们单调的乡村增添一些耀眼的美景。""这个视频太棒了!喜欢看这些纪录片!"无论是来自哪个国家或是哪种文化背景的公众,对大自然的亲近与渴望是相通的情感与本能,CGTN精心设计、取材、制作的纪录片能够还原出一个生态平衡、人与自

[①] "CGTN Nature: Qinling Mountains Series I Episode 3: Phoenix in the Mountain," https://www.youtube.com/watch? v = jeZXoP_6nW0.

然和谐共处、平静安详的中国形象，用细腻的笔触给国内外公众提供了一片和谐、放松的心灵栖息地。

3. 体现负责任大国形象的传播内容设置

在这部分内容中，CGTN 侧重描述中国坚持和平发展、促进共同发展、维护国际公平正义、为人类作出贡献的负责任大国形象。

雅万高铁是一条连接印尼首都雅加达和第四大城市万隆之间的高铁，该铁路不仅是东南亚的首条高铁，也是中国高铁首次全系统、全要素、全产业链在海外落地的高速铁路项目，对两国来讲都具有极为重大的意义。作为中印尼发展战略对接和共建项目，雅万高铁是中国高铁走出国门的"第一单"，不仅体现了中国在高铁建设技术上的高水平，更是中国运用领先的科技力量承担大国责任、惠及他国的具体体现。该项目建设不仅能够极大改善当地交通状况，实实在在提高当地人民生活质量，也带来了印尼急需的外部投资，培育了一批本土技术和管理人才，促进印尼基础设施建设领域相关产业快速发展，生动诠释了构建中印尼命运共同体的丰富内涵，是两国人民携手打造的民心工程。

2022 年 11 月 16 日，CGTN 英语频道首播纪录片《"雅万"出发！——东南亚首条高铁纪实》于西班牙语、法语、阿拉伯语、俄语各语种频道，纪录频道以及油管等新媒体端于当天同步推出。纪录片真实地展现了雅万高铁建设过程中的精彩瞬间以及该高铁建成给当地民众和经济社会带来的新变化与新气象。随后，印尼最具影响力的媒体之一、覆盖全国 2/3 人口的美都电视台也在其电视端播出该片。该纪录片时长约 30 分钟，由 CGTN 与印尼美都电视台联合制作，在纪录片制作期间，CGTN 与美都电视台对纪录片立意思路与呈现方式进行了深入沟通，决定将其制作成一部凸显人文关怀并符合国际传播习惯的精品。节目制作由 CGTN 主导，前期主要基于数量庞大、视角新颖、探讨深入的 CGTN 海外拍摄报道素材，后期制作由 CGTN 专题节目部承担。在近 6 年的施工工期中，印尼当地民众由于受西方媒体的误导而对雅万高铁产生了质疑。当地有影响力的媒体美都电视台希望能从客观的角度引导公众理解雅万高铁的建成将在未来对印尼政治、经济、社会发展产生的积极、重大的长期影响。该纪录片制作完成后,美都电视台编辑部对其文稿和画面几乎未做任何修改便审核通过并广泛投放,可以看出美都电视台对该节目内容和 CGTN 制作实力的高度认可。

该纪录片播放仅一天就在 CGTN 各平台获得相关报道 99 条,累计获得全球阅读量 1120.9 万,总互动量 1.7 万次,视频观看量达 230.6 万。在油管平台,该视频也获得了相当多的积极评论,其中包括:"千里之行,始于足下,只要一起努力就能完成难以置信的大事。我们希望这种良好的合作能够继续下去,中国和印尼能够共同繁荣前进!感谢 CGTN 的分享。""祝贺我们的东盟兄弟,印尼有了我们这里第一条高铁,现在你们领先于我们了——来自缅甸的留言。""祝贺印尼!中国建设了你们的第一条高铁,这同时也是东南亚的第一条高铁,很显然这是相当正确的选择。"[①]

4. 体现社会主义大国形象的传播内容设置

这部分内容设置着重塑造中国对外更加开放、更加具有亲和力、充满希望、充满活力的社会主义大国形象。在面对社会主义建设新征程开启的关键节点,CGTN 于 2022 年 11 月 24 日起推出四集纪录片《了不起的决心》,该系列纪录片回应了国际社会高度关心的议题,用符合国际传播规律的叙事方式向世界讲述中国 10 年发展带来的深刻巨变,解读中国发展背后的精神力量。该纪录片制作完成后,通过英语、西班牙语、法语、阿拉伯语、俄语、德语、葡萄牙语等 15 种语言在全球落地播出。自播出之日到 2022 年 12 月 8 日,累计获得全球阅读量 7360 万,总互动量 34 万,视频总观看量达 1248 万。同时,该纪录片内容还被美国有线电视新闻网、德国首都电视台、巴西电视台 REDETV、巴基斯坦 GNN 电视台等多国主流媒体转载播出。CGTN 官网关于该纪录片的特稿还获得来自美国、英国、加拿大、德国、印度、韩国、越南、新加坡等 69 个

---

① "All Aboard! Southeast Asia's First high – speed Railway," https://www.youtube.com/watch? v = biA1MM8RT – I.

国家和地区的 952 家海外主流媒体的转载。

该片制作班底为年轻且富有创意的"90 后"年轻人，他们历时一年采访制作，横跨 4 万公里，跟拍 24 组人物，将文化自信、高质量发展、以人民为中心和人类命运共同体这四个主题有机地结合起来，凝聚成四集纪录片，在逻辑上形成了连贯通畅的叙事通路，让海外受众在与剧中人物的共情共鸣中理解中国发展之道和未来之路。例如第一集《来，酷起来》并没有像其他文化纪录片一样反复冗长地展示中国文化的符号意义，而是立足现实，在全新的时代背景下通过年轻人对传统文化的创新继承与发扬，感受传统文化之美以及中国传统文化生生不息的生命力。主创团队怀着严谨与虔诚的态度追根溯源，将古乐器、古音律、古代舞蹈和甲胄等传统文化元素重新融合，创作出一首音乐短片作品，用现代化、潮流化的方式再现"醉里挑灯看剑，梦回吹角连营"的宋代唱腔，用国际化方式进行传统艺术的深加工与再创作，该音乐短片在海外取得超过 200 万的播放量。同时，该纪录片也深刻解读和传播了"以人民为中心"的中国价值观体系，向世界传递人类命运共同体理念，深刻表达了"中国之治"的旺盛生命力与强大制度优势。

《了不起的决心》系列纪录片设计精巧，制作精美，运用多样化、创意化、轻量化的视听语言，在准确传达信息的同时立足多元受众的接受习惯进行内容制作，体现出中国面对国际公众的满满的诚意，拉进了与国际受众之间的心灵和情感距离。同时，该纪录片大量拍摄和使用纪实素材，原始素材与成片素材比高达 200∶1，可见其制作的精细程度。大量无人机、棚拍、特效等视频拍摄技术被广泛应用其中，结合表达节奏切换画面视角，有效提高画面质感和视觉表达。同时以调查采访的方式展开叙事，能够抓住剧中人物的日常生活细节和心理变化，促成剧中人物与观众之间的心灵对话。该纪录片既是新时代 10 年来的伟大变革、光辉成就的缩影，也是以接地气的表达手段、新颖的内容设置和多元的视角向世界传达中国方案与中国智慧的伟大尝试，表达了中国人"咬定青山不放松"的发展决心，提升了中国故事的传播力、引导力和影响力。

该记录片赢得了广大海外网友的高度赞赏与好评。有网友在评论中表示："很高兴看到中国人重视自己的文化和悠久历史。对你们的创新表示祝福，因为你们进入了自己独特的世界观，在能源、道路、意识方面有许多突破在等着你们。"还有网友评论道："这是一部伟大的纪录片。许多像我们这样在上海和北京以外的中国生活过一段时间的西方人都知道，中国共产党和中国人民为改善人民的生活做出了巨大努力。中国有太多复杂性，这与西方国家大不相同，所以让西方人很难理解。但我们应该试着去理解，而不是听信那些所谓的专家臆想的'中国威胁论'，并把一切都贴上政治宣传的标签。我祝愿中国能继续前进，因为中国的成就使我们的世界变得更美好，并给许多发展中国家和贫穷国家的人民带来希望。"以油管为例，截至2023年2月3日，该系列纪录片栏目共收获7.3万次观看量，在评论中也可以看到海外受众对中国故事更加深刻的理解和对中国发展更大的期待。

每年的两会期间，CGTN都作为海外传播的主力进行两会内容的传播与解读，向世界展示了社会主义中国的发展成果和风采。在2019年两会中，首先，CGTN充分关注到移动终端普及和网络速度质量提升的技术赋能能够有效提升CGTN播报效果，因而积极地进行了传播形式创新，以CGTN中外记者的个人视角切入拍摄Vlog《"两会"我视野》，通过真实体验与解读两会，给读者带来更有体验感和沉浸感的观看和阅读体验。其次，CGTN通过发布新媒体平台短视频、进行现场直播、开办专家专题访谈等方式，全方位、多角度地描摹了中国的制度运行和该制度与中国国情的适配，让国外受众更加清晰地观察并理解中国特色社会主义制度所带来的具体成效。在用户体验层面，数读两会之政府工作报告篇、大数据解读"两高"报告篇等融合媒体作品直观而生动地展示了政府工作的重点，揭示了人大代表来自于人民的政体运行模式，以及人大代表广泛分布的地域、领域特点等国际受众高度关心的问题，更加明细地解读了中国的政治制度及其运行方式，从而让国际公众对中国社会主义制度优势有更直观的了解。

2022年10月16日至22日，中国共产党第二十次全国代表大会胜利召开，CGTN继续发挥海外多平台资源优势，集中推出形式多样的多语种系列专题报道。CGTN在油管上传了时长共计4小时25分的《现场直播：中国共产党第二十次全国代表大会开幕专题报道》视频，向国内受众全面介绍了此次中国共产党第二十次全国代表大会的整体召开情况。[①] 此外，CGTN还在多个海内外平台采用多语种持续面向全球受众传播解读党的二十大报告精神。2022年10月25日，CGTN举办首场"全球青年意见领袖新发展论坛"线上活动，就党的二十大报告中提出的中国式现代化、构建人类命运共同体、强化现代化建设人才支撑、增进民生福祉等国内外公众高度关注的热点话题展开多场青年交流，来自美国、加拿大、澳大利亚、韩国、印度、巴西、俄罗斯、阿联酋等36个国家和地区的政商界嘉宾、青年意见领袖、青年学者和媒体从业者积极参与并分享了自己的洞见。

此外，CGTN各地工作室和记者等结合各国受众的特征，用独特的方式制作专题节目介绍和传播党的二十大精神，主题内容统一但风格各异，旨在传播中国更加开放、更加具有亲和力、充满希望、充满活力的社会主义大国形象。

英语记者杨欣萌发布"昨日今日对比照"，围绕个人经历向海外粉丝解读党的二十大报告中"推动绿色发展，促进人与自然和谐共生"内容和切身体会，获得海外阅读量超500万。CGTN西班牙语琵琶工作室结合党的二十大报告中提出的"高质量发展"制作发布短视频《坐着火车去长城》，打卡北京市郊铁路S2线，向海外网友展示中国基础设施和民生领域的长足发展成就，获得全球阅读量168万。思霖工作室发布报道《幸福就像石榴籽一样紧紧抱在一起》，展现中国推动各民族文化传承保护和创新交融所做出的努力，收获了海外西班牙语网友的热烈讨论。法语频道"独具姜心工作室"策划推出《中国农业发展之路》，以新媒体语态向法语受众讲述中国脱贫攻坚取得的历史性成就。

---

① "Live：Special Coverage of the Opening of 20th CPC National Congress，" https：//www.youtube.com/watch？v=GpDbKnteBek.

阿尔及利亚网友对此评论："即使条件艰苦也要创造条件耕种，这非常符合中国人坚韧不拔的性格。"法语频道"天天工作室"从增强中华文明传播力影响力这一视角出发，发布直播《翰墨飘香，喜庆二十大》，通过中国传统书法文化传递中国共产党"以人民为中心"的初心使命，获全球阅读量132万。阿拉伯语频道"欣欣工作室"推出《中国智造"欣"体验》，通过体验式报道介绍中国新能源汽车的发展、特征、优势和对世界新能源汽车市场的贡献，传递党的二十大推进经济高水平对外开放和高质量发展的内涵。阿拉伯语"棕榈树工作室"发布短视频《"人民至上"，你怎么看？》，阿拉伯语记者王睦谊对外详解"江山就是人民，人民就是江山"这一重要论述，运用大量翔实案例解读中国"人民至上"的价值取向，获得众多阿拉伯网友积极评价，全球阅读量超586万。俄语主播张栖桐发布《什么是幸福》系列作品，从自己的生活经历和感悟以及家族三代人的生活变化来表现中国社会发展为普通民众带来的福祉，传递中国特色社会主义的制度优势。俄语记者赵鑫发布系列短视频《什么是中国式现代化》《中国共产党为什么行》《中国的未来会怎样》，用海外受众易于接受的通俗表达方式深入阐释中国发展的理论与实践。① CGTN 还于党的二十大召开期间在海外热度极高的短视频平台 TikTok 上发布系列采访微视频，邀请来自各国的外籍在华人士结合自己身处中国的所见所闻和真实感受讲述中国发展成就，多位外国友人都从自己的视角介绍了真实感受，表达了在党的二十大胜利召开后对中国更高水平对外开放的期待。一位西班牙友人在镜头前盛赞中国的飞速发展："我在中国多年，但感觉这里的一切还是很新鲜！"

CGTN 还高度关注香港地区的发展，注重展现自 1997 年香港回归以来，在坚持党的正确领导和"一国两制"方针的正确指引下所取得的卓越发展成果。2022 年 7 月 1 日，CGTN 五语种全平台全方位聚焦香港回归祖国 25 年来在良政善治发展方面取得的成就，截至当日中午，共发布相关报道 1880 条，累计全

---

① 《多圈层、多元化、多维度！CGTN 在海外是怎样传播中共二十大的》，CMG 观察，2022 年 11 月 4 日，http：//www.hntv.tv/political/article/1/1588388490673868802。

球阅读量1.23亿次，互动量94.5万次，视频观看量达到1767.1万次，收获了极为广泛有效的传播成果。2022年12月19日，CGTN于油管平台上传名为《香港的新时代：1997年以后的故事》的纪录片，详细介绍了"一国两制"制度在香港的具体施行，从政府、企业、普通个人生活层面，介绍自1997年从英国回归中国以来，香港在政治、经济、社会等诸多方面所经历的转变。该视频得到了来自海外网友的诸多积极回应，有热门留言称："我第一次去香港是在1984年（就像视频中一样，我在启德机场降落），于1997年返回，在2006年又再次去香港。我亲眼目睹了香港在这段时间发生了怎样的改变，它变得更好了——是英国从未梦想过的那种发展，毫无疑问香港和中国都非常值得骄傲。太棒了！""非常好的CGTN纪录片。我在香港生活了25年，见证了视频中讲述的许多香港的故事和机会，特别是作为两个青少年的父亲来说，这是个美妙的城市，拥有绝佳的位置和强大的祖国中国。"[①]

粤港澳大湾区建设是重大国家战略，中共中央、国务院印发了《全面深化前海深港现代服务业合作区改革开放方案》和《横琴粤澳深度合作区建设总体方案》为粤港澳大湾区建设驶入快车道注入了强劲动力。香港特区政府迅速响应中央的战略部署，提出建立更完整的创科生态圈。2020年，CGTN在油管平台上推出了《香港与大湾区（GBA）：国际化与一体化》系列视频，用对话方式探讨了粤港澳大湾区建设对于区域发展的重大推动作用以及建设项目所面临的机遇与挑战等重要问题，截至2023年2月已收获24万次观看。[②] 2022年11月22日，中央广播电视总台CGTN联合创科香港基金会推出《创新港湾2021》特别节目。此次特别节目在油管平台同步直播，取得较好传播效果。该特别节目助力推动香港成为国际创新科技中心，将粤港澳大湾区着力打造为世界各地

[①] "Hong Kong's New Era: Stories From After 1997 | CGTN Documentary," https://www.youtube.com/watch?v=YKQat2NEYcw.

[②] "Hong Kong and the Greater Bay Area（GBA）: Internationalization and Integration," https://www.youtube.com/watch?v=0cZ_I4oxnvk.

青年的创业沃土。节目中指出，粤港澳大湾区建设是关乎国家及区域发展的重大国家战略，是新时代推动形成全面开放新格局的重要探索，也是丰富"一国两制"内涵的创新实践，CGTN将充分发挥平台在连接中外、沟通世界的全球传播中所具优势，与粤港澳大湾区各方紧密合作，推进粤港澳大湾区创新发展，助力构建科技创新生态体系。

（三）CGTN国家形象传播内容特征

从CGTN的发展历程和目标定位来看，CGTN是代表中国在海外发声的主要途径，核心目的在于塑造积极的新时代中国形象。可以说，对于中国文明大国、东方大国、负责任大国、社会主义大国形象的塑造始终坚定地贯穿于CGTN内容组织和播报的全过程，是其内在发展最核心的主线。具体来看，CGTN的国家形象传播内容具有以下几个特征。

1. 立足国际受众需求，呈现国际视野

CGTN自建台以来，始终以海外受众需求为出发点，坚持多语种全信息输出，不仅报道中国积极正面的发展成果，也毫不避讳地真诚面对国际受众的质疑和不解，并开展有理有据的分析报道，澄清观点、表明主张，极大地促进了国际公众对中国的理解和认知，拉近了中国与国际公众的心灵距离，有助于搭建中西跨文化交流的桥梁，实现深层次的文化交流。例如，CGTN英语新闻频道就积极适应媒体融合趋势，不断提高全球新闻播报能力，不仅在语言上以全英文报道，而且在叙事方式、传播思维上也基于海外受众喜闻乐见的形式进行积极的调整尝试，为全球受众提供专业的外语新闻服务。

2. 充分运用新技术和新思维提升传播实效

CGTN作为海外新型主流媒体的代表，必然充分地将各类播报主体、播报平台广泛地融合到传播过程当中，其中，对于各类新技术和新思维的创新融合和运用成为了主流媒体中最具代表性的特征。比如在2019年两会期间，CGTN完成了五场部长通道及代表通道、委员通道的5G移动直播。此次直播首次采用高速率、大带宽、低延时的5G极速网络，并采用4K超高清拍摄技术，将"5G+4K"相结合的领先技术成果首次运用到主流媒体的新媒体移动直播当中，不仅能够为用户提供更清晰、流畅的画质和更真实的观感，提高了节目的传播效果，也向全球公众展现出中国信息化科技的自主创新水平和领先优势。此外，CGTN还借助两会期间备受国内外公众关注的有利契机，首发运用了"4K+VR"技术的宣传片《360度大美中国》，依托电视频道和各类海内外新媒体全平台同步放送，让国际公众身临其境般地领略大美中国的秀丽河山、四时之景，吸引公众来中国亲自感受中国的壮美山河。大数据交互可视化融媒体报道《为人民》也同样使国内外公众眼前一亮，该报道基于人工智能技术和3D交互技术生成的2975名人大代表群像形成了2975个点阵，这些点阵交互变化，直观、创新地呈现了该届人大代表的性别、民族、地域、年龄、教育背景等信息，能够让公众对于人大代表来源的广泛性、代表领域的普遍性有所了解，从而切实感受到中国的全过程人民民主的题中之义。在呈现方式上，把复杂的信息扁平化，让单一的数据化信息更具创意，增强了人民代表的立体性、鲜活性和真实感。同时，CGTN在两会期间投放的首款竖屏社交互动节目《问中国》上线移动客户端，受众覆盖广泛国家和地区，极大地扩展了传播范围，并通过提高用户的使用体验增强传播效果。

3. 结合不同平台特征进行差异化信息投放

不同的媒体平台面对着不同的受众，也有不同的主流传播规则，结合不同平台特征进行差异化信息投放能够更好地将信息和平台融合在一起，不会出现内容和形式相分离的"两层皮"的情况。CGTN在油管平台上对一些系列纪录片如《旅游指南》《了不起的决心》等建立专题栏目将其归类整合，确保喜欢这类视频的用户能够便捷地获取该栏目下的信息更新提醒。各类CGTN移动端则立足央视的优质新闻资源，为有广泛信息需求的用户提供涵盖政治、经济、科教、文化、体育等不同领域的多语种国内国际新闻，资讯覆盖面广。移动端也会根据最新的热点设置专题版块，整合相关新闻资讯评论并放在一个专题下，例如在改革开放 40 周年期间专门设立"庆祝改革开放"专题，全方位、多角度地讲好改革开放 40 周年的故事；中国春年期间在油管平台上专门设立了"中国新年"专栏，图文并茂并辅以相关视频展现中国新年的习俗传统，传播中国优秀文化，起到良好的传播效果。

4. 以塑造形象为中心，外延议题多元

如前所述，塑造中国国家形象是 CGTN 在国际传播中的重点任务与传播目标，因此，新闻内容广泛关注政治、经济、文化、社会、科技等议题，但同时，CGTN 也在内容设置中兼顾各类外延议题，希望打造一个具有专业能力的国际传播团队。CGTN 不仅有高大上的官方视角与叙事，也深入人民生活，侧重关注人民的真实体验与感受。在文化类议题中，包含了港澳台地区同胞与外国友人在中国的生活与工作经历；在关注平凡人生活现状的故事中有对其具体生活方式的描述；同时还包括娱乐节目《挑战不可能》等展现生活中的平凡人所能创造出的一个又一个奇迹。CGTN 试图通过这些文化类议题向世界展现一个富有文化底蕴、关注民生、社会公平、友好热情的国家形象。在科技议题上，载人航天、量子研究、5G 建设都是 CGTN 报道的重点方向，CGTN 构建了一个在技术前沿不断突破、科技发展蒸蒸日上的富强文明的国家形象。在环境类议题中，CGTN 主要呈现中国的秀美风光、自然生态现状，以及对野生动物的保护和对环境的改善等议题。健康议题则侧重报道医保等关乎民生的重要议题，同时也广泛探讨了中国人民个体的健康议题。整体来说，尽管 CGTN 的传播内容整体服务于积极国家形象的塑造，但同样兼顾多元化议题发展，呈现出中国新型主流媒体新闻传播工作的专业性与系统性。

（四）CGTN 国家形象传播内容存在的问题

尽管取得了令人瞩目的传播成果，但 CGTN 在传播内容中仍然存在一些需要在未来发展中加强关注的问题。

1. 用户黏度不足，优质内容生产能力有待提升

尽管 CGTN 基于专业化、精细化国内外制作团队的内容生产能力，以及巨大的海内外各类传播平台的资源优势能够保证传播内容的匠心设计、优质制作和广泛传播，但其用户黏度较之 CGTN 的大国新型主流媒体地位仍不相配。此外，尽管大多数内容制作精美，技术手段应用深入，但仍然存在部分内容制作粗放，缺乏精细构思的情况。

从内容生产能力上看，CGTN 也应当进一步加强构思。以 CGTN 在油管平台传播内容为例，通过筛选 CGTN 账号的热门视频可以发现，该账号观看量靠前的视频的点赞和评论量相对较少，缺少能够引起广泛讨论的"爆款"视频，能够在国际传播领域产生广泛影响的"现象级"作品数量不足，无法产生有效的二次传播效果。表 3.2 呈现了截至 2023 年 2 月 3 日 CGTN 在油管平台视频观看量排名前 30 的视频，总体来看这些热门视频和 CGTN 的国家形象海外传播目标相关性不大，而更多分布于零散的社会新闻类别，排名前 10 的热点视频中仅有两条与国家形象建设内容相关。同时，热门视频中绝大多数是没有进行精美设计加工的突发热点事件，而前文所说的精心取材设计制作的高质量内容却反而没有得到理想的传播效果。因此，CGTN 需要着重提高内容生产能力，尽可能让全部发布的信息都保持高水准和高规格，同时运用更有效的手段将制作精良的传播内容得以有效地传播。

表 3.2　CGTN 在油管平台上传视频观看量 Top30（截至 2023 年 2 月 3 日）

日期	视频标题	观看（万次）	点赞（万）	评论（万）
2016.11.19	《不可能的挑战：来自伊朗的体操男孩阿拉特·侯赛尼》	7514.0	18.0	0.7
2018.11.23	《男孩使用雨伞阻止电梯关闭，导致自由下落》	4734.8	23.0	2.1
2016.05.19	《孩子在水中挣扎两分钟后被救出池塘》	3830.4	12.0	0.5
2016.04.03	《调皮男孩被卡窄墙》	3617.6	11.0	0.4
2018.09.24	《南印度一公交被洪水卷走》	2228.4	3.3	0.06

续表

日期	视频标题	观看（万次）	点赞（万）	评论（万）
2016.11.02	《世界上跳绳最快的男孩》	2203.6	17.0	1.4
2017.05.16	《反应迅速的印度村民在公交坠河后展开营救》	1959.3	3.4	0.07
2020.02.28	《武汉战疫纪》	1848.2	19.0	2.8
2018.06.09	《中国国家主席习近平和俄罗斯总统普京共同乘坐高铁前往天津》	1753.7	10.0	1.1
2019.04.14	《男子用身体阻止自己的卡车随后被碾于车底》	1747.0	8.5	0.5
2018.04.11	《两个孩子演唱的"You Raise Me Up"震惊在场观众》	1738.7	27.0	0.6
2018.12.13	《善待动物组织寻求对印度大象修剪象牙组织的调查》	1646.7	2.5	0.03
2016.07.24	《视频显示北京野生动物园一只猛虎袭击了游客》	1637.3	2.0	1.1
2017.10.10	《游客被感压玻璃的碎裂特效吓到》	1608.7	8.9	1.0
2014.10.18	《可爱瞬间！黏人熊猫不愿吃药》	1544.9	5.4	0.3
2020.03.21	《意大利医院对新冠病毒病例应接不暇》	1282.7	3.8	0.3
2019.05.28	《泰国英雄骑手在堵车状况下挽救发病女孩》	1209.9	16.0	0.4
2016.12.05	《不可能的挑战：怎样让婴儿在5秒钟内安静下来》	1208.5	13.0	0.5
2020.01.05	《一只野猪在北印度疯狂逃窜》	1202.9	4.4	0.1
2018.06.18	《可爱瞬间！萌萌的熊猫在洗澡时紧紧抱住饲养员》	1200.3	15.0	0.4
2019.03.11	《抢劫犯在看到女子账户余额为零后反给其钱》	968.8	19.0	2.2
2019.06.01	《中国消防员扩开缝隙解救被困男孩》	963.5	11.0	0.6
2016.06.16	《看！顽皮熊猫不让动物园饲养员走》	937.9	9.0	0.4
2020.02.20	《已逝武昌医院院长的妻子情绪激动地进行告别》	921.1	3.7	0.5
2014.08.18	《中国海军在亚丁湾打击海盗》	833.0	2.3	0.2
2018.07.10	《鲁莽的大象为了香蕉打劫公交司机》	819.5	4.7	0.1
2017.07.30	《完整视频：中国人民解放军建军90周年阅兵》	802.1	4.1	1.1
2018.04.22	《印度航空公司航班颠簸造成三人受伤》	800.7	4.3	0.1
2018.07.13	《一名加油站工作人员在12秒内扑灭三轮车大火》	794.8	7.5	0.2
2019.10.01	《15个部队列队参加国庆阅兵》	778.3	4.6	0.8

2. 栏目精细化和系统性有待进一步提升

以CGTN在油管平台的栏目设置为例，CGTN共分为两大类播放列表，一类是自创建列表，另一类是专题节目列表。自创建列表内容大多与文化、民生、时事相关，在内容上相对于 CGTN 专题节目呈现出更低的政治色彩。但通过更加深入的比对分析不难发现，尽管栏目内存在一定较高点击量的视频，但是栏目整体播放量并不乐观，而油管平台的推荐算法则更侧重于播放列表的传播情况对用户进行推荐观看。同时，尽管 CGTN 能对油管频道内的内容根据不同类别进行归纳呈现，但栏目的精细化与系统性并不明显，类别之间存在一定程度的交叉覆盖，用户很难依据本身的信息需求在相应栏目中进行精准定位。因此，在传播内容和分类视角上，不能单纯从自己所掌握的信息出发，而应当更多地考量用户实际的信息需求，以此为导向深入挖掘用户信息偏好和栏目需求，从而有的放矢地进行更加精准和有针对性的内容生产，创造更多满足目标用户实际需求的精细化和系统性栏目与内容。

3. 内容呈现还应深度融入新型技术成果

当前融媒体时代传播技术的升级、播报流程的再造能够大幅度提高内容生产水平，促进信息传播多元化、个性化发展。技术进步一方面能够充分保障多元化传播主体及时、广泛地参与到信息传播过程中，另一方面能够极大地提高内容呈现效果，同时也对多平台多渠道信息的整合和技术的统筹使用提出了更高的要求。当前，CGTN 始终在探讨如何在多终端同步发力的情况下，使传播内容与信息能够在统一的技术标准之下生产和传播，在降低信息多平台制作、分发成本的同时，实现不同平台端口的无缝连接，这些都需要我们在新型技术成果的运用与管理方面不断加强探索，并在实践中积累经验，是一个久久为功的长期历程。

四、CGTN 在塑造国家形象中的传播渠道分析

CGTN 于 2016 年底正式开播后，其官方网站 CGTN 移动新闻网（CGTN.com）也同期上线运行，该网站首次实现环球运营，组成了 CGTN 多语种、多

地区的官方移动新闻网。在建设过程中，CGTN注重打造自身品牌，将过去零散的社交账号统一更名整合到CGTN账号下，建设由CGTN主账号、CGTN多语种账号共同构成的账号集群，形成覆盖面极广的传播矩阵。此外，CGTN移动新闻网还首次设立时政报道原创融媒体交互页面，以多媒体、多时空方式报道重要时政新闻，打造政治、经济、文化、科技、社会五大原创内容版块和图片、视频两个内容频道，根据社交多平台后台大数据分析指导内容生产，满足用户对于海量优质视频、图片内容的需要。①

在这一部分，笔者主要选取CGTN官网作为研究对象，分析其作为中国最具代表性和影响力的新型主流媒体，在国家形象塑造及传播中具体的传播方式，从其形式上的"渠道"与内容上的"方式"两个维度，分别对CGTN官网在塑造国家形象中的传播渠道进行分析。

（一）CGTN官网栏目设置

作为全球公众都可以随时接入的官方媒体平台，CGTN官网的设计一定程度上也是国家形象定位的直观体现，包含着CGTN对于自身媒体定位的构想和对主要传播内容及价值观的呈现。因此，其页面设计、信息呈现和审美设计会潜移默化地影响到浏览者对网站所蕴含的国家形象的看法。进入CGTN官方网站后，用户首先感受到的是该网站的页面设计、信息呈现和审美设计风格，其网页设计简洁明快，更加符合现代主流审美。不同栏目信息用不同背景色进行视觉分割，在网页上方以滚动形式呈现推荐阅读信息，有效突出重点新闻。在内容设置上，网站导航栏目丰富但不冗杂，对信息内容既进行了有效归纳以便于用户查找，又不会遗漏重点，满足了受众对于新闻咨询的多样化需求。考虑到用户的实际使用体验需求，尽管CGTN是一个以英语及其他外文为主要传播语言的媒体，但其官方网站可以同时被国内外受众登录使用，能使该网站的特

---

① 《CGTN移动新闻网打造数字传播新渠道》，新华网，2017年1月11日，http://www.xinhuanet.com/zgjx/2017-01/11/c_135972495.htm。

色专题栏目在国内外多层级公众中产生不同的传播效果。

1. 导航栏目设置及其内容呈现方式

导航栏目设置是为一个网站构建内容框架的过程，框架设置能够在一定程度上潜移默化地影响受众对该网站乃至该网站所属国家形象的看法及认知。在CGTN官网不同的栏目设置中，对中国政府、企业、社会组织、媒体、个人等多个国家形象表现维度都有所展示，也极为详细地展示了中国与世界发展之间的密切关联。

在CGTN官网导航栏的设置选项分为中国、世界、政治、商业、意见、科技、文化、体育、旅游、自然、图片、视频、纪录片、电台和电视频道15类栏目主题。各个版块内容紧密关联、层层递进，显然进行过细致的调研和设计。如中国版块之后设置的是世界版块，既表明了CGTN高度关注中国与世界发展成果，呈现了CGTN作为中国新型主流媒体在国际传播中的责任与使命，同时也隐含了中国的发展有赖于世界、世界发展离不开中国的深刻内涵，借此塑造和传播了中国负责任的大国形象，阐明了要向世界发出中国之声的核心目标。政治、商业、科技、文化、体育、旅游、自然和纪录片八个版块与国家发展建设理念与成果密切相关，基本涵盖了政治、经济、文化、社会在内的各个角度的中国国家形象，较之国内其他新闻网站做到了既有战略性、全局性、系统性，又使呈现信息不至冗杂零散，便于CGTN对信息的充分传播与其受众对信息的高效获取。

从传播形式来看，CGTN官网传播方式主要包括文字、图片、视频、直播、电视、电台六种类型，既用适当的方式传播特定信息，同时也满足了不同场景下受众的信息获取需求。值得强调的是，CGTN还在意见版块中设置了"第一个声音""政策制定者""全球思想家""中国谈"等多个次级栏目，在政治、经济、文化等不同领域就一些国际公众高度关注并能够引发深入讨论的问题邀请各方专业人士作答，体现了中国始终欢迎各种观点和思维的交锋。这既体现开放、包容的大国胸怀，又强化了传播者和受众之间的双向互动，有效拉近了传播者和受众的距离。在网站首页左上角可以进行英语、西班牙语、法语、阿拉伯语、俄语五种语言的切换，便于世界各国公众都能拥有平等了解中国的机会。在网站首页右上角可以一键将该网站分享到油管、推特、脸书、照片墙（Instagram）等社交媒体，充分考虑了不同平台之间的联动性。

中国栏目则包括"最新新闻"和"当前热点"两个次级栏目。从整体上看，该栏目采取"信息+评论"的形式呈现信息，通过大图片、精简文字形式推送中国政治、经济、科技、社会民生等方面的消息内容，用户登录之后可以参与留言和评论。其中，除了图文信息外还有创新形式的互动信息，例如，该栏目有一项"中国每周新闻测验"，用户针对其中的问题选择认为正确的选项，完成一系列答题，用以测试用户是否了解上周发生的大事件，并针对用户错过的信息提供其最新发展情况，增加了 CGTN 官网信息传播的趣味性与互动性。①

世界栏目以地域差别为标准，将栏目内容划分为亚太、美洲、欧洲、中东和非洲四个次级栏目，新闻内容上包括最新新闻和世界视频两个版块。内容排版左宽右窄，左侧辅以图片呈现最新新闻，右侧则是视频展示区。同时在视频预览图片下方标注了标题内容和时间，能够使用户清晰直观地按照世界新闻获取需求快速定位信息，提高新闻传播的时效性。

政治栏目包括"领导人""外交""政策""军事""图说""这就是中国""为人民谋幸福"七个次级栏目。以文字、图片、视频的多媒介形态全方位报道中国的领导人动态、外交、政策等内容。其中，"为人民谋幸福"版块用画卷形式展示中国对于共同富裕的追求和努力。这部分构思十分精巧，滚动鼠标首先能够看到 2022 年习近平总书记新年致辞视频，致辞中强调了"民之所忧，我必念之；民之所盼，我必行之"这一核心执政理念；之后继续滑动鼠标来到"遵循蓝图"版块，该版块用大量高清图片分别展示了以人为本、新发展理念、

---

① "China Weekly News Quiz: February 5 – 12, 2023," https://news.cgtn.com/news/2023 – 02 – 12/China – Weekly – News – Quiz – February – 5 – 12 – 2023 – 1hmEQRCDDbO/index.html.

坚持创新和绿色转型的核心价值取向，通过点击每幅图片均可以查看其对应的详细新闻内容；继续滑动鼠标会看到页面以中国地图形式全面展示习近平主席在2021年全年走访过的足迹，点击每一个地点都能够找到习近平主席在寻访的每一站里所强调的问题，并对讲话中所涉及的关键词进行细致解读，深度总结和概括了中国自2016年至2020年近5年的辉煌发展成就。该版块构思新颖，交互性强，无论对国内公众还是国际公众都是对中国发展历程的颇具震撼性的展示。①

2. 设计中的中国特色及图像信息特征

在网站页面的展示中，色彩搭配占有非常重要的地位，良好的色彩搭配不仅能在美学上吸引更多的用户浏览，在浏览过程中也能获得更加舒适视觉体验。色彩的适当使用也能体现传播主体的内在价值取向。CGTN官网的主题颜色设计以蓝色和白色为主，辅以淡金、浅灰等色彩统一的浅色系，塑造出一种理性、客观、可靠的氛围。网站主题颜色的选取和简约大气的页面布局，体现了中国以充满活力、创造力的方式融入国际传播主流的决心。随着时代的发展变化，中国展现出更加灵动、活泼、富有生命力的一面，同时向国际公众展示了中国追求和平、理智、客观、睿智的文明国家形象。

除了符合国际主流审美的页面设计，CGTN官网还选取了大量充满中国风的元素，在积极拥抱世界的同时始终秉持着对中国优秀传统文化的传承使命和深沉的爱，反映出中国文化自信自强的特质。CGTN官网的图片选取和图像设计十分精巧，以新闻图片的标题为例，每一段标题文字都不是简单地呈现，而是进行了笔触上的美学加工，让标题散发着中国文化特有的飘逸洒脱与美感。除了文字，CGTN也对特殊内容的新闻图片背景进行加工，CGTN官网中的报道标题就像是中国国家形象的一张张名片，既在视觉上呈现出审美上的美感，又潜移默化地展示了中国文化底蕴深厚的国家形象。

---

① "Seeking Happiness for the People," https：//news.cgtn.com/event/2021/China2021/index.html.

居伊·德波曾提到，如果现实世界被纯粹的影像所代替，那么影像就成为了那个真实的存在。① CGTN 在新闻内容上以图文形式作为主流展示方式，十分重视图片与内容质量，并且在主题上高度强调图文内容的相关性与适配性。CGTN 官网中呈现出的大量图像信息都能够成为中国国家形象的直观代表，这些图片主要分为三大类，其一是展示中国山河壮美的自然风光，主要意在展示幅员辽阔的中国多彩的地理风貌以及中国的生态环境保护建设行动成效；其二是展示中国科技前沿突破和工业发展的成果，如大型基础设施、火箭及航天器、高科技芯片等最新科技发展成果；其三也是最重要的一点，是通过图像对人物形象进行的重点处理。国民形象是国家形象的重要组成部分，一国国民的真实生活状态是所在国家生存环境优良与否的生动体现，对国民形象的构建与传播能够跨越语言和文化的表达差异，唤起各国人民心中的感情共鸣。② CGTN 官网通过大量与民众生活相关的报道和图像，对中国各个领域的人物形象、生活状态和切身感受进行传播，向海外受众传递展示了中国国民形象真实的一面，从普通人的视角透视出"以民为本"的核心理念，展现了中国人民切身分享着当前中国社会的发展与变革的红利，传递出中国的发展成果惠及民生的价值取向，以更加生活化的方式生动塑造了可信、可爱、可敬的中国形象，有力地回击了某些国家的抹黑，从而取得国际社会的认可及拥护。

3. 不同内容类别及其叙事方式

从 CGTN 官网呈现的新闻标题来看，标题通常言简意赅、短小精悍，大多限定在十二个字/词以内，能够提纲挈领、简明扼要地说明新闻主题和内容，便于公众捕捉所需要的信息。

第一，客观新闻类保证信息原貌，精准传播。CGTN 在国际新闻的播报上充分展现了新型主流媒体的国际化风范，新闻稿内容多来自于他国新闻和发言

---

① [法] 居伊·德波著，王昭风译：《景观社会》，南京大学出版社 2007 年版，第 6 页。
② 原婕菲：《新时期中国国家形象研究——以中国和德国两国互相认知为例》，中共中央党校 2019 年博士学位论文。

的直接转述，并不添加某些主观内容，注重在向受众客观传达时保持信息的准确性，力求在当下信息冗杂、真假难辨的资讯洪流中为受众梳理出更加真实、客观、具有可信度的事件真相。例如，2023年2月6日，在土耳其南部靠近叙利亚边境地区发生7.8级强烈地震。CGTN也高度关注此事进展，在2月12日一篇名为《土耳其—叙利亚地震：救援进入第7天，幸存者仍在撤离》的报道中，CGTN首先客观介绍了此次地震的救援进展情况，报道指出："救援人员周日从地震瓦砾中救出至少九名幸存者，据土耳其国家媒体阿纳多卢通讯社报道，在叙利亚和土耳其部分地区发生此次严重的自然灾害六天后，死亡人数超过29000人，并且死亡人数目前来看仍将进一步上升。"除了对现实情况进行介绍外，CGTN还直言不讳地介绍了包括极寒天气、地震后的抢劫或诈骗，以及最主要的物资紧缺等当前救援工作面临的几个核心难点。在该信息中还附上了两张地震救援现场及灾后景象的图片，整个报道视角客观真实，不涵盖任何主观评论，一切信息均以权威信息发布为准，能够为公众提供最为及时、客观的事件描述。

但对于这一场重大灾害，CGTN也绝非冷眼旁观，CGTN在灾害发生的第一时间就传递了中国政府的关切以及对死者的哀悼，同时介绍了中国在地震发生后为两国抗震救灾积极提供的支持和帮助，其中包括中国政府援助土耳其及叙利亚的大批救灾物资，派出的中国救援队，加快落实的粮食援助项目等。同时，CGTN还在官网转载了一封来自印度安卡拉的信，信中写道："此次灾难发生后，土耳其人民堪称楷模的团结一致再次被见证，这为救援和灾后重建带来了希望。土耳其拥有优秀和令人骄傲的历史，因为他们经常在充满挑战的时期站在帮助其他国家的最前沿。现在我们仍对团结的力量心怀感恩，尽管我们的伤口会随时间推移而慢慢愈合，但这场悲剧会永远铭刻在我们的记忆和心中。"CGTN通过转载该信件表达了中国政府浓厚的人文主义情怀，塑造了中国负责任大国的国家形象。

第二，特别节目强调平等对话与思想碰撞。CGTN的多个新闻栏目都是以对话形式展开，这类节目紧跟时事热点，利用自身的国际平台和资源优势对热点问题进行追踪，并积极邀请来自问题发生地的各方代表、利益相关者和中国国内学者就事件内容进行对话交流，在充分共享信息的前提下开展平等对话。对话节目还收集海外公众关于该事件比较关注的问题进行一一回应，本着包容、开放的态度为用户尽可能提供全面、完整的信息框架和各方观点。在此类节目的叙事中，CGTN 从不推崇任何形式的"一家之言"，而是从多角度、多侧面引导、促进多元思维的碰撞。2022 年 8 月，恰逢美军撤离阿富汗一周年之际，CGTN 与阿富汗沙姆沙德电视台联合制作推出特别节目《阿富汗：和平重建之路》，这是两国媒体首次举办的高级别电视论坛，旨在推动国际社会理解和关注并帮助阿富汗走出人道主义危机。论坛分两场展开深入讨论和对话，上半场主要回溯了美军撤离阿富汗一周年里阿富汗所面临的新环境与新情况，主要探讨了阿富汗人民当下面临的人道主义困境的解决之道；而下半场主要聚焦于阿富汗的重建之路。联合国负责人道主义事务的副秘书长马丁·格里菲思、中国外交部阿富汗事务特使岳晓勇发表视频致辞，中阿嘉宾在北京与喀布尔的演播室展开内容丰富、切实有效的交流讨论，来自多国的政府官员、国际组织代表和专家学者齐聚论坛，共话阿富汗人道主义危机与经济重建的解决之道，取得了许多卓有成效的结论与共识。[1]

第三，纪录片注重细化展示不一样的中国。CGTN 对于纪录片的叙事表达运用十分娴熟，无论是对于自然地理主题，还是人文生态主题，从富有科技感的空中航拍到聚焦普通人的生活、节日与情感 Vlog，都能够在宏大的时代主题下寻找到细腻而精准的切入点，配上内容深刻的文稿，唤起国际公众的情感共鸣，共同走近美丽中国、人文中国、情感中国。可以说，CGTN 出品的纪录片以细腻的视角、真实的口吻，真正地体现着 CGTN "看见不同"的口号。CGTN

---

[1] "Watch: Afghanistan in Transition – Path to Reconstruction and the Way Forward," https://news.cgtn.com/news/2022 – 08 – 17/Live – Afghanistan – in – Transition – Path – to – reconstruction – –1cyZ2qkTDWg/index.html.

的纪录片制作精美，取材考究，编排精巧，为受众呈现了一场场视觉盛宴：大漠孤烟，小桥流水，56个民族儿女在华夏大地上安居乐业，少数民族文化各美其美，美美与共。古老的文明习俗传承至今，并且在时代的发展中不断被赋予全新精神内涵。由中国国际友谊奖章获得者罗伯特·库恩担任主持的纪录片《中国脱贫攻坚》曾在美国落地播出，于国内国际获得巨大成功。此后原班人马共同打造全新纪录片《通向共同富裕之路》，该纪录片叙事风格、拍摄手法符合国际纪录片的拍摄主流，但其内容又扎根中国现实，通过深入中国最偏远贫困的地区，了解老百姓生活上发生的变化，还原中国发展原貌。在2019年两会期间，除了常规的政治类新闻播报外，CGTN还结合两会代表委员议案提案推出《为其扬名》和《百鸟千寻》两档自然类纪录片，视角一转来到人类共同关注的自然生态问题，将"自然与生命"这一超越语言和文化界限的共同命题呈现在国内外公众面前。在两会期间推出这组纪录片，一方面是向国内外公众传播习近平主席生态文明思想的生动实践，另一方面也能体现出中国重视生态文明保护、和谐绿色发展的重要理念，塑造积极的国家形象。

第四，呈现形式灵活的漫画插图与专题时间轴。CGTN官网还专门设置了图片专栏，采用大量拍摄精美、视角新颖的高清图片，对中国文化、自然地理、城市景观等多元议题进行艺术化呈现，画面细腻柔和，配色明快活泼，同时还应用大量绘制精美、妙趣横生的插图表达观点，采用更加灵活的方式进行信息呈现。此外，在CGTN官网中还有年鉴、大事记，以及各类议题相关的时间轴与关键信息轴梳理，这种时间轴式新闻能够以时间或核心事件发展历程为主线，将不同发展阶段经历的重大事件一一对应呈现出来，使受众在最短时间内就能对事件全貌有所了解，不必再去一一追根溯源，也不会错过任何一个重要节点，最大化地精简了信息获取的方式，体现了以受众为中心的价值取向。如CGTN在2020年4月7日发表的一篇名为《中国发布国际抗疫合作时间表》的报道中，根据媒体以及国家卫健委、科研机构等部门汇集的信息绘制时间表，介绍了中国在发布抗疫相关信息、分享疫情防控经验、推进国际交流与合作等方面所做出的努力。该报道用制作精美的时间表呈现了 2020 年 1 月 3 日至 2020 年 3 月 29 日抗疫的重大举措，为疫情暴发初期国内外及时了解中国参与国际抗疫合作的行动提供了有力支撑。①

（二）CGTN 的多平台传播体系架构

CGTN 所取得的传播成果与其多平台传播体系架构和在不同平台选择的适宜恰当的内容分发模式是分不开的。CGTN 作为中国最具代表性的新型主流媒体有着极为复杂的体系架构，本文将选取 CGTN 融媒中心、App 移动客户端、海外流媒体和新闻平台展开介绍。

第一，CGTN 融媒中心。2017 年 10 月 10 日，CGTN 融媒中心正式投入运营，该中心是中国国际电视台按照融合传播理念重点打造的核心业务平台，可以理解为实现媒体融合的"中央厨房"，通过一次性采集新闻信息就可生成运用于多平台的多元化新闻产品。融媒中心整合统筹 CGTN 旗下北京总部和北美、非洲、欧洲 3 个分台，以及英语、西班牙语、法语、阿拉伯语、俄语 5 个语种新闻的生产运营，全天候提供适应电视、移动网、客户端、社交媒体、视频通讯社等多渠道、多形态传播的新闻内容和产品，有效汇聚全球中央电视台电视和新媒体新闻资源、2.5 万余家网络媒体和 70 家权威媒体机构的资讯，真正实现了资源共享最大化，切实体现"多形式采集，同平台共享，多渠道、多终端分发"这一核心运行思路，将"你中有我，我中有你；你就是我，我就是你"的融合发展理念贯穿于外宣旗舰媒体建设的全过程。

CGTN 融媒中心搭建的空间平台、技术平台、管理平台有效保障了传统电视端与新媒体端实现无缝衔接、共同发力，同时基于当前新媒体助力下的信息传播新格局，CGTN 客户端通过升级改版优化其版块设置，增强评论互动功能，

---

① "China Publishes Timeline of International COVID‐19 Cooperation," https：//news. cgtn. com/news/2020‐04‐06/China‐publishes‐timeline‐of‐international‐COVID‐19‐cooperation‐Pth4kyWoPS/index. html.

加入了视频和直播功能，切实提升了用户的使用体验。面对新媒体端和电视端的直播存在差异化的现实情况，其直播内容也会根据平台的特点加以调整，从而确保新媒体端和电视端相互协调、优势互补、同频共振。中国国际电视台CGTN融媒中心建成启用，标志着中国国际电视台开启了国际化融合发展的新征程，其传播力、引导力、影响力、公信力均有显著提升。

第二，App移动客户端。CGTN在正式开播之初就以"电视主打，移动优先"为发展战略，着力打造App移动客户端。CGTN的移动产品集群共推出三个App，分别为主打新闻资讯传播分发的CGTN、专门提供视频直播服务的CGTN Live和针对平板电脑用户打造的CGTN HD，便于多元化用户按照使用习惯和信息获取需要自行选择。同时，对于某些具有影响力的新闻事件，CGTN在移动客户端投放的图文报道、视频直播、短视频等形式的高密度宣传，能够有利于形成声势，从而配合电视端的系列报道、专题节目和现场直播，实现深度媒介融合传播。①

在渠道建设上，App移动客户端上的内容传播是一种打通了新闻、社交、直播、视频、电视、通讯社、UGC（用户原创内容）、PGC（机构生产内容）等多渠道的聚合平台，实现了大屏小屏间的资源整合，同时促进了信息传播者与用户、用户与用户之间的双向互动。用户可以在App上收看电视直播及回放，浏览新闻资讯并一键分享到各类社交平台，有效实现信息的二次传播。更重要的意义是，以互联网技术为支撑的App移动客户端的建设可以有效解决电视频道在国际传播中的跨国落地问题，对于那些没有实现CGTN频道落地的国家的用户，也可以通过移动客户端便捷地实时收看节目，获取所需的信息资讯。

在传播形式上，App移动客户端能够提供颇具个性化的新闻资讯服务，用户可以根据偏好选择想要阅读的信息版块和新闻内容，也可以对于想要稍后阅

---

① 李宇：《CGTN与BBC国际频道新闻App对比分析》，《南方电视学刊》2017年第3期。

读以及希望重复阅读的新闻进行收藏。每条新闻的最后还设有"相关故事"版块，向用户推荐与本条新闻内容相关的其他文章，以有效拓展读者对于该新闻事件形成更加深入、完整的理解。

第三，与海外媒体和流媒体的合作。CGTN 作为中国最具代表性的新型主流媒体与国际传播媒体，始终高度重视在国际传播领域的广泛合作，在扩大 CGTN 国际传播力，大力推进媒体外交成效的同时，有效传播中国文化，塑造国家形象。以 2023 年春节为例，春节期间 CGTN 打造的多语种《2023 超级夜看春晚》春晚直播特别节目，得到 36 家海外媒体合作传播。黎巴嫩国家电视台、叙利亚国家电视台、叙利亚萨玛电视台、阿联酋达夫拉电视台、巴勒斯坦马安电视台、法国华人电视台（Mandarin TV）、毛里求斯国家电视台、喀麦隆非洲新闻台、巴拿马中文广播电台、圣彼得堡 Metro 调频广播电台等 19 家海外媒体对春晚进行直播或录播，共获海外媒体转载 41 次。截至 2023 年 1 月 23 日，CGTN 的英语、西班牙语、法语、阿拉伯语、俄语频道共计发布相关报道超过 2740 条，全球阅读量超过 4.09 亿，互动量 199 万，视频观看量达 7155 万。CGTN 官网特稿《2023 卯兔迎春，暖心联欢总台春晚》获得来自美国、英国、法国、德国、加拿大、日本、韩国等 20 个国家和地区的 805 家海外主流网络媒体转载，触达潜在海外受众超过 3.8 亿人次。同时，CGTN 依托多语种传播优势，持续打造春晚国际化传播品牌，通过 CGTN 多语种官网、App 移动客户端、油管、脸书、推特海外社交平台账号等 11 个平台面向海外全程直播。为了保证海外受众对春晚内容感兴趣、看得懂、能共情，CGTN 还结合对外特色策划推出约 100 分钟原创节目，用更能展示中国优秀传统文化的节目替换掉总台春晚不易于海外受众理解和接受的少部分语言类节目，与对象国共飨文化盛宴，助推春晚品牌的全球推广。法语、阿拉伯语、西班牙语、俄语台还贴合对象国受众兴趣点，邀请对象国嘉宾共话新春话题，用国际公众更为熟悉的语言与视角呈现中国与海外公众同庆新春的热闹景象，展现多元文化交融的别样魅力。

121

2023年是兔年，CGTN还发起了《兔子手势舞》线上挑战活动，舞蹈设计动作简单、节奏感强，邀请各国网友参与翻跳。该活动自发起以来全球阅读量突破3.4亿，在TikTok平台吸引了来自马来西亚、菲律宾等多个国家和地区的网红参与互动。该舞蹈还首次作为互动节目环节亮相《2023超级夜看春晚》直播，播放多国公众共舞的精剪视频。《2023超级夜看春晚》还邀请了联合国秘书长、泰国总理、马来西亚总理、南非国际关系与合作部部长以及古巴、俄罗斯、哈萨克斯坦、埃及、法国、奥地利等18个国家驻华大使共述对中国春节的美好记忆，并对中国和中国人民致以最美好的新春祝福。春晚系列节目播出之后获得了海内外网友的高度赞赏，指出春晚兼具情感温度和国际视角，呈现了五洲同庆的祥和气氛。《身边的中国红随手拍》互动征集活动则邀请海内外网友深入街头巷尾寻访春节元素，各国公众拍摄灯展庙会、写春联、贴福字等全球各地特色节日庆典活动。

在流媒体平台合作方面，CGTN也做出了亮眼的成绩。2019年12月4日，CGTN宣布正式入驻亚马逊流媒体平台，并将与微软全球新闻平台合作分发CGTN网站优质版权内容。在北京召开的2019 CGTN第三届全球媒体峰会暨第九届全球视频媒体论坛上，CGTN宣布已在亚马逊的流媒体平台Fire TV上线了应用CGTN Now，提供CGTN英语频道电视直播内容和原创内容点播。CGTN Now提供CGTN英语频道电视直播内容和优秀原创节目，包括荣获艾美奖新闻杂志类杰出专题奖的《无腿少女的美丽人生》、获纽约国际电影电视节人权类金奖的《生命的礼物》及获第23届亚洲电视大奖的时事专题《战后摩苏尔》等。CGTN官网还将与在欧美地区具有较大品牌影响力和市场占有率的微软新闻合作，精选英语、西班牙语、法语、阿拉伯语、俄语五种语言和CGTN双语原创内容的多语种版权内容，授权微软新闻平台分发，借助强大的平台优势与内容优势形成更大的传播效应，更好地塑造和传播中国国家形象。①

---

① 《CGTN入驻亚马逊流媒体平台和微软全球新闻平台》，新浪财经头条，2019年12月6日，https://t.cj.sina.com.cn/articles/view/7263832556/1b0f549ec00100qokm。

五、CGTN 在塑造国家形象中的传播效果分析及发展策略

从 CGTN 传播主体建设来看，CGTN 作为集中优势资源重点打造的融媒体对外传播旗舰频道，已经成为了国家形象塑造及对外传播的核心窗口，展现出了包容的国际视野和极强的专业水准。同时，CGTN 始终强化中国形象对外传播的核心目标，着力提高新闻评论的力度和锐利度。其重点打造的《对话》《世界观察》《视点》《热点》等深度访谈栏目，涉及国内外备受关注的热点议题，持续受到海内外用户的广泛关注与好评。除了强化新型主流媒体建设外，CGTN 还着力依据优势拓展职能，加强评论员和智库建设，逐步建立完善"外脑策划机制"。截至 2022 年 9 月，已建立约有 2000 人的由各领域权威专家组成的嘉宾资源库，常驻嘉宾超过 200 人，制作了一大批形式上有创新、观点上有深度的优秀作品，《观察家》《点到为止》《锐度》《薇视界》等微视频短评在各类发布平台都获得了较高的全球浏览量。毫无疑问，CGTN 已经成为了海外公众认识中国、了解中国的权威信息来源和窗口。

从 CGTN 内容建设上来看，CGTN 始终坚持客观中立的媒体立场，力求为国内外受众传递真实、全面、详细的信息。一方面，CGTN 努力将中国政治、经济、社会、文化等多项主题逐步纳入国际传播视野，通过精心设计的专题节目和运用高科技技术开展的直播节目将中国国家形象更加全面、立体、直观地呈现在国际公众面前，始终努力保持信息的高质量和风格的高度统一；包括《聚焦中国》《解码中国经济》《中国新动能》《直面精准扶贫》等精品内容版块，让中国在国际社会中为自己发声，用客观、理性的视角和科学、有效的传播手段在出现涉华舆论事件时及时澄清观点、表明态度，成为中国国家形象的权威定义者和强力塑造者。另一方面，CGTN 也高度重视强调中国和世界之间相互依存的关系，通过选取全球高度关注的热点性事件，积极报道全球事务的局势与发展，体现全球报道的传媒实力与总体格局。2017 年，总部位于南非约

翰内斯堡的市场调研公司新世界财富发布《2017年第二季度国际新闻媒体调查报告》，其中CGTN力压英国广播公司、美国有线电视新闻网等权威国际媒体平台，被评为最中立的国际新闻媒体。同时，CGTN主持人杨锐、田薇等国际媒体主持人被评为最中立的电视新闻主持人。① 以前国际传播长期被秉持"西方中心论"的国际媒体霸占，对于国际传播媒介来说，"中立、客观"毫无疑问是来自外部最大的肯定与褒赞，中国主流媒体在进入国际传播领域以来，始终坚持的中立态度和客观、公正、负责地传递各方多元意见的行动，已经很大程度上获得了来自国际公众的信赖与肯定。②

CGTN的播报内容至今已斩获多项国际大奖，例如由CGTN阿拉伯语频道制作播出的《云上稻香村》、《我的前半生》（阿语配音版）在众多参评节目中脱颖而出，在第21届阿拉伯广播电视节颁奖典礼上分别获得纪录片一等奖和电视剧一等奖。在2021年纽约国际电视电影节线上颁奖典礼上，CGTN共有13项作品入围，最终抗疫题材系列纪录片《紧急状态：纽约24小时》《重现：欧洲24小时》《武汉24小时》和艺术类纪录片《古巴裔美籍插画家埃德尔·罗德里格斯》《我们的塑料世界》分别斩获包括四枚银奖和一枚铜奖在内的五项大奖。CGTN北美分台在2022年纽约电影节国际电视和电影奖竞赛中获得三枚铜牌和七次入围。③ 2022年，缪斯创意奖（Muse Creative Awards）作为全球创意设计领域最具影响力的国际奖项之一，将CGTN制作的《虎年春节定格动画宣传片》评选为该奖项文化类金奖。在2022年度国际电视宣传与营销联合会和电视设计者联合会（Promax & BDA）奖项评选中，CGTN制作的宣传片《马

---

① 《CGTN被国际机构评为最中立的国际新闻媒体》，《广播与电视技术》2017年第10期，第145页。
② 辛悦頔：《融媒背景下CGTN的国际传播策略》，《青年记者》2019年第14期。
③ "CGTN America Wins Three Medals at New York Festivals," https://america.cgtn.com/2022/04/29/cgtn-america-wins-three-medals-at-new-york-festivals#:~:text=CGTN%20wins%20Gold%20award%20at%202022%20New%20York，New%20York%20Festivals%20TV%20and%20Film%20Awards.%20Bronze.

赛克》喜提亚洲区 2022 年度最佳新闻类宣传片金奖。

  2022 年 9 月，CGTN 智库联合中国人民大学国家治理与舆论生态研究院，向全球 22 个国家的受访者发起"新时代的中国"全球民意调查活动，此次活动意在了解海外公众对中国过去 10 年发展成就的评价和对人类命运共同体理念等中国治理理论的认同度。在本次海外民调中，CGTN 智库团队以其海外影响力、权威性和体系庞大的海外传播平台布局为依托，以专业的数据分析工具作为核心支撑，充分发挥民意调查的优势，用海外受众看得懂、听得清的方式深入调研，积极探索媒体传播与智库相结合的国际传播新模式。CGTN 就本次民调结果发布稿件 170 余条，相关报道获千余家海外主流媒体转载。报道《78.34% 全球受访者：中国经济已成为世界引擎》触达海外受众达 4.5 亿人次，取得了有益的调研结论，引起强烈反响。

  从 CGTN 的传播渠道上来看，CGTN 已经成功进驻多家国际社交媒体平台。同时，CGTN 以融媒中心为核心，以智库为依托，以各类移动客户端为门户，不断运用全新技术及理念畅通信息传播渠道，并且善用新媒体话题标签促进信息传播。例如，CGTN 关注各类国际新媒体平台上的信息发布规则，通过添加#、@等新媒体语言标签用更具辨识度的新闻主题引发关注与讨论。CGTN 还结合不同平台用户的需求，创新推出直播、短视频、长图文、沉浸式动画等新闻资讯呈现形式，积极融入时代，回应用户需求，全方位提升产品表达力和传播效果。CGTN 在各个平台深入探究科学、适当的栏目设置。以 CGTN 的油管平台账号为例，该账号共下设 2023 年春节、中国愿望、中国的现代化与世界、2022 年中国国际进口博览会、数字中国、更好的生活是人权、2022 年国际政治、独家报道：俄乌冲突、2022 年两会、世界洞察、旅游指南：探索隐藏的中国、走近中国等 43 个栏目，广泛涵盖了国际社会对中国高度关注的话题和全球热点时政新闻，从政治、经济、文化、社会、民生各个角度对中国进行了全面、深入、真实的透视，全面塑造和传播中国国家形象。同时，CGTN 还高度关注不同社交媒体平台之间的关联性，在不同平台发布信息中实现多平台的相互引流，有效实现国际传播的聚合效应。例如在油管平台上，CGTN 会在每一条视频下方的详情中辅以超链接，便于用户点击进入 CGTN 在其他移动端和其他社交媒体的官方账号。CGTN 可以继续探索如何基于个性化的多平台联动，持续构建全媒体与融媒体交织的智能传播格局，化规模效应为长尾效应。

CGTN 依托非洲分台及北美分台，不仅专注于报道中国与世界新闻，也富有责任感与专业性地不断提高本土化新闻播报水平，以"在当地报道当地，用当地人报道当地"为行动方针取得显著成效。截至 2022 年 9 月，CGTN 有近 150 名海外报道员，分布于全球 70 个国家和地区，常态化、规模化、系统化地参与各地重大新闻事件的报道。CGTN 对各地发展成果的高度关注与积极报道也成为了这些国家和地区获得国际媒体报道的重要依据和风向标，助力当地的国家形象塑造及传播。例如，在 2018 年 3 月 8 日共有来自 7 个国家的记者参与 CGTN 国际妇女节的报道，其中，来自中国、西班牙的记者播报了当前全球男女平权发展现状，来自埃及、沙特、伊朗的记者则就全球女性地位提升情况进行介绍，来自缅甸的记者以女性自我保护意识为侧重点进行播报，来自美国的记者则对女性在艺术等领域取得的突出成就进行阐述。节目设计巧妙、逻辑通顺、视角多元、形式多样，有效地满足了不同文化背景的受众对全球女性发展问题的共同关注，既体现了这些国家对于女性发展的积极观点，也体现了中国国际媒体的社会责任感。

尽管 CGTN 已经取得了相当积极的建设成效，但是我们也应当理智地认识到，CGTN 相较于其他国际媒体在国际传播方面仍有提升空间。2022 年 7 月，复旦大学全球传播全媒体研究院发布了《国际传播中的效能评估与关系转向：2021 全球媒体网络传播力评估》报告，该研究以推特作为信息统计的主要平台，通过对国际媒体点赞、转发、引用和回复数量等互动数据的分布情况进行深入研究，指出当前国际媒体在推特上的网络传播行为呈现典型的幂律分布，换言之，就是极少数账号获得了绝大多数平台用户的关注度。该研究通过对 98 家媒体账号在推特平台信息传播中的曝光量、互动量、扩散量、认可度这 4 项指标打分,最终进行得分统计与排名。报告显示在全球主流媒体的影响力榜单中,美国《纽约时报》获得第一名,总分是97分,第二名是英国路透社,总分是96分,第三名是澳大利亚天空新闻台,总分是84分。通过对分数及排名的研究发现,成绩表现突出的媒体在4项指标中的得分相对均衡。在中国媒体中,排名最高的CGTN以综合得分72分的成绩位列总榜第27位,4项指标分别得分为75分、70分、72分和71分。由此可以看出,尽管中国大力建设新型主流媒体并获得了可圈可点的成就,在世界主流媒体网络影响力榜单中排名前列,但欧美国家借助其经济、科技领域的先发优势,在信息化时代的国际传播中仍然占据着主导地位,掌握着信息控制权和话语权。

因此,CGTN仍然需要在创新话语表达体系上加强探索,积极设置议程,用海外能接受、易理解、有共鸣的话语体系,充分借助融媒体的平台优势,多角度、立体化地讲好中国故事,塑造并传播好中国的大国形象。为了更好地发挥CGTN在塑造国家形象中的引领作用,笔者提出以下几点策略性建议。

第一,在国际传播中实现四个平衡,强化讲好故事的能力。学者辛悦頔提出中国国际媒体在国际传播中要实现四个平衡,方可传播好中国国家形象。所谓四个平衡即传统中国与现代中国的平衡、中国主体与世界客体的平衡、中国大故事与民间小故事的平衡、中国故事主流性与多样性的平衡,在复杂的世界中建立一个和平发展的话语体系。[①] CGTN作为中国唯一官方的英语频道,承担着排头兵的使命和责任。讲故事容易,讲好故事难。这四个平衡是在当前时代背景下深挖中国发展理念内涵,深刻理解中国特色与全球视野之间的互动关系与共存条件的重要基础。在国际传播领域,CGTN本身就在一定程度上成为了中国国家形象的具体体现,因此,大国形象也应当反映在媒体形象当中。CGTN要始终坚守初心和使命,讲好中国与世界的故事,富有责任感与使命感地把全面、客观、真实的新闻资讯及时传播到身处不同国家和地区、属于不同

---

① 辛悦頔:《融媒背景下CGTN的国际传播策略》,《青年记者》2019年第14期。

种族和语言、处于不同年龄和阶层的受众面前，让受众能够理解并认同，从而产生共鸣。当然，这个过程是长期的，需要深刻挖掘与反思。CGTN 作为国际传播大军中的"萌新"，自成立以来不到 7 个年头，也站在了更高的起点上。在未来，CGTN 应当对全球传播体系加强研究，不断提高讲好中国故事的能力，在融入全球传播主流的过程中保持自身优势特色，充分整合和利用一切平台资源，发出响亮的中国声音。

第二，保持媒体独特性，持续深化国际合作。长期以来，国际传播体系均以西方国家为主导，其播报视角、叙事方式等也多呈现西方特质。但世界不该只有一种声音、一副样子，这样的国际传播显然是不完整、不全面、不完美的。中国作为东方大国，积极参与到国际传播中提供东方视角、东方观点及东方智慧，就是对当前不平衡的国际传播格局的有效补充、完善与发展，其本身就是负责任的大国形象的具体体现。通过研究 CGTN 在油管平台中观看量较大的视频会发现，其热度较高的视频多为全球突发紧急事件播报、动物相关新闻和世界奇闻轶事等内容，从这个角度看，CGTN 助力中国国家形象塑造的精彩作品并没有得到充分传播，也没有体现出 CGTN 作为中国最具代表性的国际媒体在新闻播报上的独特性，缺少个性化的信息表达，与其他国家的主流媒体相比略显不足。

此外，CGTN 作为国际传播领域的新生力量，在融媒体平台运营和维护中仍然需要不断加强与国际主流传播平台和头部账号合作。这种合作不仅包括策划开展双方或多方联合活动，共享粉丝资源及话题热度，通过转发、评论等互动方式与其他融媒体平台或头部账号扩大关联、加强互动，从而实现有效引流，扩大 CGTN 国际影响力，还应当积极探索深化合作的途径。所谓深化合作，应当是在传播理念、传播范式，甚至是传播体系架构方面的深度合作，这种深度合作可以从根本上为当前中国主流媒体国际传播提供新的视角与思维模式。例如，在国际传播队伍建设方面是否可以思考互相选派记者进驻对方新闻机构进行相对长期的学习和交流并参与实际传播工作，在技术、理念、工作模式上相互学习借鉴，进一步提高对国际传播模式的解读、应对能力与跨文化交际能力。

第三，传播主体需要具备更高层次的平台思维，在技术上遵循算法推荐逻辑。新媒体平台上的国际传播有很多行之有效的提升传播效果的技巧，这需要转播主体具备平台思维，深入研究不同新媒体平台的算法推荐逻辑，以产生事半功倍的传播效果。例如，脸书的推荐逻辑是优先考虑将信息向其家人及朋友进行推送和分享；在推特平台上，附带视频文件的推文参与度比同样内容不带视频的相同内容的推文高 10 倍，同时，带视频的推文可节省 50% 以上的参与成本；油管的推荐逻辑更关注频道的传播效果而非单个视频效果，而且在该平台上传长视频可以有效提高访问效果。同时也应当注意到，有些被主流媒体传播过程中忽视的细节却在算法推荐中具有特殊含义，如设定的搜索关键词、添加的标签甚至是视频缩略图等。例如，油管平台作为谷歌的子公司，该平台上的热点内容会得到谷歌搜索的优先推荐，这意味着提高内容在油管平台的能见度与热度同样也可以提高在谷歌的搜索权重，一项行为可以同时在两个国际关注度极高的国际新媒体平台中获得传播效果，可谓一举两得。[①] 因此，在主流媒体账号的运营中，应当对平台算法推荐逻辑有所掌握，在这方面有时甚至可以向一些热门营销号取经，掌握明规则背后的潜规则，同时重视谷歌关键词规划器等内容优化工具，因地制宜、有的放矢地提高传播实效。

[①] 张超：《打造国际一流新型主流媒体海外社交化传播理念与策略——以 CGTN 在 YouTube 的实践探索为例》，《电视研究》2022 年第 4 期。

第四章　海外新媒体平台的中国文化传播研究

——以李子柒短视频为例

　　文化是时代变迁、社会变革的先导，是一个国家、一个民族的灵魂，也是衡量一个国家软实力的核心要素。文化兴则国家兴，文化强则国家强。在全球化程度不断加深的今天，伴随着信息技术和互联网技术的高速发展与普及，麦克卢汉所预言的"地球村"逐渐成为现实，各个国家以及处于不同文化背景下的各国民众正在多个领域开展着日益频繁、形态各异、内容丰富的文化传播活动。文化传播作为沟通人与人的共存关系的文化交往活动，是人类社会的普遍特征以及全球文化沟通的渠道与桥梁，也是公共外交活动开展的基础和重要内容。

　　中国古代文化一度处于全盛巅峰，"天朝上国"的强国形象持续百年，中国文化的强大魅力及影响力使之成为了汉字文化圈的中心。近几十年来，世界多元文化百花齐放，中华人民共和国成立以来，随着国家综合实力的不断增强，中国与世界各国的关系日趋紧密，互动更加频繁深入，中国文化也逐渐回归世界舞台，被更多国际公众了解和喜爱。中国也在积极探索如何能够在深刻融入世界发展、提供进步思想与理念的同时，让世界更加全面、客观、真实地了解中国及其优秀文化。

习近平总书记在 2013 年 8 月举办的全国宣传思想工作会议上强调：要精心做好对外宣传工作，创新对外宣传方式，着力打造融通中外的新概念新范畴新表述，讲好中国故事，传播好中国声音。他还在同年召开的第十八届中共中央政治局第十二次集体学习时指出：提高国家文化软实力，关系"两个一百年"奋斗目标和中华民族伟大复兴中国梦的实现。党的十八大以来，习近平总书记深入阐释了文化自信的深刻内涵，将文化自信与道路自信、理论自信、制度自信一起，列入中国特色社会主义"四个自信"。党的十九大报告指出，文化兴国运兴，文化强民族强。没有高度的文化自信，没有文化的繁荣兴盛，就没有中华民族伟大复兴。文化自信是凝聚和引领一个国家、一个民族不断发展前进的重要精神力量，是指一个国家、民族、政党对自身文化理想、文化价值的高度信心，对自身文化生命力与创造力的高度信心。中国的文化自信是对包括社会主义先进文化、革命文化、中华优秀传统文化在内的中国特色社会主义文化的自信。坚定文化自信是实现文化自强，增强文化软实力进而建设社会主义文化强国的重要基础。党的二十大报告中，习近平总书记进一步将"坚定文化自信"拓展为"推进文化自信自强、铸就社会主义文化新辉煌"，并提出要发展面向现代化、面向世界、面向未来的，民族的科学的大众的社会主义文化，激发全民族文化创新创造活力。

当前新媒体技术高速发展，这一科技发展成果对拓展文化传播渠道、变革文化传播模式、提高文化传播效果、促进异质文化间的交流与融合等方面具有重要作用。新媒体所具备的共享性、可移动性、自主性、精确性等优势有效提升了文化传播力，是"释放文化活力的钥匙"。新媒体技术及理念在扩大文化传播广度和速度的同时，也拓展着各类文化的内涵，为文化发展与创新提供了内在动力与全新思路，这些都为中国传统文化的海外传播提供了可能。

近年来，伴随着国家高度重视传统文化的传承与发展的现实需求，各类新媒体平台也抓住了这一重要方向，成为传播中华文化的重要途径与窗口。其中，一位来自中国四川绵阳的"90后"女生李子柒作为中国文化传播领域最具代表性的自媒体人，在各类新媒体平台发布的凝聚中国优秀文化的短视频脱颖而出、备受关注，成为了全球现象级的传播文本。不仅获得了全球过亿粉丝量，为世界各国公众递出了一张极富中国特色的名片，更是得到了来自国际公众的极高认可与赞誉。而究其原因，悠久传承、内涵深刻的中华文明作为其作品的精神内核起到了至关重要的作用，这意味着中华文明不仅是讲好中国故事、传播好中国声音的核心要素，也将作为中国文化国际传播能力提升的内在价值支撑。在这条道路上，李子柒已经完成了从探路者到领路人的角色转变。

本章分析李子柒在以油管平台为代表的新媒体平台运用短视频开展的中国文化传播活动，运用拉斯韦尔"5W"传播模式分析其在传播内容、传播渠道、传播效果等方面展现的特征，深入挖掘如何通过立足基层实际、诉诸情感认同、促进价值传播，从而突破了民族国家原有的传统叙事方式而进一步推动中国传统文化更深入更广泛地传播，旨在为其他文化传播主体的海外文化传播活动提供借鉴。

一、新媒体与文化传播

这一部分笔者首先从文化及文化传播的概念及内涵入手，分析文化传播的深刻意义与价值，进而从公共外交视角分析文化传播对于推进公共外交目标实现所发挥的不可替代的作用。最后，笔者将结合新媒体特征分析运用新媒体技术进行文化传播的优势及特征。

（一）文化与文化传播的概念及内涵

在汉语中，文化一词最早载于西汉刘向《说苑·指武》，意为文治和教化，后来日本学者将其对应译为英语中的 culture 一词。而这一英文词汇源于拉丁语，意为耕作、居住、培育，直到近代以来开始衍生为物质、知识和精神构成的生活方式等内涵。① 可见，文化一词与其复杂、丰富的内涵一样经历了漫长而复杂的发展历程，而不同学科诸如人类学、民族学、社会学等多年以来对文化一词的概念剖析从未停止，已经形成了数百种不同视角的概念阐释。

《辞海》中对于文化的定义分为广义和狭义两种理解："广义的文化指人类在社会实践过程中所获得的物质、精神的生产能力和创造的物质、精神财富的总和。狭义的文化指精神生产能力和精神产品，包括一切社会意识形式：自然科学、技术科学、社会意识形态。有时又指教育、科学、文学、艺术、卫生、体育等方面的知识与设施。"② 也就是说，广义的文化蕴涵了人类在社会历史实践过程中所创造的物质财富与精神财富的总和，而狭义的文化则是人类精神活动及其产品的总称。一个国家、一个民族的文化不是凭空而来的，而是在不同的经济和社会环境中，经历漫长而艰辛的历程不断发展、完善、保留下来的，文化的每一个进步都印证着人类社会的跃进和人类文明的升华。先进的思想文化会成为一个国家和民族强大的精神动力和指引，相反，落后的文化也会成为阻碍社会发展进步的桎梏。

简单来说，文化从一个区域传播到另一个区域，从一个群体传播到另一个群体，从一个时代传播到另一个时代，这种文化的传递、扩散和流动被称为文化传播。③ 这一传播活动从方向上看，主要分为纵向的文化传承与横向的跨文化传播。前者指传播者与被传播者归属于同一文化框架下，但由于时代的不同而对特定的文化知识、观念和价值规范等要素进行继承与延续；而后者内涵则相对复杂，既涵盖了文化主体分属于不同文化类别的情形，也强调了文化传播的内容兼具跨文化属性，指不同文化内容之间的互动与融合以及不同文化背景的主体之间的日常交流沟通，进而对不同文化及人类社会发展产生的影响。④

---

① ［英］雷蒙德·威廉斯著，吴淞江、张文定译：《文化与社会》，北京大学出版社1991年版，第18—19页。
② 陈晓莹编著：《文化传播学》，福建人民出版社2017年版，第3页。
③ 陈晓莹编著：《文化传播学》，福建人民出版社2017年版，第25页。
④ 孙英春：《跨文化传播学》，北京大学出版社2015年版，第14页。

有趣的是,跨文化传播一词在语言学视角下被称为跨文化交际,而传播学视角下的跨文化传播则偏重在不同文化圈层下如何开展传播活动这一具体行动意涵,而非关注于文化这一特定要素是如何在文化背景各异的圈层中进行有效传播,仿佛又与本文所选用的文化传播有所区别。因而,本文研究视野将聚焦于公共外交研究这一具体的学科框架下,研究中国文化如何在海外新媒体平台中进行有效传播,因这一过程中的传播主体、客体也同时拥有跨文化属性,而同质文化主客体开展的纵向文化传承活动将不列在该研究中。据此,为了便于表达和理解,在本书的研究语境中所用的文化传播将均指代跨文化传播。

文化传播问题伴随着经济贸易全球化的快速发展而成为了学界研究的热点话题。跨文化传播学科奠基人拉里·萨默瓦指出:生产的流动性、不断增多的文化交流、全球化市场以及具有多元文化的组织和劳动力的出现——这些都要求我们掌握适应多元文化社会和全球村的生活的技能。[1] 不同国家的文化在全球传播的过程中既对他国产生着潜移默化的影响,也对推进文化本身的不断发展革新意义重大。文化软实力强的国家不仅有强大的文化,还具备将自身文化准确、顺利地传播给国际受众的能力,这不仅能使一国通过文化传播获得更多、更大的主动权和话语权,也能够在国际社会塑造积极的国家形象,从而获得更加有利的国际舆论环境。通过开展深层次多维度的文明互鉴进一步丰富本国的文化内涵,从而被世界接纳,实现更加长远的良性循环。

为了实现这一目标,中国始终高度重视文化强国建设,切实提高中国的软实力发展。树立平等、互鉴、对话、包容的文明观,以开放、包容的胸怀协和万邦,博采众长,兼收并蓄,并不断从中华优秀传统文化中汲取提升国家文化软实力的丰厚滋养。党的二十大报告中明确提出:"要增强中华文明传播力影响力,坚守中华文化立场,讲好中国故事、传播好中国声音,展现可信、可爱、可敬的中国形象,推动中华文化更好走向世界。"报告将文明的传播力、

---

[1] [美] 拉里·A. 萨默瓦、理查德·E. 波特编著,麻争旗等译:《文化模式与传播方式:跨文化交流文集》,北京广播学院出版社 2003 年版,第 66—70 页。

影响力与国际传播能力放在一起阐述,也为中国文化事业发展提出了具体要求:要创作更多彰显中国审美旨趣、传播当代中国价值观念、反映全人类共同价值追求的优秀作品。同时采用贴近不同区域、不同国家、不同群体受众的精准传播方式,推进中国故事和中国声音的全球化表达、区域化表达、分众化表达,增强国际传播的亲和力和实效性。

(二)文化传播与公共外交

从传播学视角来看,无论是何种形式的交际交往活动,都是一种传播行为。因此,外交活动作为国家间的典型的交际交往活动也属于传播行为,具体类别应当属于政治性的跨国传播行为。[①] 而公共外交活动中的参与主体具有公共性,活动对象同样具有公共性,是一种多层次多维度的外交活动,其目的是向他国公众展示客观全面的国家形象,不断推动他国公众对本国文化、价值观以及政府政策的理解与认同,最终为国家利益的实现奠定基础。[②] 如前文所作定义,文化传播是一种文化的传递、扩散和流动,其核心正是文化知识、思维与价值观的传播。因此,一方面,文化传播与公共外交在目标上不谋而合;另一方面,成功的文化传播也是公共外交目标得以实现的重要基础和核心保障,是开展公共外交活动的重要手段之一。文化传播对于公共外交的意义具体来看主要体现在以下几个方面:

1. 文化传播是公共外交目标实现的基础

开展公共外交的目的是提升本国的形象,改善外国公众对本国的态度,进而影响外国政府对本国的政策。而国家形象与一国所展现出的文化特质、文化形式、文化内容密切相关,一国文化作为一种精神力量与精神财富,既塑造着人们的思维方式、行为方式、生活方式,又关系着国家和民族的发展方向、道路选择、制度设计,在政治、经济、社会、民生等多个领域产生着深刻的作用

---

① 李智:《文化外交:一种传播学的解读》,北京大学出版社2005年版,第38页。
② 楼项飞:《文化传播视角下中国公共外交的机遇和策略》,《理论界》2014年第12期。

及影响。因此，只有充分挖掘本民族的优秀文化内涵，基于特定文化内涵选用适当的方式开展国际传播，让国际公众对一国文化有从认识到认知再到认同的过程，才有可能从根本上加深国际公众对本国的理解和认同，从而提升国家形象，改善外国公众的态度，消除误解。

例如，在各国广泛建立的孔子学院在全球范围内引发的"汉语热"现象使源远流长、内涵博大的中国文化被更多国际受众所熟知；各类凝结中国优秀文化的影视作品出海、优秀文学作品的海外发行等也在很大程度上传播了中国文化和中国价值理念；"熊猫外交"、"乒乓外交"、形形色色的"中国文化年"活动等也都成为了极具特色的中国文化名片。各类多元主体在开展公共外交活动的过程中，充分运用中国文化作为内涵支撑，有效提升了公共外交的实效。反过来说，公共外交活动也能在实际开展的过程中有效实现文化传播目标，两者相辅相成。例如，李翔宇在其《公共外交的跨文化传播方法》一文中深刻分析了公共外交与跨文化传播两者的内在关联，并从公共外交目标、公共外交主体及对象三方面阐述了跨文化传播对公共外交的重要意义，并借助卡尔·霍夫兰的认知、情感、行为传播理论，从方法论角度介绍了在公共外交实践中如何提升文化传播的效果。①

2. 文化传播是公共外交活动的重要内容与途径

有学者指出，公共外交本质上是一种赢得人心和思想、结交朋友、左右敌人、建立政策联系、伸张本国价值观念的活动。② 因此，公共外交实质是争取国际民心的"民心工程"，是"赢得人心的战略"。③ 因而，成功的公共外交应当强调以情感人、以理服人，注重道义与责任，从而在心灵层面赢得国际公众的尊重和信赖。在各类主体开展的形式多样的公共外交活动中，文化是永恒的

---

① 李翔宇：《公共外交的跨文化传播方法》，《传播与版权》2016 年第 7 期。
② Christopher Ross, "Public Diplomacy Comes of Age," The Washington Quarterly, Vol. 25, No. 2, Spring 2002.
③ 李智：《文化外交：一种传播学的解读》，北京大学出版社 2005 年版，第 30 页。

核心，是各国公众最容易共同感知而产生共鸣的领域。文化传播就是将这个国家文化上的魅力概括、呈现、传递出来的过程，从而形成对他国公众的吸引力与同化力，这种文化的力量是赢得国际公众认同、追随的重要途径。

同时，面对着不断变化的时代主题和国际受众需求，尽管各国文化的展现形式、解读方式也在进行着不断的创新，但其文化内涵始终是稳定坚固的。如前文所述，公共外交的首要特点是拓展了原有外交活动的主体和对象，从而为更多组织与个人参与其中赋能。此外，伴随着信息技术的不断发展成熟，普通公众通过各类渠道参与公共外交活动的可能性被大大提升，各类公共外交主体与客体之间的互动交流成本也随之降低，由于文化较之政治、经济制度框架具有更加典型的主观性、多样性与复杂性特点，因此没有任何单一的传播理念或传播方式能够满足所有文化类型的传播需求。即便是在传播某一种特定文化类型时，也通常需要针对不同传播对象的特征，由不同主体展开多形态、多维度、多视角的解读与传播。文化作为一国软实力的重要组成部分，也因此成了公共外交活动中的重要内容，相应地，不同国家公众在公共外交互动中进行的双向文化传播，也极大地促进了公共外交活动效果的实现。

中国在积极推动文化传播的过程中始终注重挖掘中华文明的核心价值，积极传递着中华文明讲仁爱、重民本、守诚信、崇正义、尚和合、求大同的精神特质，不断提炼中华文明蕴含的价值观，在交流互鉴中讲清楚中国人的宇宙观、天下观、社会观、道德观，展现中华文明的历史人文底蕴。包括政府、企业、社会组织、民间团体、意见领袖及普通个人在内的各类公共外交主体都能够主动围绕这些中华文明核心价值，讲好属于自己的中国故事，而这些正是文化传播的题中之义，也成为了公共外交活动开展的重要内容和有效途径。

3. 文化传播是公共外交资源整合的重要动力

公共外交较之传统外交的典型特征就是能够充分发挥多元主体的优势，有针对性地选取多元客体开展有的放矢、灵活多样的公共外交活动，从而助力公共外交目标实现。但是，这种多对多的网状外交结构也会在某些时候显得杂乱无章，缺乏系统性、连续性与统一性。而文化传播为各类公共外交主体提供了行动主线，文化本身所具有的多样性与复杂性特点正适合由不同身份的主体加以概括与呈现，这种多维度的主体叙事在传播过程中能够更加深入且真实地赢得国际公众的信任与好感。

更重要的是，文化不仅是各个国家精神财富凝结的场地，也是各国积极夺取的价值阵地。后殖民主义理论代表人物萨义德就曾尖锐地指出：文化成了一种舞台，上面有多种多样的政治和意识形态势力彼此交锋。文化决非什么心平气和、彬彬有礼、息事宁人的所在。毋宁把文化看作战场，里面有多种力量崭露头角、针锋相对。在全球文化传播的进程中，与之相伴随的还有不平衡的文化传播机制和文化帝国主义。和其他国际传播领域一样，在文化全球传播的进程中也同样呈现出"西强东弱"的格局，东方文化强调谦和克制、内敛自省、"桃李不言，下自成蹊"，而以美国为代表的西方文化则更富有扩张性与侵略性，在国内大肆宣扬所谓"自由、民主、人权"等价值观，对外则不遗余力地通过各类文化产品和价值观输出，以超级大国身份的优势将自身的价值观念强势地塑造为全球通行的所谓的"普世价值"，并以此攻讦其他任何形态的多元价值观，全方位拓展文化霸权主义。同时，受到国际传播领域中的传播语言、话语体系、思维模式等要素的影响，中国的文化传播始终处于被动地位，我国公众也受到了来自西方文化的猛烈渗透与冲击。因此，中国在开展文化传播的过程中，需要加强对公共外交各要素的有效整合，一方面包括对各类公共外交主体进行优势整合，充分发挥包括政府、企业、社会组织、民间团体、意见领袖及普通个人在内的多元主体在传播中国优秀文化中的优势，形成多视角的文化阐释；另一方面也要对文化传播的内容进行有效整合，深化对中国优秀传统文化内涵的深度挖掘；此外，还要对公共外交渠道进行有效整合，寻求更有效的文化传播路径，各类渠道之间也要强化配合、互为支撑，从而在文化传播中夺取话语权和主动权，攻守兼备，树立和坚定民族的文化自信。

（三）运用新媒体开展文化传播的巨大潜力

当前学界对于新媒体与文化传播关系的探索已经相当成熟与全面，各国也在实践中积累了相当多的有益成果。从新媒体的概念与特征来看，这一技术工具在推动文化传播模式变革、优化文化传播效果以及促进不同文化的交流与融合方面都发挥了不可替代的作用，有效提高了各国文化传播力。具体来看，主要包括以下方面。

1. 扩大了文化传播的主体与传播范围

互联网技术的发展使文化传播的概念和形式都发生了变化，而新媒体技术的出现使得这些变化更加快速且显著地呈现出来。有学者指出，媒体传播能力的大小直接关系到公共外交的影响力。① 那么媒体传播能力的拓展也必然加速文化传播影响范围的拓展。据统计，截至 2022 年 1 月，全球互联网用户数量达到 49.5 亿人，同比增长 4%，互联网用户占总人口的 62.5%，每个互联网用户平均每天使用互联网的时间是 6 小时 58 分钟，通过手机访问互联网的用户占 92.1%。② 政治经济学家英尼斯说过："每一种新技术的出现都打破了某些人原有的垄断权，使得权力的转移成为了可能。"新媒体时代的信息呈现速度快、范围广、门槛低的传播特点，让每一个能够接入网络的个体都可以成为文化解读与传播的主体，也都可以成为他国文化的解读者，将毫无疑问地带来各国文化传播范式的变革。

在 4G 通信技术发展革新的背景下，新媒体迎来了短视频热潮，这波热潮也推动了一大批来自各国的弘扬传播本国优秀文化的自媒体人和短视频创作者的诞生，极大地拓展了各国文化的传播主体。当前世界已经迈进 5G 时代，各类人工智能、虚拟现实、增强现实、元宇宙等技术纷纷与新媒体技术进行广泛

---

① 楼项飞：《文化传播视角下中国公共外交的机遇和策略》，《理论界》2014 年第 12 期。
② 《2022 年全球及各个国家、地区互联网用户数量，互联网用户占比、上网时长及上网原因分析》，产业信息网，2022 年 4 月 26 日，https://www.chyxx.com/industry/1106494.html.

搭载与融合，构建了一个人人随手可直播的全新时代。在这一时代背景下，文化传播的触及范围将会更加广泛，形式也将更加迅捷灵活，也为各国提高文化产业竞争力提供了全新机遇。各国政府、企业、社会组织、民间团体、意见领袖及普通个人等多元主体都将成为文化传播的主体，结合自身特征及优势推动本国文化的海外传播，塑造积极国家形象，获得更广泛的国际公众对本国的理解与支持。学者姬德强认为，互联网平台孵化的各类新媒体，由于物理和虚拟边界的模糊，与过往政治经济秩序和文化传统的脱嵌，以及基于用户参与经济而对个体为代表的多元化传播主体的赋权，开辟了跨文化传播的新景象。[①]

2. 丰富了文化传播的内容与渠道

随着新媒体技术的不断发展，中国国内产生了一大批优秀的组织和自媒体人，在国外新媒体平台上向外国民众展示中国文化与生活日常。其传播内容十分多元化，涉及美食、美景、科普、美妆、搞笑、宠物等诸多主题，也能够与中国文化实现有效搭载，在引发国际公众关注热情的同时，潜移默化地传播中国文化。越来越多的外国人通过新媒体平台的投稿认识、了解、喜欢上了中国，打破了对中国旧有的刻板印象，甚至开始主动学习中国文化和中文。有学者认为，新媒体平台中的大量自媒体能够巧妙运用民间传播场的"软"力量，巧妙化解一些"硬"事件，构建信息源广泛、内容丰富、主题多元、形式灵活的多层级、立体化的对外传播网络，在文化传播和展示过程中可以达到比传统的对外传播、宣传更好的效果。[②] 对于新媒体平台中中国文化传播较之官方文化传播呈现出的改进与超越，学者杜骏飞和吴洪认为，电子媒介重构了传播符号，官方话语与民间话语出现分离，两种话语相互借鉴、取长补短，而如何打造极具表现力和说服力的动态影像内容更是传播中国的关键点。[③]

[①] 姬德强：《李子柒的回声室？社交媒体时代跨文化传播的破界与勘界》，《新闻与写作》2020年第3期。

[②] 宫承波、田园：《构建"微时代"的对外传播体系》，《对外传播》2014年第6期。

[③] 杜骏飞、吴洪：《网络视频：国际话语空间的拓展与秩序重构》，《中国广播电视学刊》2009年第8期。

例如，短视频平台 TikTok 上的知名博主"梓梦"就发布了多条视频投稿。她在视频中身穿中国传统汉服，展现了气质温婉优美的东方女性形象，并且用古典乐器弹奏优美动听的中国音乐，吸引了大量粉丝关注。在评论中，许多外国用户表示要学习中国古典乐器演奏，这是中国传统文化传播的优秀范例。同样，由于新媒体平台传播具有典型的双向性特点，因此也有大量国外优秀文化通过新媒体平台进入中国公众视野，传播着风格独特却引人入胜的异国文化。例如，在中国最具影响力的短视频平台抖音中，也有大量优秀的外国博主开设账号传播本国文化。例如，抖音账号"中东小厨娘"是一位可爱的中东女性，她通过短视频平台发布了大量制作美食的短视频。这些视频编排精巧、色泽艳丽，展示了每一道菜肴的详细制作过程，通过富有创意的剪辑让每个做菜步骤都精悍、紧凑、富有视觉冲击力，一个个复杂的工序后，一道道富有浓浓中东风情的菜肴就被呈现出来。对于中国公众来讲，大多数人对于中东饮食习惯并不了解，但通过"中东小厨娘"的展示，让我们看到各个国家都有属于本国、本民族的饮食文化。而除了美食，"中东小厨娘"的视频也让我们"顺路"领略了中东的民族服饰、传统音乐、室内装修风格等文化要素。

3. 提供了文化发展创新的动力

尽管新媒体平台中的文化传播内核保持着文化原有的特质，但其表现形式也需遵循新媒体传播的特征才能收到良好效果。因此，新媒体平台中的文化传播也创新了文化表现的形式，甚至为文化本身注入了全新活力。此外，新媒体平台传播的文化之间也会相互影响、相互杂糅，从而为文化创新提供灵感与支撑。正如美国跨文化传播学者波特所说："拥有不同文化感知和符号系统的人们之间进行交流，他们在文化认知上的不同，足以改变交流事件本身。"[1]

中国广视索福瑞对用户浏览短视频行为开展的调查显示，绝大部分的用户都在观看短视频时使用过互动功能，完全不采取任何互动行为的用户仅占13%

---

[1] ［美］拉里·A. 萨默瓦、理查德·E. 波特著，闵惠泉、王纬、徐培喜等译：《跨文化传播》（第四版），中国人民大学出版社2004年版，第47—48页。

左右，超过 50% 的用户会对喜欢的视频进行点赞和收藏，而互动率将伴随受众媒介素养的提升而不断提升。① 新媒体平台为了增强创作者和用户的交互性，通常设置评论、转发、点赞、收藏甚至打赏等功能，用户通过点赞、转发、收藏和打赏行为表达对作品的认可和对传播主体的鼓励，同时能使作品进行更为广泛的二次传播。这些行为能有效引导和提示创作者，帮助创作者分析哪些创作内容或创作形式可以收获更加理想的传播效果，而哪些作品需要在内容或形式上进行调整和改善。通常，在新媒体平台上点赞量、转发量、收藏量高的作品也更有可能得到平台的推荐，进一步提高了作品的传播效果。对新媒体平台作品进行评论则可以更加直接地促进创作者与用户针对作品开展的讨论与交流，也允许用户与用户之间开展更加深入的交流，既能够增强用户黏性，也能够通过评论了解受众真正的感受和期待看到的内容，从而为创作者提供思路与灵感，改进视频内容。对于文化传播类作品，新媒体平台所赋予的互动功能同样可以推进作品在内容和呈现方式上的调整与创新，更有效地促进文化传播效果。

中国学者景丽亚认为，新媒体在文化传播过程中具有共享性、可移动性、自主性、精确性等优势，是"释放文化活力的钥匙"。② 新媒体平台的公众在接触他国的文化传播内容时都有基于本国文化的情感迁移，例如，在中国传统节日之际，各类新媒体平台上都有大量中国博主关于节日的 Vlog 或是民俗介绍类视频，同时也有大量在中国居住的外籍博主发布自己在中国传统节日中的个人感受和新奇体验。而在评论中就会有各国公众借由这一视频介绍自己本国的传统节日、风俗习惯等，这样传播者与受众就产生了更多可以共享的情感体验，有助于各国文化的交流与碰撞，而这些文化互动也为各国文化共同发展、相互借鉴与共同繁荣提供了契机。

---

① CSM 媒介研究：《短视频用户价值研究报告 2018—2019》，2019 年 2 月。
② 景丽亚：《"一带一路"视域下新媒体助力中国文化传播的策略探析——以中原文化为例》，《长春大学学报》2020 年第 3 期。

当然，对于信息技术与媒体的探讨也并非全是积极肯定的声音，也同样有学者对新媒体文化传播提出了疑虑。如汪玉娣以抖音为例，指出当前新媒体平台由于准入门槛低、缺乏内容严格筛选审查机制而存在内容质量低俗、价值导向扭曲等问题，容易对文化传播成效产生不利影响。① 艾昕彤和余杨也认为新媒体平台内容呈现出过度娱乐化的特点，在一定程度上影响和解构了传统文化的内在价值，不仅容易出现文化的误传与误解，同时，过度注重呈现效果也会使不同文化之间更容易产生冲突。② 刘子楠和马云从当前最流行也最具特色的新媒体表现形式短视频入手，分析了短视频在文化传播中存在的内容同质化、缺乏深度挖掘、缺乏内容监管、部分内容粗制滥造等问题。③ 尽管新媒体作为技术发展历史上的新生事物仍有较大的探索空间，但毫无疑问，新媒体平台为中国优秀文化的海外传播带来了巨大潜力。李子柒作为极具代表性的中国文化海外传播者，就以各类传递着中国美好乡村的风土人情、深邃内敛和博大悠久的中华文化的优质作品，成功实现了文化传播目标。

二、李子柒在海外新媒体平台开展文化传播的主体分析

油管平台李子柒账号"李子柒 Liziqi"注册于 2017 年 8 月 22 日，其账号说明为：这里是李子柒 YouTube 官方频道，本人未在中国以外开设任何销售渠道，目前没有任何官方粉丝后援会。同时附新浪微博、脸书公共主页以及油管公共频道链接。2020 年 5 月，李子柒成为首个突破 1000 万订阅量的中文账号，而这一数字达成时间自创立之日起仅用 2 年 4 个月，也成为了油管平台获得

---

① 汪玉娣：《新媒体平台对文化传播力的负面影响及价值塑造——以抖音短视频平台为例》，《黑河学院学报》2019 年第 6 期。
② 艾昕彤、余杨：《浅析新媒体环境下传统文化传播的困境与发展》，《传播力研究》2019 年第 36 期。
③ 刘子楠、马云：《新媒体环境下短视频创作对文化传播的影响》，《新闻研究导刊》2020 年第 5 期。

1000万订阅量第3快的账号。截至2023年1月31日，李子柒账号共有视频投稿128条，粉丝数达1730万人，视频播放总量达28.9亿次。而英国广播公司账号BBC News自2006年4月创建至今粉丝数为1380万，创建于2005年10月的美国影响力最大的媒体美国有线电视新闻网账号粉丝数为1470万，可以说李子柒已经当之无愧地成为了世界级超级IP品牌。

关于李子柒文化传播的研究在学界也成为了热点主题，为了将成果限定在文化传播领域，笔者在中国知网中对"李子柒"并"文化传播"关键词进行搜索，截至2023年1月31日，共得到搜索结果1083条，总被引频次达1599次。相关研究在2019年正式出现，在2020年达到顶峰，之后热度逐渐有所回落。2020年在该主题下共有图书2部，期刊论文253篇，学位论文25篇，报纸文章6篇。

从研究领域的分布来看，79.2%的研究成果分布于文化、科学、教育、体育领域，另有5.92%的研究成果分布于经济类研究中，同时，在语言、文字，艺术、文学、历史、地理、哲学、宗教等学科均有研究成果分布。从研究成果分布的刊物情况看，对于李子柒文化传播的相关研究绝大多数发表于传播学相关研究刊物，如《新媒体研究》《新闻研究导刊》《视听》。可见李子柒文化传播已经引起了学界的高度关注，并通过各类研究分析其成功的内在缘由。

（一）李子柒及其作品

李子柒何许人也？李子柒曾经在各类媒体平台上的简介为"李家有女，人称子柒"，是一个于1990年出生在四川绵阳的女孩。长相柔美、性格温婉、心灵手巧的她其实有一段坎坷的经历：幼时父母离异，之后父亲去世，由奶奶抚养长大。由于生活所迫，她14岁去城市打拼，度过了一段极为艰难的岁月。后来由于年迈的奶奶身患疾病，李子柒决定告别城市，回到农村。为了生计，李子柒决定拍摄视频推广山村资源，同时解决家庭的生存问题，后来其拍摄的视频作品一举走红，就成了现在我们所熟悉的那个常在视频中陪伴着奶奶，孝顺听话无所不能的李子柒。

正因为之前命运多舛，重返山间的李子柒身上有一种不符合其年龄的超然脱俗的气质，她在大自然中捕获自然之美，勤劳地忙碌于农家院落，别有一种欢喜与宁静。她的视频题材基本来源于中国传统文化，围绕着中国人衣食住行、春夏秋冬等生活场景，向人们展示了纯朴并带有浓郁中国风情的田园生活，传递着博大精深的中国文化之美。看她的视频不仅能够得到关于各类食品制作的知识，也有一种欣赏艺术品般的美的享受，让人在繁重的工作之余能够体会到愉悦、放松与治愈。李子柒清新、自然、积极、勤劳的形象如同一股清流，深深感动、感染着国内外公众。

（二）李子柒文化传播的主体特征

李子柒作为中国传统文化的传播主体，深刻地印证了"立足基层实际"这一准则，从主体层面实现了国际传播的视角和重心下移，由传统的精英故事转换为民间日常的百姓生活，力求与真实、多元的中国社会实际相融合，从一个非官方普通个体的视角记录"日出而作，日落而息"的乡村生活，展现了平凡人眼中美不胜收的四季之景与田园风光；还刻画了与奶奶之间温馨互动、温暖美好的日常点滴，让质朴平淡的生活透出高雅，在衣食住行中展现对美好生活的无尽向往。

1. 传播主体的平民化

从文化传播主体来看，尽管党的十八大以来我国公共外交和人文交流事业快速发展，政府、企业、社会组织、民间团体、意见领袖及普通个人等多元化主体积极参与到对外文化传播活动当中，开办各类国际体育赛事，发展孔子学院，策划中国文化年等形形色色的大型文化传播活动，但其策划、推广和主办主体通常都是政府，因而不免带有浓厚的官方色彩。[1]

---

[1] 尹京子、张梅、杨柳青：《论公共外交与中华文化"走出去"途径》，《沈阳农业大学学报》（社会科学版）2016年第2期。

而李子柒作为自媒体人，从账号设立开始至今，呈现出较之主流媒体在文化传播时所特有的平民性，从个人日常生活与个人体验的真实视角展现中国的田园生活与文化之美，极富亲和力与体验感。这种个人化、个体化的传播思路和叙事方式能够巧妙地寻找到与国际受众间的共情点，是对官方主流媒体文化传播活动的有效补充与完善。国际受众在欣赏李子柒视频时不用怀疑其背后是否有某种特定政治意图，可以完全放松、惬意地欣赏中国的古法烹饪、书法艺术、蜀锦蜀绣等，潜移默化地接受中国文化，并对其产生好奇与向往，从而进一步主动了解中国文化。

有趣的是，李子柒的视频在外网大火后，一位来自越南的油管频道名译为"山间厨房"的账号，被网友发现其发布的视频主角也是一个乡间女孩，其无论是衣着、妆发、构图、配乐还是叙事节奏，甚至连出镜的小狗等元素，都与李子柒视频高度雷同。其作品也包含用自然植物手工染布并制作服饰，采摘荷花、手剥莲子、炒制莲子糯米饭等。对此，李子柒签约公司于2020年7月回应记者称正在关注了解此事，对于是否涉嫌侵权的问题，计划交给第三方专业机构来处理。对于这一事件，我们发现李子柒作为文化传播主体已经得到了其他国家的高度关注甚至开始效仿，这也从另一个侧面印证其文化传播活动的成功。

2. 传播主体人物特征符合受众认知

视频中的李子柒总是穿着粗布汉服，以恬淡的心态和熟练的动作干各种农活。她在一个个拍摄跨度极大的作品中，耐心、从容地等待着每个食物或手工艺品的最终呈现。一屋两人，三餐四季，李子柒把每一件事做到了淋漓尽致，用中国传统技艺展现美食、器物从无到有的过程，让我们看到事物原来的本质，以及一个心灵手巧的中国女孩会将它变成什么样子。在一帧一帧的画面里，千年中华文化气息尽显，这一深入人心的传播效果与李子柒的人物特征密不可分。

首先，李子柒呈现了一个普通农村女孩的形象。无论哪个国家对于女孩的直接感受都是单纯美好的，而农家女孩的身份就更突出了这个人物单纯美好的形象，容易令人产生信任感和亲近感。文化传播中如果设定某一个特定领域的代表人物（某领域大师或是模范），尽管能够很好地强化文化传播内容的权威性与专业性，但对于受众来说通常是缺乏实感、遥不可及的，这种心灵的距离感会使文化传播这种高度强调心灵契合的活动难以实现预期效果。但李子柒作为一个热爱生活的平凡的农村女孩，能让国际公众产生对自己或是生活的联想感。在李子柒视频中，有几条留言让人印象深刻，一位网友留言称："我是一个欧洲的女孩，自从发现了你的频道，每次看都会让我感到震惊。我发誓你是我见过的最特别、最勤奋、最漂亮的女人，简直就是一个标杆。我想你的奶奶一定会以你为荣！我是你的一个欧洲小粉丝。"在这条留言之下，有两条对该留言的回复，一条回复说："中国人都非常勤劳，这段视频能够证明这一点。"另一名网友表示："虽然我昨天才订阅你的频道，但是我已经完全爱上了中国和中国人，当然还有你和你的奶奶。谢谢你！来自墨西哥的爱。"尽管这只是众多国家网友中的冰山一角，但我们可以看到国际公众对于这个农村女孩形象的喜爱，并由此延伸出对中国的喜爱。

其次，李子柒呈现了一个勤劳、善良的形象。马克思在《1844年经济学哲学手稿》中提出"劳动创造了美"的美学命题，认为社会的生产劳动是美和艺术的真正源泉。[①] 视频中的李子柒可谓十八般技艺无所不能，一饭一食、一衣一裳，均出自李子柒的纯手工制作，连国内受众看了都惊呼不可思议。这个年纪该是爱美、享乐的年纪，但她与奶奶为伴，总是将做好的第一口饭菜给奶奶吃，陪奶奶聊天，冬天为奶奶做棉被，春天陪奶奶踏青，秋天为奶奶做秋梨膏，终日忙碌穿梭于乡野山间。这种勤劳、善良的人物形象是东西方文明都能理解、接受并认同的，对于人伦亲情的展现也能引发观众思考家庭和亲情的深层意义。在推崇个人英雄主义价值观的西方公众心中，李子柒闪耀着"中国公主"的"英雄光环"，是一个了不起的中国女孩。同时，李子柒在视频中特别重视对于事物本源的呈现，这是一个了不起的创新与挑战。对于中国受众来

---

① ［德］卡尔·马克思著，中共中央马克思恩格斯列宁斯大林著作编译局译：《1844年经济学哲学手稿》，人民出版社1985年版，第82页。

讲，我们有大量对中国文化的先验知识，对于美食我们通常更注重其后期的制作加工过程。而李子柒的视频有着非常宝贵的本源思维，也就是避免把任何事情想成"理所当然"而尽量完整地呈现其原始的状态，让不同地域的受众从一开始就知道这是什么，从哪里来，有什么用处，以便减少因为先验知识获取的不平衡而导致的传播折扣甚至偏差。例如，在一期名为《喝的是茶，过的是生活》的视频作品中，李子柒向我们完整地展示了从茶叶采摘，到把茶叶均摊在竹匾上，置于阳光下晾晒，再到把炒好的茶叶均摊蒸笼里蒸软杀青，采用抖压交替的手法让茶叶快速成型，最后烘焙茶叶，完整地呈现出茶叶完整的制作过程。介绍中国茶文化的作品或许有很多，但是由一个女孩从头到尾将这个完整的过程展现出来，还是显得尤为宝贵和意味深长。有趣的是，视频中李子柒采茶前还去自家院子先摘了枇杷给奶奶吃，在林间挖了几头竹笋也送给了同村的婆婆，不经意间一个善良女孩的形象被鲜活地塑造起来。

最后，李子柒以真诚、平等的状态分享着自己的日常生活。油管平台上的李子柒视频没有因为平台受众在国别上的特殊性而将内容翻译为英文或者在制作上呈现西化特征，她就是一个真实的生活讲述者，她就慢慢讲，你且慢慢听。每一条投稿都制作了中英双语的视频标题，以便让受众对视频内容有更好的理解，同时，在每条视频下方都会有一段结合该视频内容对观看者说的话，例如在其发布的《熬个豆浆再蒸几块紫薯米糕，再忙都要好好吃早饭啊!》视频下写道："一个早上经历几种天气的季节！熬两碗豆浆，蒸个米糕，用剩下的蛋黄做个荠菜炒蛋！不管再忙，大家都要好好吃早餐哦。"这就仿佛多年老友之间的一句亲切问候。李子柒的短视频作品通常是"沉浸式"拍摄，拍摄的角度仿佛让我们可以看到、听到她生活里的一切，看见万物生长、氤氲热气，听见蝉鸣鸟叫，踩在落叶或劳作时衣服摩擦的窸窸窣窣，她和奶奶说的那些我们听不清也听不懂的家乡话还有不时传出的笑声。这些分享让我们感受到她的真诚，她没有表演，她只是这样生活。我们就仿佛是她的一位好友，与她共同经历着一切，这是其他视频制作者很难让人产生的一种感受。在这种生活化、平民化的视角下所讲述的日常生活状态和生活背后蕴含的源远流长的中国故事，传递着"诗意栖居"的生活追求。这种追求是世界性的，能够引起各类受众的共鸣，同时，讲述者与听众之间呈现出平等的沟通状态，没有主流媒体文化传播中自上而下的宣传色彩或科普色彩，更容易被国际受众所接受。

李子柒所展示的农耕文化与东方文明，是当前国际传播格局中被较少关注的内容。因此，东方文明通常被打上颇具神秘感的烙印，而神秘的内容在被以真诚、平等的叙述方式展示出来时，必然会和西方主导下国际传播中的中国形象出现较大差异，这种差异必然会进一步引发国际公众对中国传统文化一探究竟的好奇，从而提供了更广阔的文化增值空间。

三、李子柒在海外新媒体平台开展文化传播的内容分析

无论何种传播主体采用何种具体的传播方式，当前中国文化对外传播的主要内容均以中国传统文化为核心，具体表现为中国语言文字、饮食文化、节日风俗、书法绘画、戏曲武术等。尽管取得了一定效果，但仍少有极具国际影响力的文学、音乐、电影等文化产品。对于大多数外国公众来说，尽管对中国春节、中餐、大熊猫有一定的感性认知，但对于中国文化本身却缺乏深刻理解和理性认知。

油管等各类新媒体平台的推荐机制始终遵循"内容为王"这一根本原则，传播主体、形式等要素均需要基于作品内容这一核心要素发挥作用，李子柒视频作品的成功也得益于对于传播内容的精巧设计与艺术呈现。

（一）李子柒开展文化传播的内容分类

李子柒的每一个视频内容都有一个鲜明的主题，比如《水稻的一生》《柴米油盐酱醋茶》《活字印刷》等，她在用自己的方式重新向全世界一一介绍、展示那些外国公众不知或知之不详的中国文化和智慧。各类文化自有其法道，

德国社会学家齐美尔于1908年提出了"陌生人"理论，属于不同文化群体的人彼此之间是陌生人，在陌生的状态下去认识或评价一种陌生的文化，会有好奇也会有偏见。这一理论为当前新媒体中的文化传播提供了有力的分析视角，该理论认为：来自各国、各文化圈的无法确定其真实身份的网民，彼此之间就是"陌生人"，在进行文化传播时，如果能够找到主客体所处文化中的共同兴趣点，会极大程度地消除陌生感，拉近距离。如果展示面对同一事物时不同文化背景下的差异化行为，则会激发文化传播客体的好奇心，使其产生追根溯源、一探究竟的兴趣。李子柒的文化传播过程始终伴随着对中国文化不同维度的科学归纳与精巧设计。

截至2023年1月31日，李子柒在油管平台上将视频设置了9个专栏，对其发布的内容进行了恰当的内容归纳。其中，专栏"适时而食"有视频57条，数量最多，包含一些常见食物的生长历程（通常在标题中用"……的一生"来表述）以及一些时令食品和特色美食的制作方式。专栏"饮食以节"共有7条视频，主要是中国传统节日和节日风俗中的特色饮食。专栏"花开有声"中包含了与"花"相关的视频，共有12条。专栏"东方非遗传承"介绍了拥有千年传承历史的中国传统文化，包含7条视频。专栏"传统工艺"主要介绍了李子柒运用中国传统工艺所制作的颇具特色的手工艺品。最后是专栏"春之卷""夏之卷""秋之卷""冬之卷"，分别按照一年四季介绍每个季节的时令特色文化。李子柒在油管平台的视频专题分类与代表视频如表4.1所示。

表4.1 李子柒在油管平台视频专栏分类

专栏分类	代表视频
适时而食 （57个视频）	《我们中国人的开门七件事，柴米油盐酱醋茶》
	《芋头的一生，辣椒……是送的》
	《紫米南瓜的一生……还有花生》
	《瓜间一壶酒，西瓜和葡萄的一生》

续表

专栏分类	代表视频
饮食以节 （7个视频）	《明日除夕，挂灯笼、贴对联、备好年货过大年啦》
	《龙舟枕头粽，端午记得回家吃粽子》
	《我小时候吃过的传统笋壳粽子，你那有吗》
	《福气满满团圆菜，吉祥如意幸福年——年夜饭》
花开有声 （12个视频）	《用绢花工艺做了套桃花发冠，带上爱人浪了一把春天》
	《玫瑰花的一生。玫瑰花是个好东西，可以赏、可以吃、还可以送给爱的人》
	《不能去人多的地方扎堆儿，赶在上巳节这天家门口春个游！》
	《又闻荷香，索性荷花、荷叶、莲藕折腾了个遍》
东方非遗传承 （7个视频）	《这是一张沉淀千年历史的文化名片，述尽中华风流——笔墨纸砚》
	《木活字》
	《一颗黄豆到一滴酱油，传统手工酿造酱油》
	《千年民俗蕴服章之美，蜀绣文化彰华夏礼仪》
传统工艺 （13个视频）	《羊羔毛斗篷》
	《古老的东方蚕桑文化，治愈每一个怕冷的人——蚕丝被》
	《为生活添一抹淡雅绿意，用砍下的竹子制些物件儿——竹沙发》
	《千年长安千年纸，原来最原始的纸张是这样造出来的》
春之卷 （18个视频）	《用绢花工艺做了套桃花发冠，带上爱人浪了一把春天》
	《豌豆的一生》
	《蒜的一生》
	《不能去人多的地方扎堆儿，赶在上巳节这天家门口春个游！》
夏之卷 （43个视频）	《这是一个看电视看出来的曲水流觞桌！》
	《喝的是茶，过的是生活》
	《黄瓜的一生》
	《龙舟枕头粽，端午记得回家吃粽子》
秋之卷 （28个视频）	《月儿圆圆，稻米飘香，正逢农家收谷忙》
	《金黄的季节，载满了收获的喜悦和玉米的香甜》
	《秋天就是坚果的主场呀——板栗甜、橡果香！》
	《趁着晒谷子这些天，鼓捣了一堆温馨有趣的小玩意儿》

续表

专题分类	代表视频
冬之卷 (28 个视频)	《明日除夕，挂灯笼、贴对联、备好年货过大年啦!》
	《愿一串串的红柿子给大家带来新一年的柿柿顺心》
	《当腊味煲仔饭遇上胡椒猪肚鸡》
	《棉……棉花的一生》

1. 美食制作类视频

通过分析不难发现，李子柒大多数作品都是围绕着美食展开，基于"陌生人"理论，这一主题的选择首先可以精准地找到各国文化的相通之处：尽管每个国家都有属于自己的独特饮食文化，但无论是哪种饮食文化，都体现了人们对美食的向往与热爱。在共同的兴趣点之上，李子柒让国际公众看到了如何将大家熟悉的食材运用中国化的烹饪方式而产生出与其他国家截然不同的效果与风味。一样的食材，在不同饮食文化里就是完全不同的菜肴，慢工细作的烹制过程不仅展示了中华饮食文化的魅力，也完美展现了勤劳智慧的中国人民对于生活的热爱和对美好生活的向往。

李子柒的美食类视频涵盖了番茄酱、玫瑰酱、豆瓣酱、苏造酱、甜藕粉、豌豆粉、滑香菇、鸡枞菌、嫩笋子、香栗子、熬桃胶、梅花酥、雪花酪、酸枣糕、秋梨膏、阿胶糕、刀削面、牛肉面、芋头饭、手抓饭、艾草团、脆徽子、豆腐乳、熟醉蟹、雪水鱼、麻婆豆腐、柴火鸡、辣白菜、糯米排骨、富贵虾、鸽子汤、牛肉干、牛肉酱、吊柿饼、刺龙苞、佛跳墙、老酱油、苏式月饼、腊八粥、黄桃罐头、长白蜜、草本茶、柚子茶、樱花茶、草莓酒、枇杷酒、马奶酒等各类美食主题。在发布的 128 条视频投稿中，美食类视频在数量上占绝大多数，在热度上也遥遥领先。笔者按照观看次数对油管平台中李子柒全部视频作品进行降序排序，选取了最热门的 40 条视频，其中有 35 条视频都是美食类作品，如表 4.2 所示。

表4.2 李子柒在油管最热门的40条视频相关数据（截至2023年1月29日）

序号	标题	观看次数（万次）	点赞（万）	评论（万）	发布时间
1	《年货小零食特辑——花生瓜子糖葫芦，肉干果脯雪花酥》	11000	145	5.27	2019.01.31
2	《吃得满足，嗦得过瘾，辣得舒坦，就一碗柳州螺蛳粉》	7902	78	3.53	2019.08.11
3	《瓜间一壶酒，西瓜和葡萄的一生?》	7416	104	4.42	2020.09.14
4	《吊柿饼》	7023	54	1.93	2018.10.09
5	《为生活添一抹淡雅绿意，用砍下的竹子制些物件儿——竹沙发》	6322	116	5.82	2018.09.25
6	《棉……棉花的一生》	5386	82	3.73	2020.01.20
7	《紫米南瓜的一生……还有花生》	5285	74	3.61	2020.10.11
8	《抢在番茄掉果之前，全收回来弄点好吃的——红宝石番茄酱》	5003	54	2.18	2019.07.30
9	《寒意渐浓的深秋，来碗暖人心脾的蜂蜜柚子茶可好》	4708	39	1.06	2017.11.06
10	《黄瓜的一生》	4687	64	3.21	2020.07.20
11	《菜籽油的一生之钵钵鸡，蛋黄酥，油焖笋，咸蛋黄小龙虾》	4478	59	2.89	2020.06.19
12	《凉冰冰甜丝丝的浆果蛋奶冰激淋，是夏天的味道!》	4405	63	2.37	2019.07.02
13	《你们都没想到这期的视频会叫"土豆的一生"吧!》	4305	60	3.29	2020.06.03
14	《番茄……的一生? 花开好了，果子熟了，番茄红了，番茄火锅走起!》	4120	62	2.99	2020.07.10
15	《这一定是最适合在夏天做的吃食——各种果酱!》	3937	50	1.96	2019.06.23
16	《又到了瓜果蔬菜怎么吃都吃不完的季节，脑壳疼呐》	3746	47	1.54	2019.08.04
17	《长白山人参蜜：众参皆苦，而我是甜的~》	3736	39	1.27	2018.08.13
18	《玫瑰花的一生。玫瑰花是个好东西，可以赏、可以吃、还可以送给爱的人》	3562	53	2.39	2020.08.28

续表

序号	标题	观看次数（万次）	点赞（万）	评论（万）	发布时间
19	《关于小麦的一生，你最爱吃哪种面食?》	3514	49	2.59	2020.05.19
20	《月儿圆圆，稻米飘香，正逢农家收谷忙》	3492	54	3.07	2019.09.14
21	《金黄的季节，载满了收获的喜悦和玉米的香甜》	3428	51	2.78	2019.09.06
22	《当腊味煲仔饭遇上胡椒猪肚鸡》	3424	45	1.97	2020.01.12
23	《蒜的一生》	3255	46	2.24	2020.04.13
24	《秋葵和竹筒路的一生》	3234	47	2.32	2020.08.07
25	《吃法一抓一大把，浸润夏天的沁凉果味——百香果》	3129	33	1.03	2018.07.02
26	《我把香菇种到山里啦!》	3125	42	1.70	2019.06.15
27	《笋》	3095	41	1.67	2019.05.13
28	《又闻荷香，索性荷花、荷叶、莲藕折腾了个遍》	3063	44	1.80	2019.07.12
29	《黄桃罐头：炎炎夏日，来罐冰镇黄桃罐头怎么样?》	3049	28	0.89	2017.09.01
30	《古老的东方蚕桑文化，治愈每一个怕冷的人——蚕丝被》	2986	48	2.18	2018.10.17
31	《蛋黄酱：起沙滋油，咸鲜酥软》	2964	35	1.18	2019.04.22
32	《铜锅涮肉》	2934	38	1.64	2019.01.03
33	《烤红薯 & 酸辣粉》	2820	40	1.63	2018.11.26
34	《辣椒的一生》	2788	36	1.72	2019.10.21
35	《羊羔毛斗篷》	2782	67	2.44	2019.03.19
36	《芋头的一生，辣椒……是送的》	2723	48	2.30	2020.11.08
37	《又到了一日三餐吃野菜的时候》	2664	34	1.31	2019.04.14
38	《应季甜点，樱桃的花样做法送给你们》	2637	28	0.99	2018.05.17
39	《甚于肉味的治愈美食，带些雨露的清甜——鸡枞菌》	2537	31	1.28	2018.07.30
40	《我们中国人的开门七件事，柴米油盐酱醋茶》	2508	53	4.67	2021.07.14

李子柒的美食视频与其他单纯的烹饪视频截然不同：从头到尾，有始有终，娓娓道来，对每道美食都投入了浓浓的情感。中国的物种丰富、食材广泛、饮食文化悠久，食物烹饪方法可谓灵活多变，传统的菜肴烹调方法就有蒸、煮、炖、炒、烧、煎、炸、烩、爆、焖、熘、卤拌等十多种，这些烹制方法再结合各地盛产食材、饮食习惯、口味偏好等又进行了丰富多彩、手法各异的组合与创新，形成了川菜、粤菜、湘菜等八大菜系。李子柒在其美食视频中呈现出了各类烹饪方式，也展示了地大物博的中国不同地区食物的酸甜苦辣咸。例如，许多西方公众以为甜点是西方饮食的代表，却不了解中国也有源远流长的甜点制作工艺，在李子柒的零食制作视频中就展示了冰淇淋、面包、果酱等甜点制作，但因食材均取自中国山村，无论从口味到工艺都与西式甜点制作不同，既能为西方受众带来亲近感，又有不一样的中式传统风格。对于中国特色甜点，李子柒展示了北方特色美食糖葫芦、人参蜜、秋梨膏等，也展示了南方美食如豌豆凉粉、百香果酱等。即便是制作甜点，如果酱、香草油渍番茄、脆梅等，其选用的也并非西方所惯用的白砂糖，而是用传统的蜂蜜、冰糖来代替，可见中国甜点文化的广博精深。而辣味一直是中国四川、重庆、湖南以及贵州等多地区饮食文化中最重要的口味，李子柒作为四川人，对辣味自然是情有独钟，因此，在视频中也呈现了诸如麻辣火锅、麻辣手撕牛肉、辣味鲜卤花生等多类辣味美食，彰显出中国美食的多样性。

中国的饮食文化伴随着历史社会的进步和受众口味的变化处于不断演变之中，其不仅通过运用烹饪技术提高食物口感，也兼具了菜肴的视觉美感。李子柒在美食类视频中，不仅强调食物本身在色彩、形状上的鲜明特点与美感，而且突出制作过程中的精湛的刀工、漂亮的雕花和精巧的摆盘，多用慢动作呈现其形态与色泽之美。此外，李子柒视频在烹饪器具的选择上也颇具特色，除了中国农村传统的炉灶铁锅、砂锅、蒸笼，也会出现烤制西方糕点的窑、熬制果酱专用的平底锅。而餐具就更具特色，编织筐、小竹筒、银质碗、未加精修的平木板、凸凹不平的石制盘等，仿佛每顿饮食都是来自大自然的恩赐。食物形态色泽之美、摆盘结构之美、食物盛装器物之美搭配在一起宛如艺术品，又激发了受众对于美味的遐想。她在紫薯米糕制作视频中呈现出一顿色香味俱全的早餐，紫白相间的长方形米糕，盘子旁边配上金黄的鸡蛋炒翠绿的韭菜，再配上一杯紫薯豆浆，这种形、色、器与菜肴的协调统一，展现了中国独特饮食文化的精髓。

2. 传统手工艺制作类视频

随着经济全球化进程的加快，各国遵循比较优势的生产活动促进了国际分工体系的完善和专业化水平的提高，贸易流通环境也得到了显著改善。这一全球性趋势不仅极大地加大了各国商品种类的多样性和差异性，而且为国家间的贸易发展创造了便利条件，使得国内市场与国际市场紧密相连，各国民众的消费需求都能够得到充分满足。在这一时代背景下，能够静下心来用自己智慧的头脑与勤劳的双手身体力行地亲手制作所需要的物品就显得难能可贵。

李子柒在油管平台上的名为《用葡萄皮给自己做件衣服，是一种怎样的体验?》的视频投稿，就是呈现传统手工艺制作的作品，但她并不是真的用葡萄皮缝制衣服，而是运用提色工艺将葡萄皮的淡紫色提取出来染制一条裙子，从裙子的设计、剪裁到缝制再到染色，整个过程都在一双巧手下完成，令人大呼"不可思议"。进入冬天，李子柒又通过视频呈现了做蚕丝被的整个过程，她从养蚕宝宝开始，向观众展现了摘桑叶、喂蚕宝宝、摘茧、煮茧、剥茧、开棉、晾棉，最后一步步做成手工蚕丝被的完整过程，用古老的东方桑蚕文化，治愈每一个怕冷的人。在展示蜀绣的刺制视频中，经历剪羊毛、清洗、晾干、染色、制作等复杂工序，于一针一线间一件华丽的古风斗篷蓦然展现，传递出"千年民俗蕴服章之美，蜀绣文化彰华夏礼仪"的深刻内涵。李子柒还砍下后山的竹子，从破篾开始，编制了清凉简约的竹沙发。在为生活添一抹淡雅绿意的同时，让观众再次对李子柒的心灵手巧心生慨叹。在视频《这是一个看电视看出来的曲水流觞桌!》中，李子柒在看电视时看到了一个美轮美奂的曲水流觞桌，于是自己用旧床、旧锯敲敲砸砸从无到有地做了一个"改良版"曲水流筋桌。在视频下方，她发了一段话："虽然我也不曾想到我会用张床做一桌子，这个视频是之前刷剧刷到的改良款！几番曲折做完后还真香！事实证明，多陪老人家看电视还是有好处！这不，看了个手工品出来！"

这些传统手工艺制作类视频中，各种在现代生活里已经被我们遗忘的传统工艺静静流淌。一双巧手，一颗慧心，李子柒用我们难以想象的勤劳和智慧掌握并熟练运用这些古朴技艺，将一个个想法和念头变成现实。

3. 传统文化展示类视频

李子柒在油管平台将全部视频按照内容类别设置了专门的播放列表。毫无疑问，无论是美食制作类视频还是传统手工艺制作类视频，都是传统文化的缩影。为了更加清晰具体地分析，我们仅以其中名为"东方非遗传承"的播放列表为例，介绍李子柒如何深刻地展现中国传统文化的博大精深。例如，该播放列表中的视频《蓝草的一生？蓝印花布的一生？还是李子柒花裙子的一生？》分为上下两集，介绍了中国源远流长的扎染工艺。扎染古称扎缬、绞缬，是汉族民间传统而独特的染色工艺。其特点是用线在被印染的织物打绞成结后进行印染，然后再把打绞成结的线拆除，这种技艺晕色丰富、变化自然、趣味无穷，是机械印染工艺难以达到的。在这期视频中，她先制作了染料，然后将布料打绞成结，印染成小碎花的蓝布，之后用染好的布给自己和奶奶缝制了漂亮的衣服。她在视频下介绍说："青出于蓝，而胜于蓝。从一颗蓼蓝种子到两次收割，打靛、起缸、染布、做衣！蓝印花布、蜡染这些老前辈们的手艺，不知道还有多少人记得呢！"

视频《木活字》介绍了中国的四大发明之一——活字印刷术，为了保证视频内容准确无误，她特地找师傅学习相关知识。她先在一个个小木块上反着写下文字，然后逐个精雕细琢，制成一个个木活字，再排列印刷出来，将古朴的中国智慧活灵活现地呈现出来。在视频下方，她写道："一笔一捺写反字，一刀一划是功夫。一颗颗小小的活字章，散落在岁月的骨血里……谁也不曾想到，这上千年智慧的结晶，会在一个小小村落里明灭不定。"从中也可看出她对中国文化浓浓的自豪感。

另一条名为《这是一张沉淀千年历史的文化名片，述尽中华风流——笔墨纸砚》的视频，在 11 分 41 秒的视频中，让观众有幸见到中国的文房四宝——笔墨纸砚的完整制作过程，缓慢而细腻的镜头讲述着笔墨纸砚的前世今生。据说这条视频从学习制作到拍摄完成用了 2 年时间。李子柒在这条视频下写道："笔墨纸砚，中国的文房四宝！随着书写时代的渐没，这些代表中国传统文化的工艺离我们越来越远！我们不需要每个人都会，但愿很多人都还懂得和记得！"

李子柒的视频，不言不语却早已道尽岁月，不温不火却早已流入人心，诉说着中华千年魅力。从精巧的内容设计到完整的艺术呈现，国内外公众都收到了李子柒传递的信息。对外国公众，李子柒通过活用中华优秀传统文化资源，成功地展示着中华文明的精神标识和文化精髓，实现中国传统文化的向外传播；对国内公众，她在视频下写的每一段话都是对我们的提醒，让我们重拾文化自信，对祖国深厚的文化底蕴和民族智慧有更加深刻、直观的体会，呼吁每一个人都承担起延续民族文化血脉的责任与使命。

（二）李子柒开展文化传播的内容特征

根据拉斯韦尔"5W 理论"，传播内容是决定最终传播效果的最核心要素，只有符合受众需求的优质内容才能对受众产生长久、稳固的吸引与影响，而洞悉人性、紧贴时代的视频内容正是李子柒深受国内外网友喜欢与追捧的重要原因。

1. 内容自然淳朴，贴近生活

从国际公众的视角来看，尽管李子柒所呈现的生活状态与细节和其本身的生活有很大区别，但内容核心无不关乎一年四季、衣食住行。李子柒对生活、美食、大自然的热爱，对亲人、朋友甚至小动物的细腻情感都与人们的日常生活息息相关，内容贴近生活实际，给人一种岁月流淌、宁静祥和的感觉。

乡土性的表现是新媒体平台传播中一种富有勇气的尝试。在国际新媒体平台中，各类视频创作者普遍会优先选择更加国际化的主题与高大上的呈现形式，以满足国际受众接受信息的习惯。而李子柒却反其道而行之，根植中国乡土文化而进行浪漫化呈现，体现了中国传统文化中宝贵的古朴自然。费孝通先生指出：中国社会是乡土社会，中国的乡土性自古代就扎根在人们心中。[①] 乡土文化是中国传统文化中重要的组成部分，而一直以来根植于农村的自给自足的小农经济为中国乡土文化的发展提供了土壤，因此，中国自古以来就有着对田园牧歌生活的热切向往和对淳朴自然生活的无限热爱。在李子柒的短视频中呈现出的田间劳作、林中休憩、牲畜喂养、服饰制作、灶火生饭、晒谷收谷这些意象元素，就是对中国乡土文化的浪漫化呈现。视频画面对细节的呈现、构图上的留白，还有背景音乐所营造出的唯美的意境，无不赋予了视频观看者对这种古朴生活无尽的浪漫想象。农村生活和生产劳动的主题选择也自然流畅，毫不造作地反映着中国劳动人民的勤劳与智慧。

在各国文化中都有依据特定节日、季节制定的饮食及风俗。例如韩国受中华文化影响较大，中国的四大传统节日：春节、清明节、端午节、中秋节，很早就随着汉文化传播到了朝鲜半岛，成为韩国的四大传统节日并传承至今。韩国人的春节习俗和中国类似，当天早上吃年糕汤，穿韩服向长辈拜年，全家团圆欢度佳节。对于西方国家来说，11月1日的万圣节是充满神秘色彩的节日，大家在夜幕降临时穿上五颜六色的"恐怖"服装，戴上千奇百怪的面具，提上一盏南瓜灯出去恶作剧。孩子们则跑到邻居家门口讨糖果，让节日充满欢乐与喜庆气氛。11月的第四个星期四是一些西方国家的感恩节，也是合家欢聚的节日，火鸡是感恩节的传统主菜，做法通常是把火鸡肚子里塞上各种调料和拌好的食品，然后整只烤熟，由男主人用刀切成薄片分给大家。此外，感恩节的传统食品还有甜山芋、玉蜀黍、南瓜饼、红莓苔子果酱等。

---

① 费孝通：《乡土中国》，北京大学出版社2012年版，第9页。

李子柒依据节气的轮换更替，顺应气候与时令的变化来规划视频创作内容：在桃花盛开的春季制作桃花茶、桃花糕，用绢花工艺做一套桃花发冠出门赏景踏春。她还用春季盛产的各类鲜花制作鲜花纯露、胭脂等化妆品，顺应节气滋补身体熬上一锅梅花鸽子汤，用上山挖的野菜制作时令美食。在炎炎夏日里带我们品茶，把种类丰富的新鲜瓜果做成各类果酱。泛舟湖上采莲花、折莲叶、吃莲藕，制作豌豆凉粉、黄桃罐头、各种香甜的浆果蛋奶冰激凌等夏日消暑甜食，为观众带来了一丝清凉。在伴随着夏日到来的七夕节、端午节等传统节日里，她用镜头让观众们感同身受，仿佛与之共度。秋季渐凉，感冒高发，李子柒在这个时节熬制秋梨膏、蜂蜜柚子茶。秋季也是稻米、玉米等农作物收获的季节，观众也随着镜头共享丰收的喜悦。秋季还有中秋佳节，李子柒专门制作了外皮酥脆、肉汁丰腴鲜香的苏式鲜肉月饼，酿了甜美的桂花酒。到了寒冷冬季，她用生姜制作暖身的红糖姜枣膏、姜桔酱和姜米茶，煲猪脚姜，烧仔姜鸭；烤制香气喷喷的四川柴火鸡，煮上热气腾腾的火锅。做上一床手工棉被，一件毛茸茸的羊毛斗篷，给奶奶缝制一双保暖的千层底布鞋，给观众送来了一丝暖意。这些淳朴真实的生活细节能够贴近观众的日常生活实际，自然而然地将观众带入其中。

2. 选材清新治愈，慰藉心灵

随着社会的快速发展，各国人民生活、工作节奏加快，社会呈现出高度"内卷"的现象。为了获得更加优越的生活条件和更高的社会地位，人们在生活、工作上不断承受着压力，很难驻足去放松心情。此外，由于互联网技术的普及，人类迈入信息爆炸时代，真假参半的信息正呈几何级数般增长，让人类认知活动发生冲突与混乱，难以从中梳理出清晰的逻辑主线。在面临更多信息选择时，它也极大地增加了人们对世界认知的不确定性从而使人们感到迷茫和无所适从，进一步给人们带来压力。尤其是进入新媒体时代，多元化传播主体参与到传播过程中，有更多机会展示自己的生活，同时，每个人都成为了他人生活的观众，通过与他人展示出的优越生活进行比较而产生的焦虑、烦躁、担忧、自卑等消极情绪，也成为了人们当前非常普遍的压力来源。对大多数脚步匆忙的都市人来说，每个人都希望有机会能够远离喧嚣，释放压力，对话内心，安抚情绪。

其实这种"逆城市化"思潮并不是专属于某个国家或某个时代的问题，对田园生活的向往和对自然风光的赞美，自古以来就是中外文学创作的重要题材之一，可谓人类情感的共识。中国古代文人也会在城市生活中感受到压力而萌生归隐之意，著名田园诗人陶渊明笔下的"采菊东篱下，悠然见南山"让人心旷神怡，"暧暧远人村，依依墟里烟。狗吠深巷中，鸡鸣桑树颠"反映了古人寄情山水田园，令人不胜向往。杜甫先生也用"久在樊笼里，复得返自然"表达人们对于大自然这种治愈力量的向往。美国著名作家、哲学家亨利·戴维·梭罗早在1854年创作的著名散文集《瓦尔登湖》就记录了他从1845年7月到1847年9月在瓦尔登湖边独居的见闻。瓦尔登湖不仅为梭罗提供了一个栖身之所，也为他提供了一种独特的精神氛围。他笔下简单质朴的生活和优美宜人的自然风光直到今天也在治愈着来自各国的读者。

在这一背景下，很多国内外新媒体主播也抓住了公众急于"解压"的心灵诉求，开始用各类卖萌搞怪、低俗猎奇的表演来博人眼球，尽管这可能会在极短的时间内获得热度，但终究经不起时间的考验而成为过眼云烟。而李子柒的作品可谓恰逢其时的一股清流，能够在物欲横流的快节奏生活中让人们把生活慢下来、静下来，有一份静静守候开花结果的耐心，在生活细节中感受到平凡的幸福和优雅舒适，给人们一个释放压力、慰藉心灵的秘密乐园。人们在看李子柒的视频时通常会不知不觉地放慢脚步，从始至终，看到每样事物的前世今生。为了呈现中国的传统黄豆酱油酿造，她从在田间种下黄豆开始记录，拍出了阳光雨露中黄豆慢慢成熟、秋分时收获的情景，并向我们一步步展示酿造酱油的完整工序。为了做蛋黄酱，她从养小鸭子开始，让我们看到鸭蛋成为蛋黄酱的有趣过程。为了做一顿火锅，她自制汤汁，精心挑选每样食材，全方位展示这锅香味诱人的佳肴。为了蒸一碗米饭，她一步步地展示耕田、插秧、打理、收稻、碾米,直至做出一碗香味扑鼻的米饭的全过程,身体力行地让我们体会到盘中餐粒粒皆辛苦的来之不易。为了吃一碗柳州螺蛳粉,她上山采取新鲜食材,点火制作烟火美味。一条十几分钟的视频有时竟能涵盖寒来暑往、四季更迭,她用细腻真诚的态度让受众了解中华美食之"然"与"所以然"。李子柒在山间田园里劳作呈现出的世外桃源般的生活,正是当代大多数人所向往、所追求的从容不迫的,值得细细品味的生活。

配上色彩淡雅的画面和清新柔和的背景音乐,身着汉服的李子柒在田园间织布做衣服,从大自然获取材料制作家具,去林间菜园采摘果子制成美食,每条视频都能将我们带入这种看似单调却创意无穷的田园意境中,感受大自然的细节之美。洒满阳光的树叶,雨后略显幽暗的茶田,火炉燃烧的沙沙响,作品中没有出现任何豪宅、跑车、名牌包包,甚至都没有什么家用电器,却有治愈人们内心深处"隐疾"的神秘力量,使人们找到了心灵的栖息之所,填补了快速生活所夺走的那份对于生活本身的热爱。

3. 具化呈现优秀文化,主题统一

从五千年的历史发展进程来看,中华民族之所以能始终屹立于世界东方,得益于充分发挥了中华文化的强大感召力和吸引力。在我国文化事业日益繁荣的今天,要进一步加强文化建设,就要从中华优秀传统文化中汲取提升国家文化软实力的丰厚滋养。李子柒在油管平台发布的作品,尽管内容涉及一年四季、衣食住行、节日风俗等,但是其本质内容一脉相承,都围绕着"中国故事"这个核心主线展开,可谓专一、专注、专业,从未有任何偏离主题的作品夹杂其中。文化其实是一种相对抽象的概念,有很多文化内涵很难具化、有形、直观地展现出来,但李子柒却用国际公众可以理解并共情的方式将中国故事所蕴含的中国优秀文化富有创意地表达出来并传递出去。

整体来看,李子柒发布的视频都透着浓浓的古风色彩,从头到脚,各类漂亮的古风服装、配饰都高度统一,完全还原了一位远离闹市、回归田园的乡村女孩形象,展现了中国服饰文化之美。视频场景多选择乡间田野、老屋小院、山谷山坡、林间树丛，无论是艳阳高照还是淫雨霏霏，层林尽染还是白雪皑皑，李子柒都与自然完全融为一体，展现着人与自然和谐相处之美，用宁静惬意的自然景观向国际公众展现着中国经济高速发展之外的另一种美好。

中国的传统文化高度遵循循环的时间观，长久地影响着中国人的生活规律和习惯。美国学者爱德华·斯图尔特曾说："循环时间使中国人倾向于与环境相合而非控制环境，适应境遇而非改变境遇。"[①] 这一观点在李子柒的作品中则体现为在饮食方面顺应时令，根据四季气候特征选择当季具有代表性的新鲜食材进行加工制作。顺应自然、因季而食、适时而食，这也是中华饮食文化中的优良传统和重要内容，既凝聚着中国人在悠久历史中积累总结的生存智慧，也体现出中国独特的养生文化。此外，遵循循环的时间观还体现为农作物的播种、收获顺应自然规律——时令和节气，体现了中国人尊重自然、敬畏自然、顺应自然，与自然和谐共生的生态观。

李子柒的作品中常常展现出一家人围坐一团品尝美食、共赏美景，美食与美景相呼应，团圆温馨的气氛也溢出屏幕。在中国的饮食文化中，饮食也有调节人际关系的社会交往功能，反映了中国高度发展的饮食礼仪文化。对于菜品口味，李子柒也进行了精心构思，例如，因为与奶奶生活在一起，所以她所做的美食不仅外观漂亮还兼具营养价值，同时在做法上稍显清淡，更加适应老年人的口味，这些细致的设计也体现了中国文化中勤劳质朴、安土重迁以及尊老敬老等传统美德。

民间手工艺是指由广大民众创作与传承的，主要反映民众的生活和思想感情，表现民众的审美观念和艺术情趣的工艺创造及其制品。[②] 青铜器、玉器、漆器、陶器等手工艺品不仅反映了当时特定的物质条件和生产技艺水平，同时凝结了大量的传统文化信息，呈现了特定的时代文化风貌。伴随着现代工业技

---

① [美] 爱德华·C. 斯图尔特、密尔顿·J. 贝内特著，卫景宜译：《美国文化模式：跨文化视野中的分析》，百花文艺出版社2000年版，第170页。
② 田小杭：《中国传统工艺全集民间手工艺》，大象出版社2007年版，第3页。

术的快速发展，传统手工技艺逐渐式微，但这些凝结在传统手工艺中的文化内涵依然能够提供巨大的审美价值，对这些手工艺的传承与传播的重要性也日益凸显。李子柒十分重视对中国传统手工技艺的保护与传承，在视频中详细展现了笔墨纸砚、木活字的制作流程，还呈现了缫丝、扎染、竹编、苏绣、酿酒等博大精深、魅力无穷的传统技艺。为了拍摄木活字视频，李子柒赶往浙江温州，师从东源村木活字印刷术第三十四代传人，耗时三个多月学习木活字印刷术的手艺，还原篆刻、拣字、理稿、排版、校对等多个制作工序。李子柒的视频在对外传播中华优秀传统文化的同时，对内更提振中国公众的文化自信，呼唤年青一代用自己的方式把宝贵的传统技艺传承下去。

四、李子柒在海外新媒体平台开展文化传播的方式分析

在当前"万物皆媒体、一切皆平台"的媒介生态下，根据传播目标选择合适的传播渠道及传播方式能够有效提高内容传播效率及效果。在传播渠道上，无论是国内传播还是海外传播，李子柒都进行了视频内容的多平台投放，针对不同平台目标公众的内容需求和信息获取偏好有效建立了系统化的传播矩阵，融入国际传播的话语体系，利用和借助他国信息传播渠道减少单方面强势突兀的"硬传播"。在传播方式上，李子柒强调民间叙事，跳脱出原有文化传播中自我中心主义和独白式传播的局限，共筑情感基础，实现本民族文明与他者文明平等对话与多元对话的形态升级。同时，在画面、语言、音乐、服饰及叙事逻辑等要素上设计精巧，呈现中西方公众能共同理解、共同欣赏的普世之美。

（一）多平台投放，建立传播矩阵

运用新媒体开展国际传播从传播范围上可以大致分为两条路径：其一是运用国内新媒体平台发布文化传播相关信息从而影响在国内求学、工作、生活的国际公众；其二是运用国际新媒体平台嵌入海外传播场域，在能够直接触及广

泛国际公众的平台上展示内容，从而更加直观、便捷地开展跨文化传播活动。李子柒在其传播过程中兼顾两条路径，在国内外均选取了高效畅通的传播媒介渠道。

在国内层面，李子柒短视频传播矩阵层次丰富，不局限于单一的传播媒介，覆盖了当下最具热度的新媒体传播渠道，在微博、哔哩哔哩、抖音都开设了个人主页，并积极顺应不同平台的传播特色。例如微博平台，截至2023年1月31日，李子柒粉丝达2632.8万，共获得7642.4万转发、评论和点赞。李子柒账号在微博平台上被微博官方推荐为宝藏博主，列于"田园生活家"栏目之中，一方面能够使微博对各类精品内容进行精准归类，另一方面也能够借助该平台整合各类田园生活相关领域的博主资源，实现博主间相互引流，形成系统化的传播布局。微博平台还设置了"李子柒超话"，普通微博用户发布的和李子柒相关的内容添加"超话"标签后都可以自动进行话题汇总，截至2023年1月31日，该"超话"共有帖子3.2万，在"美食红人超话榜"位列第三名。

截至2023年1月31日，李子柒在哔哩哔哩共有粉丝765.6万，收获1419.3万点赞。哔哩哔哩中受众的圈层特点较为明显，有大量对于中国传统文化、汉服文化、美食文化、手工制作、田园生活感兴趣的用户，每个领域的用户因为共同的旨趣又形成了话语体系高度一致的社区文化。尽管李子柒视频内容及风格高度一致，但是其中包含了关于中国传统文化、汉服文化、美食文化、手工制作、田园生活等不同的传播信息。这些信息要素有效地跨界突破了不同社群之间的圈层壁垒，使用户找到了潜在的交集，并由此产生更加深刻的社群间的互动，有效提升了群体之间的交叉性与流动性，扩大了传播效果。

截至2023年1月31日，李子柒在抖音平台共有粉丝5079.8万，收获2.2亿点赞。为了迎合抖音平台用户信息获取习惯，李子柒将在抖音平台上投放的视频分割成一般不超过2分钟的短视频，因而抖音平台上作品数量达到772条。此外，李子柒在淘宝旗舰店的粉丝也达到了685万，并达到了5星的综合体验指标，在描述相符、服务态度、物流服务等评价指标上均得到4.8分，高于同行水平。李子柒不拘泥于某个特定平台，而是在充分理解和尊重不同新媒体平台传播特点的基础上，借助新媒体传播移动性、碎片化、互动性的特点，使用户在电脑端与手机端都可依据个人习惯便捷地获取信息。针对各类新媒体平台进行多维度、多渠道的内容投放，能够将社交类、资讯类、购物类平台结合在一起，从而契合不同客户端的目标受众和应用场景，最大程度地聚集粉丝并引流，最终实现点面结合、动静结合，建立有效的传播矩阵。

在海外新媒体平台文化传播中，李子柒也如法炮制，选择最具影响力的海外新媒体平台创建个人账号，顺应了西方受众获取信息的渠道和习惯。除了油管平台之外，李子柒还在脸书、推特、照片墙、TikTok 上开展文化传播，都取得了较好的传播效果，如表4.3所示。借助这些颇具全球影响力的海外传播渠道，不仅能够有效提升李子柒的视频与用户之间的接触率，在潜移默化中将中国的传统文化渗入到海外的传播场域和用户的日常生活中，同时也能够体现出中国文化正在以更加自信、包容的姿态进入国际传播的视野，从而实现中国传统文化跨国传播的技术与思想路径畅通。

表4.3 李子柒在主要海外新媒体平台账号基本信息（截至2023年1月31日）

海外新媒体平台	发帖量	粉丝量（万）	注册时间/最早信息发布时间
脸书	126	522.0	2017年9月1日
TikTok	783	370.0	2019年10月24日
照片墙	153	86.8	2019年7月29日
推特	498	8.7	2017年8月

李子柒在脸书、推特、照片墙、TikTok等多平台投放信息开展文化传播，形成了规模庞大、构建完备的海外传播矩阵，各个平台之间也相互推广与引流。例如，油管平台的李子柒频道简介中就加上了新浪微博、脸书公共主页的网页链接信息。

李子柒频道的订阅者遍布全球，在评论区有包括英语、日语、俄语、阿拉伯语等在内的几十种回复语言，其粉丝也涵盖了各个年龄段。在自由主义、个人主义的深刻影响下，西方受众对于"信息解读者"常常持怀疑与不信任的态度，他们倾向于选择那些不需要由他人解读而能够独立理解的信息。同时，西方受众高度重视信息获取的隐私性，可以在自己相对独立的时间与空间中获取信息。正因为这样的习惯与偏好，李子柒文化传播信息的国际多平台投放能够最大化地尊重不同受众的信息获取习惯，让受众用自己喜欢的方式利用生活的碎片化时间放松精神并得到美的享受，在不知不觉中加深了受众记忆与好感度，同时不需要过多的辅助性解读而是仅通过观赏视频，运用自我感受就能够充分地理解和感受到传播主体希望传达的信息，使受众的自主性得到满足从而增加了其观看的主动性。

（二）强调民间叙事，共筑情感基础

李子柒在文化传播方式上最大的特征就是从传统的文化对外宣传形式转变为民间故事讲述，从不同文化中的共性出发寻求情感共鸣，在这个过程中还为受众运用本国文化传统对视频内容加深理解留有适当的想象空间。

1. 重拾平凡人与日常生活的力量

传统文化来自民间的智慧与积累，来自民间的平凡人因熟谙日常生活技巧与文化典故，因而能把传统文化演绎得更为自然真实、洽适传神。正如雷蒙·威廉斯将文化定义为一种整体的生活方式，文化是"普通的、平常的"，因此，文化无论从起源还是从本质来看都与日常生活息息相关、紧密相连，而对文化的传播也应当充分借助日常生活的力量。传统媒体时代，各类报刊、广播、电视大众媒体在社会话语建构中处于主导地位，对传统文化的传播路径也较为单一，尽管也有运用纪录片、宣传片进行文化传播的尝试，但其传播思维和叙事布局的意识相对薄弱。进入新媒体时代后，参与传播的技术门槛和准入条件被大大降低，新媒体技术的赋权推动了主体的下沉，平凡大众开始有了从被动接受者转变为主动传播者的机遇与空间。在这一背景下，个体的传播意识也随之不断强化，对于文化传播来说，个体成为连接传统文化与现实语境的桥梁，能够通过去中心化、个性化、平民化的叙事使传播者与受众在一个共通的文化价值体系中进行平等的对话与交流。

面对传播者和传播对象所处不同文化背景这一现实情况，文化传播中所产生的文化折扣甚至是引发的文化冲突不可避免，而李子柒作为一个来自民间的非官方传播个体，通过强化个人感受表达其对饮食、生活乃至文化的观点。受众不再只是被动接受信息，而是与传播主体共同沉浸于一种文化氛围中，共同体验、感受和经历一种生活。在去中心化、个性化、平民化的叙事框架和平等的传播场域中增加了对于文化的共同体验与包容度，从而提升了中国传统文化的感染力，也推动了对中国传统文化更深层地传扬。

李子柒的视频没有任何一句赞叹中华文化的台词，但却在日常小事中讴歌了自然悠闲的田园生活，传播了博大精深、内涵深刻的中国文化。日常生活包含着无尽的力量，能够反映出那些常被人们忽视的美与活力。她的很多视频都以某物的一生来命名，镜头中展现了平时难以关注到的各类事物，从种子萌发到果实成熟再到我们日常用物的生命历程，这就是每一个日常所堆叠起来的看似平凡却充满感动的生命的活力，更蕴含着世间万物有道、道法自然的深厚的中国文化内涵。李子柒还在端午节、中秋节、春节等中国传统节日到来之际展示粽子、月饼、年夜饭等传统美食的制作与典故，呈现着中国节日风俗和中国乡土社会中人与人之间浓浓的亲情与乡情。从五谷稻田的播种丰收到春夏秋冬的时令美食，李子柒从最普通的日常生活着眼，挖掘传播中国传统文化的宝贵素材，从平凡人的视角呈现和讲述着悠久的华夏文明。

2. 催生情感共鸣，满足文化想象

德国著名学者扬·阿斯曼认为，文化记忆是一个群体内所有成员共有的：它为我们所需，属于我们且支撑着我们，因此它被我们保存下来并得以永存。[①]

---

① 扬·阿斯曼、陈国战：《什么是"文化记忆"?》，《国外理论动态》2016 年第 6 期。

莫里斯·哈布瓦赫也同样强调社会对记忆的建构作用：集体根据各个阶段不同的社会框架完成对过去的重构，以重新阐释过去的方式达到巩固自己主体同一性的目的。① 李子柒找到了一条催生传播主客体情感共鸣的通路，即：挖掘根植于普通人认知中的共同记忆，将所属不同文化背景下的受众共同找寻属于自己的童年记忆与乡愁。随着城市化进程的不断推进，很多美食成为了"记忆里的味道"，李子柒始终致力于用自己的情怀与巧手重现童年记忆里的美好画面，用自己的方式保留这一切。尽管对于海外受众来说，这些"小时候的零食""童年记忆里的馓子""爷爷做过的美食"与自己的童年经历远不相同，但是这种情感共鸣却是一致的，能够唤醒每一个人心中独一无二的童年回忆。就如同中西方各国新年的日期和风俗，尽管各不相同，但任何国家的人民在新年都有对"家人团聚"的共同向往；虽然受众的故乡千差万别，但对于故乡的思念是相通的。正如美国传播学者詹姆斯·凯瑞所言，传播并非指信息在空间的扩散，而是指在时间上对一个社会的维系；它不是指分享信息的行为，而是共享信仰的表征；它强调的是观众被其中的认同感所吸引，使传播成为一场情感与信仰的盛宴。②

　　如前所述，在个体压力与焦虑与日俱增的时代，人们对天然纯朴的自然生态重生向往。伴随着城市化发展的脚步，归隐田园又成了一种颇具共性的情感诉求，尽管很多城市人口从未真正体验过农耕生活，但那种生活的惬意与悠然却制造了一个思想中的情感乌托邦。可以说，李子柒的视频通过呈现"采菊东篱下，悠然见南山"的田园景象，恰恰满足了人们的情感需求与文化想象，营造了一场"田园文化复兴"的盛宴。例如李子柒酿制黄豆酱油的视频，从种黄豆、摘黄豆到发酵成豆豉，再煮成酱油的完整酿造过程，每一个画面都缓慢优

---

　　① 刘慧梅、姚源源：《书写、场域与认同：我国近二十年文化记忆研究综述》，《浙江大学学报》（人文社会科学版）2018 年第 4 期。
　　② ［美］詹姆斯·W·凯瑞著，丁未译：《作为文化的传播："媒介与社会"论文集》，华夏出版社 2005 年版，第 7、28 页。

美。这并不是让我们用最快、最精确的方式学会自制酱油技巧的黄豆酿造教学视频，而是一种呈现生活的纪录片或故事片。李子柒的视频从来都不是真的为了教会我们什么，而是带我们一起感受。这种慢节奏的田园生活意境在一帧帧的精美画面中油然而生，使受众心生向往。因此，李子柒的视频打破了传统文化的传播局限性，从人的情感出发，使中华文化成为当代大众在疲惫劳碌之余接近田园生活的情感载体。

此外，世界本身就是一个不同文化格局并置的空间，不同国家、民族的多元文化在同一个世界中寻求相互理解与和谐共存。对于任何一种文化，与之不同的他者文化都因其差异性而显得神秘、独特，令人萌生想要理解和体会的内在动力。李子柒的视频即以原生态的方式展现了很多在传统文化传播格局中难得一见的中国文化元素，比如文房四宝、四川蜀绣、木活字、马奶酒、扎染等，为其他文化群体展现了异质的、独特的文化空间，从而满足了不同文化背景下受众对异域文化的好奇与向往。尽管也有人认为李子柒的视频是对中国乡村生活的过于浪漫、不切实际的展现，但事实上"世外桃源"本身就是一种寄托想象的乌托邦，李子柒的视频为受众衍生出的无限的想象空间能够对现实世界中承受的压力提供精神释放，这种富有艺术感与美感的精神疗愈成为了受众对美好生活向往的情感寄托。

3. 传播设计精巧，呈现普世之美

克利福德·格尔茨曾说过："文化是一种通过符号在历史上代代相传的意义模式，它将传承的观念表现于象征形式之中；通过文化的符号体系，人与人之间得以相互沟通，绵延传续，并发展出对人生的认知和生命的态度。"[1] 尽管不同国家、民族都有基于本身文化传承而产生的审美标准与偏好，但不同的审美观亦有共通之处，存在普世性的审美共识，正如著名社会学家费孝通先生所说的："各美其美，美人之美，美美与共，天下大同。"在被问及为什么作品会

---

[1] ［美］克利福德·格尔茨著，韩莉译：《文化的解释》，译林出版社 1999 年版，第 109 页。

受到广大外国观众喜爱时，李子柒坦言："整个地球在茫茫的宇宙中就像一个小村落，不同的国家、不同的地区不见得能懂彼此的语言，但是一定会有一些情绪或价值是共通的，比如文化、美食、艺术以及人文等等。"李子柒的视频质量始终保持高水准，视频采用高清摄影，素材风格统一，构思剪辑巧妙，配乐宛转悠扬，在短短的十几分钟内让观众享受一场视听盛宴，同时感受到李子柒的诚意与决心。视频所传播的中华文化与"美"实现了完美的统一，因其寻找到了各民族文化的普世审美表现，使中国传统文化用"美"作为桥梁跨越地域、意识形态、文化差异的藩篱，被海内外各受众群体所赏析与理解。

（1）取景设计。李子柒视频的视觉表达有一种天人合一、内敛雅致的气韵，中国风贯穿始终，真正地实现了生活古风化、乡土浪漫化的内涵升华。李子柒在取景上相当考究，阴晴雨雪各类天气均有呈现。这种呈现并不是独立地体现天气状况，而是借由大自然中的细节来给观众们呈现一种意象，至于更多感受则留给观众慢慢体会。比如在《喝的是茶，过的是生活》讲述茶叶制作过程的视频中，首先呈现出天色幽暗、大雨欲来的情景。茶田的绿色整体色调偏暗，却更加清晰地展现出茶田层层叠叠的地貌景观。到了晒茶时天气又明亮起来，让我们仿佛与之一同经历着天气变化，也了解到不同制茶程序所需的天气条件。在《用绢花工艺做了套桃花发冠，带上爱人浪了一把春天》这期视频中，首先带我们身处山间眺望形态变幻的白云，用延长摄影展现树叶间冰雪慢慢融化变为水滴落于泥土，然后泥土间又萌发翠绿新芽，粉红的桃花花苞在枝头徐徐绽放、错落有致，再把诗句中的"落英缤纷"具象化地呈现在受众眼前，虫鸣鸟啼间不同意象辗转交错。起风时，李子柒会把镜头给摇曳不止的青草与树叶，落雨时并不会特别描述雨滴落下的样子，而是关注在雨中奔跑回屋的急促脚步溅起的水花，落雪时会展现厚厚积雪和不时掉落雪块的屋檐……在观看李子柒视频的过程中，受众不会特别地被某个细节所吸引，这些素材都在不知不觉中被自然、完美地组合在一起，让受众在不经意间就被春华秋实、花开花落、云卷云舒的自然之美所吸引。

如前所述，李子柒对食物最后完成时的呈现形态与色彩也进行过精心设计，特写餐具的形状与质感，承装食物时摆放考究、分量合理、色彩和谐，在体现食物的形色味之美的同时传达中国饮食文化的精深，而对食物本身则更注重对轮廓的描画，而没有使用浓墨重彩强调口腹之欲。[①] 在主题为面包窑的视频中，拍摄多采用昏暗的光线以配合面包窑的材质。在拍摄制作面包窑的过程时，镜头多运用逆拍与仰拍，重点捕捉人物在阳光下刨土、夜灯下踩泥的剪影，并不需要对每一个动作进行完整的细化呈现，就能够让受众在剪影中体会到中国人民吃苦耐劳的宝贵精神。

（2）声音设计。声音是一种媒介，它表达着人与人、人与环境之间的关系，既是人感受周围世界的一种尺度，也是人涉入世界的一种方式。[②] 李子柒在其视频中科学有效地整合各类声音，形成了颇具李子柒特色的声景系统，视听结合营造出静谧、和谐的世外桃源景象。

首先，李子柒的视频在音乐选用方面颇具特色。背景音乐均为纯音乐，旋律力求与视频画面表达风格和谐一致，演奏乐器包括钢琴以及古琴、琵琶、古筝、二胡、笙、箫等民族乐器，音色悠扬明快，节奏快慢也与视频内容相得益彰。背景音乐并非自始至终连续播放，在拍摄场景中出现颇具特点的自然音色时会有意留白，让受众更好地参与、沉浸在视频所营造出的情境与氛围当中，并不干扰受众对自然环境音效的感受。配合内容还将音乐与环境音进行了有效组合，例如制作曲水流觞桌视频中的最后部分选用了悠扬、空灵的音乐作为背景音乐，在表现李子柒与家人好友围坐桌旁饮茶赏月时音量缓缓降低，同时家人们交谈、欢笑的声音逐渐升起，营造出岁月静好、其乐融融的温馨场景。

其次，环境音效是李子柒视频中声音表现上的一大亮点。视频在后期制作

[①] 李梦阳：《以形式升华内容：短视频中视听语言的运用分析——以古风美食视频博主李子柒为例》，《视听》2019年第4期。

[②] 季凌霄：《从"声景"思考传播：声音、空间与听觉感官文化》，《国际新闻界》2019年第3期。

中大量采用同期声助力呈现内容的真实感、沉浸感与体验感，让观众在视觉、听觉两个层面与现场环境产生互动，为受众还原更多具有可信度的充盈的乡村生活细节。脚踩在草地、雪地、水坑中发出的声音，各类食材下锅时发出的煎炒烹炸声，瓷质器具撞击的清脆响声，虫鸣、鸟叫、鸡鸣、狗吠声等等，都营造出田园生活自然、静谧的氛围，同时能够通过声音加强我们对于李子柒每个动作、行为的理解。例如李子柒在制作螺蛳粉的视频中就以锄头撬竹笋的清脆声音开场，同时收录蝉鸣声，表现视频内容所处季节。之后伴随着悠扬美妙的钢琴演奏，李子柒在竹林中一系列劳作所表现出的人性之美与自然之美被不知不觉地传递出来。

最后，人声在视频中的呈现能够增加内容真实感和人间烟火气的温暖。如果说背景音乐和环境音效都是为了更加客观全面地表现田园生活的状态，那么人声则侧重于浓缩体现田园生活中的人的情绪感受。李子柒视频中出现的人声多为四川方言，而且几乎每条视频都有人声元素出现。但对于人声的表现通常是聚在一起时欢乐热闹的讨论、笑声或是李子柒和奶奶或邻居们小声聊天，几乎听不清楚具体内容，也不会专门设置字幕来解释含义。这种弱化语言表意上的功能而更多将其作为田园生活构成要素之一的设计非常精巧，无论是国内受众还是国外受众都不会因为地域文化的差异而错失对内容的理解和把握，这些人声让我们读懂的不是具体含义而是共通的情感，能够有效地拉近与受众的心理距离。

（3）服饰设计。服饰是人类文化中最早的物化形式，是反映人类文明进步发展历程的具象符号。从最初的遮蔽身体、御寒保暖的实用性直至渗透于各个时代人们心理情感、主观意愿、社会习俗、道德风尚和审美情趣之中，成为一种反映社会成员普遍心理和民族精神实质的文化形态。[1] 中国素有"衣冠王国"的美称，中国的传统服饰在文化传播领域一直具有强大的生命力和审美价

---

[1] 林少雄：《中国服饰文化的深层意蕴》，《复旦学报》（社会科学版）1997年第3期。

值。中国传统服饰文化强调与自然和谐统一，强调服饰与情感、场景的适配与交融。

　　李子柒在视频中的服饰选择始终强调和谐统一，既有服饰选择与视频表达内容的和谐统一，一条视频作品中整体着装风格的和谐统一，还有服饰配饰配色穿搭上的和谐统一。李子柒视频中的主要表现场景包括劳作场景、烹饪场景、生活场景，主要活动区域包括山林、田间、庭院、厨房、卧房等，为了契合整体田园风格和中国传统文化的大主题，李子柒的服饰搭配既关注美感、风格，也重视其舒适性与实用性。在田间播种劳作时，李子柒常着方便劳作的透气轻便的棉麻衣物出境，头戴草帽，搭配防水黑色雨靴，颜色上多选择素雅古朴的浅色系或灰、棕、黑等素色，既能表现出田间辛苦劳作的自然质朴的农民形象，又能与环境中大面积的大地色系相得益彰。在表现夏季蔬果成熟后收获加工的过程中，由于劳动的肢体动作较小，李子柒会选择各色旗袍并搭配浅色外套出镜，有时也会选择色彩明快的汉服，搭配夏日绿油油的自然环境，能够突出融入自然的人物之美。进入秋季后天气逐渐转凉，服装颜色也从夏季的艳色转为素色、深色，在表现各类作物的秋收场景中，搭配简单舒适的素色服装在以土色、棕色为背景的田野里能够相互呼应，使画面色彩更加和谐。伴随气温降低会出现棉麻、羊毛质地的保暖衣物以及围巾、披风斗笠等保暖配饰。进入冬季以后，中国多个主要传统节日逐一到来，李子柒会选择更多诸如汉服、带有传统花纹图案的棉服、大红毛衣等服饰以烘托节日氛围，这些具有视觉标志性的服饰与冬日白雪皑皑的环境搭配起来也十分温馨美好。

　　除了伴随四季更迭进行的服装变换，李子柒还针对不同场景选择和谐统一的服装搭配，在烹饪时会选择带盘扣的富有中国元素的连衣长裙，在人物特写中能看到衣服上的花卉景物图案。在生活场景中常身着裁剪合身的旗袍和色彩柔和、舒适保暖的毛衫出现，展示中国女性温柔贤惠、温婉柔和的特质。在一些特殊主题，如以辛夷花为主题视频中就展现了李子柒骑马的潇洒风姿，马背上的她身着红色绣花长袍，既能凸显人物豁达豪放的个性特征，也能由红色烘托出一种喜庆祥和的情绪基调。有趣的是，李子柒展示的服装不仅仅是那些视频中穿着在身的服装，在很多期有关手工制作主题的视频中，镜头还无意间拍到了她的衣架，各类色彩各异、造型优美的汉服就挂在简易衣挂上，尽管只有少数服装"有幸"被李子柒穿着出镜，但层层叠叠的甚至看不清具体样式的服装堆放在那里已经能够反映出中国传统服饰文化的博大精深，为观众留下了无限的遐想空间。

五、李子柒在海外新媒体平台开展文化传播的效果分析及启示

如前文所述，李子柒在油管平台开展的文化传播活动取得了非常成功的效果。为了进一步深入分析，笔者编写 Python 爬虫程序爬取了前文提到的李子柒从在油管平台开始发布动态以来到 2023 年 1 月最热门的 40 期视频的相关数据，并爬取了这 40 期视频中点赞数、回复数较高的热门评论（由于网站端口的限制，共爬取超过 5 万条热门评论）。为了便于对海外传播实际效果进行精准的词频统计和语义分析，笔者剔除了表情评论以及非英文评论（约 2000 条），最终得到 48602 条评论。通过对这些评论进行分词，继续用 Python 爬虫程序进行词频统计和情感分析，得到了评论的情感分析图，见图 4.1 所示。在全部评论中有约占 81% 的评论呈现正面积极态度，绝大多数观众在李子柒的视频中初步接触到中国文化，并展现出了喜爱之情和进一步了解的热情；约占 16% 的评价是中立评价，没有表现出明显的情感偏好，多为对于视频某些具体内容的客观探讨，或是借由该主题介绍自己本国文化的具体表现；只有占 3% 的评论呈现负面消极态度。可以说李子柒运用视频进行中国文化海外传播取得了非常显著的成效。

评论出现频率较高的词汇中包括能够呈现观众观后行为的动词，如喜欢、热爱、感谢、希望、祝愿、感激、祝福、羡慕、向往等；能够表达出观众评价和基于视频内容产生的情绪感受的形容词，如美丽的、令人惊奇的、不可思议

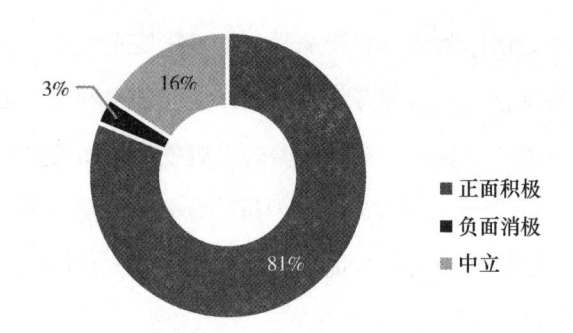

图 4.1　李子柒在油管平台前 40 期热门视频主要评论情感分析图（截至 2023 年 1 月）

的、难以置信、伟大的、快乐的、宁静的、善良的、可爱的、勤劳的、健康的、自然的、美味的、心灵手巧的、放松的、传统的、最喜欢的、不同的等；还包括视频所表达出的文化要素相关名词，如生活、文化、烹饪、食物、田园、艺术、快乐、家庭、方言等。

这些高频词都能够向我们展示出李子柒运用视频进行的文化传播取得的实质性成效，传播者所希望传达出去的信息已经被受众精准地理解。回溯评论，大量的网友表示考虑去中国旅行，想要学中文，希望能够亲身感受中国乡村生活和传统文化，还有很多海外网友坦言通过视频想到了自己的家乡，想到了自己的奶奶和家人，在欣赏视频的过程中得到了精神上的疗愈和放松等。

李子柒在油管平台的最后一条视频投稿名为《我们中国人的开门七件事，柴米油盐酱醋茶》，该视频发布于 2021 年 7 月 14 日，之后由于李子柒与签约公司之间的股权纠纷等问题始终处于停更状态。即便如此，在停更的一年多时间里李子柒仍热度不减，这条视频观看量也达到了 2514 万次，其中一条发布于 2023 年 1 月的留言说："我们很想念你，我们就在这里等你，加油！"这条简短的留言下也得到了很多条回复，基本都传递着对李子柒的想念和对新作品的期待，可见李子柒在视频中展示的中国田园生活与中国传统文化确实吸引了许多外国公众，观看李子柒视频成为他们的习惯，像定期问候老朋友一样成为了生活中不可或缺的一部分。

对于"李子柒现象"，众多官方媒体给予高度评价，《央视新闻》评价李子柒："没有热爱就成不了李子柒，没有热爱也看不懂李子柒。没有一个字夸中国好，但她讲好了中国文化，讲好了中国故事。"《人民日报》说："李子柒的视频不着一个英文字，却圈了无数外国粉，李子柒的样本意义，绝不应被忽视。"新华社评价李子柒："视频素材取材于中国农家的衣食住行，光影之间，却又流动着烟火气和田园气息。乡土生活可感可亲，气质是古典的，而呈现方式又是现代的。"《中国青年报》说："乡村的原生态之美，动人心魄，雨后山林、农耕日常、酿酒品茗，是视频，也是现实。"中国历史研究院评："我们需要更多的'李子柒'，从不同角度、不同侧面，向全世界展示一个富有传统文化内涵的中国。"李子柒用视频作品在海外塑造和传播了中国积极正面的国家形象，有力地更新了海外公众对中国的看法，提高了国际公众对中国和中国文化的认同感，生动显示了利用新媒体平台开展海外文化传播活动的能力与潜力，同样也印证了流传千年的中国传统文化即使在今天仍具有强大的文化感染力与生命力。

李子柒文化传播的成功为中国当代传统文化传播提供了重要启示。

第一，深刻挖掘中国优秀传统文化魅力，坚定文化自信。党的十八大以来，作为进一步增强文化自信、提升综合国力、塑造国家形象的重要举措，中国文化的"走出去"逐渐成为各领域各组织关注的焦点。李子柒用她的成功告诉我们，文化软实力是一个国家基于文化而体现出来的凝聚力、感召力和影响力，而中华优秀传统文化是提高国家文化软实力最深厚的源泉，在文化传播中要深刻地、创新地挖掘传统文化元素，并基于传统文化创造出更多有艺术价值的文化衍生产品，实现传统文化的当代传承。李子柒不仅成功地传播了中国文化，更是成为响亮的文化品牌，将传统文化中的优秀成分与当代日常生活实践有机结合起来，能够更好地实现传统文化从线上到线下，由国内到海外的延伸。而在这个过程中，需要国家制定更加科学化、系统化的文化大战略，在全社会树立文化自信以及对传承中国传统文化的重视，方能为中国传统文化的发展创新和对外传播提供扎实基础、良好环境和舆论氛围。

第二，注重对文化传播人才的发掘和培养。文化传承是一个经历漫长历史沉淀的民族事业，而中国文化的海外传播同样是一项需要长期坚持、全方位谋划以持续推进的事业。在这个过程中需要大量热爱中国文化、熟悉文化传播、擅长跨文化交流的专业人才参与其中。李子柒热爱中国文化，熟悉中国文化，并且在传播中国文化的过程中仍然不断深入学习中国文化，她勤奋、好学、积极、乐观的性格和优雅娴静的气质也成为其在文化传播过程中独具魅力的重要因素。李子柒的中国文化传播主题对于当前新媒体平台的内容选择来说尽管有无限的潜力与魅力，但毫无疑问仍是小众主题，需要富有情感与耐心的深耕，还需要有静待开花结果的勇气。然而，当前像李子柒这样在中国文化海外传播领域兼具情怀、能力和影响力的人才非常稀缺，即便有能力和影响力的海外热门博主也未必愿意选择拍摄中国传统文化传播这样相对冷门、精力投入大且回报周期较长的视频内容，即便有主观意愿也未必和个人特质相符合。面对这一现实困境，就需要国家在各个层面加强对文化海外传播人才的挖掘和培养。在这个过程中，高校可以承担人才培育和输送的重任，切实培养一批熟悉和热爱中国文化、擅长新媒体思维和文化传播技巧、具备一定跨文化交际能力的人才，有计划地塑造中国文化传播的未来之星，同时还需要在国内新媒体平台如哔哩哔哩、抖音、微博等通过文化类专题发现更多优秀文化传播主体，将其引入中国传统文化海外传播队伍，进行更加合理的策划布局与整合，引入不同风格、不同视角的传播主体来讲述中国传统文化之美。但同时要注意，在中国文化的海外传播中，应当鼓励保持个人叙事的形式，发现和培育更加广泛的非政府文化传播主体。

第三，要加深对海外新媒体平台的理解与运用。首先，要对海外新媒体平台的特征和内容推荐机制进行研究，充分掌握海外新媒体平台运营规则，因地制宜、顺势而为，才能为更多的中国文化"走出去"营造有利条件。和国内新媒体平台一样，海外不同新媒体平台有着不同信息偏好的受众，也有独特的信息发布规则与推荐机制，知己知彼方可百战不殆，在当前国际传播中"以不变应万变"就未必奏效。比如，李子柒的 TikTok 账号发布形式也和国内抖音平台一样，一条视频被拆分成多条分别发送，这也是为了符合平台特征和用户读取习惯进行的适当调整，因此，李子柒账号在 TikTok 中也有较好的传播成效。其次，要积极转变思维，借助新媒体平台的技术优势实现信息的双向流通。传播是信息的双向流通过程，新媒体平台赋予了创作者与受众开展实时互动交流的能力，来自受众的评价与反馈无论是积极还是消极，都有助于传播者对传播行为和传播内容进行反思、改进，从而不断创作出更有时代意义、满足受众需求的作品。这种调整不仅能够切实优化传播效果，同时也能给国际公众带来心灵层面的满足感：自己的需求能够被尊重、自己的想法能够被看到，这都能够极大地提升用户黏度，从而更深刻地实现民心相通。最后，要敏锐把握海外公众喜闻乐见的文化内容与文化表现形式，在此基础上不断挖掘中国传统文化和当代文化的内核与魅力，挑选出顺应时代潮流、体现中国特色、蕴含民族精神的优秀传统文化以及充满生机活力、兼容开放多元的中国现代文化进行传承与创新，进而有效提升中国的文化传播力。

第四，基于情感共鸣，持续输出优质文化内容。在进行国际传播尤其是文化传播时，尽管对于文化本身的概念阐释、历史渊源和变迁历程的介绍也非常重要，但同样也不免因文化内涵之丰富而显得艰深晦涩、难以体会。然而，情感是全世界共通的，是有温度的，忽略情感因素在打动国外民众、塑造心理认同方面的优势必将带来文化传播的失败。食物是人类文明永恒的话题，美食文化是让不同文化相互吸引、相互包容的重要元素，而对田园生活的向往、对家人的浓厚情感、对故土的归属和守望更是人类社会的文明特征。李子柒的视频从田园生活的静谧悠闲，到制作美食的精致诱人，再到与亲人朋友共享欢乐和睦的亲情时刻，这些都是人类对简单纯粹的自然生活以及温暖愉悦的情感体验的共性追求，能引起不同国家、民族人民的情感共鸣。尽管不同文化间的具体表现各有不同，但全球不同文化之间都是平等互鉴、不分优劣的，李子柒的作品努力地包容了不同文化间的差异，致力于展现情感价值的共通之处，潜移默化中让国际受众了解到"中国文化也是能够为我提供舒适感受和温暖情感体验的优秀文化，它既不遥远也不陌生"，从而一步步吸引着海外公众进一步认识中国、了解中国、靠近中国。同时，要始终坚持"内容为王"，不断深耕内容，保证内容生产的原创性与高水准，找寻到更多与生活息息相关的传统文化阐述视角与象征符号，用具象的文化表现代替抽象的文化阐释。推动更多自媒体人积极开拓，走出传统的宏大的国家叙事，走进寻常百姓家，从美好的日常生活点滴出发，让世界更好地听见中国声音，见证中国文化魅力。

第五章　中国新媒体公共外交中国际传播发展策略选择

　　当前世界正在全方位进入百年未有之大变局，"和平发展"是当今世界各国亟需的公共产品。2021年5月31日，习近平总书记在第十九届中共中央政治局第三十次集体学习时，就加强我国国际传播能力建设发表重要讲话指出，我国日益走近世界舞台中央，有能力也有责任在全球事务中发挥更大作用，同各国一道为解决全人类问题作出更大贡献。中国作为负责任大国，长期坚定秉持的外交理念是超越国家利益、追求人类共同利益、促进世界和平发展，因此，我国的新媒体公共外交一方面需要充分运用国际传播手段向世界各国及其公众传播中国优秀文化，阐明中国和平发展观，从而积极塑造国家形象；另一方面也需承担起促进民心相通的终极使命与根本价值。这一发展目标不仅是中国不断提高国际影响力、话语权的内在需求，同时也是促进世界各国包容对话、和平发展的重要保障。

　　从本书大量案例中，我们可以看到愈发多元的主体借助新媒体平台传播优势加入到公共外交活动中，从不同视角扮演着国家形象的塑造者与传播者的角色，过去政府及专业媒体人主导的传播格局已经被大幅拓展，逐渐转变为政府、媒体、企业、社会组织、个人等传播主体在新媒体平台上鼓乐齐鸣、万众参与的新型格局。从积极的角度看，这些传播主体的多元化拓展毫无疑问会使公共外交维度与层级更加丰富，能够触及更广泛多元的国际受众。同时，其传播内容也更为丰富，使得国际传播图景变得更加生动立体、触动人心，更接近民心相通这一公共外交目标的达成。

但同时我们也应当注意到，这种"万众皆媒"的局面也使得公共外交活动开展路径更趋复杂，难以进行整齐划一的规范与管理，其效果也变得更加不可预测，这都为新媒体公共外交系统策略的构建增加了难度。习近平总书记在党的十九大报告中指出，要坚持正确舆论导向，高度重视传播手段建设和创新，提高新闻舆论传播力、引导力、影响力、公信力。这"四力"充分融入在传播链条的各个环节中，在传播主体、传播内容、传播渠道、传播效果中都有所体现。据此，提高"四力"也为新媒体公共外交中传播主体如何开展对外传播行动指明了发展方向，明确了行动着力点。

一、提升中国新媒体公共外交传播力的策略建议

传播力顾名思义就是实现有效传播的能力，也有学者将国际传播中的传播力定义为政府、媒体、组织、个人等多元主体向国外传递信息，或让他人能共享信息的能力，也有学者将其概括为把新闻舆论传递扩散出去的能力。在国内学界与业界关于传播理论与实践的长期积极探索中，传播力的概念不断深化。目前主要存在两方面的争论：其一是侧重衡量传播的能力，侧重于评估传播能否符合硬件基础以及触及目标设定的传播范围，强调传播力强不仅意味着有能力将信息传出去，而且意味着传播范围需要达到足够的广度，触及人群达到足够的规模；其二是侧重传播的效力，是从具体传播效果来衡量媒体是否将特定传播内容精确无误地传达至特定对象并取得预期传播效果。然而，这两种评价标准事实上皆有不足之处，能力与效果也不应当作为传播主体非此即彼的选择，应当既重视传播能力的基础建设，又把对效果的追求融合其中。据此，程

曼丽提出，对传播力的衡量应当通过对传播主体以及其采取的传播手段作用于传播客体所产生的影响进行综合的分析获得。简而言之，所谓传播力就是传播主体充分利用各种手段从而实现有效传播的能力。[1]

从地位上看，提升传播主体的传播力是其他能力的发展基础，有较高的传播力方可产生对传播受众理念思维与实践行动的引导力和影响力，进而形成公信力。从传播力的构成要素来看，传播主体角度主要包括传播队伍人才质量、硬件基础设施建设水平、软件的信息加工及制作能力、高新技术传播装备水平、传播主体间的系统协调能力等；从传播内容来看，包括传播信息的加工水平、信息投放数量、精准传播质量、传播速度、抵达率等；从传播对象角度看，包括用户规模、用户层级结构、覆盖率等；从传播渠道看，包括传统媒体与新媒体平台的渠道拓展实力、与国际知名媒体的战略合作达成情况等。

（一）提升主体传播力的策略

第一，要使不同维度公共外交传播主体实现对国际传播目标的共识，积极加强自身能力建设，运用有效手段及途径提升触及更广泛的国际公众的能力，并且培养针对不同国家国际公众的特质采取更有针对性的传播行为的先进意识。

第二，不同传播主体之间应当结合主体属性进行科学、有序的功能划分，进一步规范各传播主体的规则意识及行动边界，基于各自优势加强配合，为了实现公共外交目标共同唱响和谐旋律。这些同时也是未来新媒体公共外交主体维度亟须构划并突破的难点。

第三，各个层次的传播主体必须着实提高自身的建设水平，有能力触及更广泛的国际公众，同时通过精准定位，按照传播对象的不同进行量体裁衣式的精准传播，在传播内容安排上紧贴传播对象现实及情感需求。有能力设计和制

---

[1] 程曼丽：《北大新闻与传播评论》，北京大学出版社2012年版，第27页。

作出符合传播对象群体发展趋势的传播作品,并选用最适当的语言符号、呈现方式、价值蕴含将传播内容展示出去,同时关注传播对象的反馈并进行及时调整,这样方能将传播能力与传播效果结合起来,真正实现传播力的提升。

第四,要进一步强化主流媒体的传播力。进入互联网时代后,国际传播呈现出了一定程度的无序化、低端化、情绪化等问题。曾经拥有最多传播力资源,具备专业资格,能够供应最有价值信息的主流媒体平台在各类复杂信息的挑战下日渐式微。在这样的背景下,主流媒体应当积极调适转型,在更加深入地理解技术发展趋势的同时,转变传播思维,向优秀的非主流媒体借鉴其有益成分,在新媒体时代抢占舆论高地,着实提高传播力,从而解决社会整体传播力发展不平衡不充分的问题。

(二)提升内容传播力的策略

第一,传播内容要尊重国际受众需求。首先,为了保证传播主体对传播对象的信息传播顺畅,要尊重国际受众不同的信息获取习惯,用受众喜闻乐见的方式传播信息。各类国际新媒体平台发展方兴未艾,极大地拓展了新媒体公共外交主体传播活动的空间,许多国际新媒体平台有力地破除了以往国际传播主体的"落地困境",具备更加丰富便捷的渠道触及更广泛的国际公众,而主要的提升空间就落在对传播效果的切实追求与强化方面。因此其次,要深刻把握受众的信息需求。优秀的公共外交主体在运用新媒体平台开展公共外交活动时,能够敏锐把握受众脉搏,不光来到国际公众眼前,更是在频繁的互动交往中走入国际公众的心中。

第二,要始终紧密围绕大国形象这一核心价值进行内容设置与编排。习近平总书记在第十八届中共中央政治局第十二次集体学习时提出了文明大国、东方大国、负责任大国、社会主义大国这四个"大国形象",为我国国家形象塑造与传播提出了更为具体、明确的行动指引,让所有零散的信息共同归于一条一脉相承的主线。不同信息传播内容或许有丰富多彩的形式,但如果缺失一条牢固的内核主线则会使各类主体发布的信息变得杂乱无章，各自为战，难以形成聚合的传播力。历史底蕴深厚、各民族多元一体、文化多样和谐的文明大国形象，政治清明、经济发展、文化繁荣、社会稳定、人民团结、山河秀美的东方大国形象，坚持和平发展、促进共同发展、维护国际公平正义、为人类作出贡献的负责任大国形象，对外更加开放、更加具有亲和力、充满希望、充满活力的社会主义大国形象这四个形象构成了新时代中国大国形象的四个维度，涵盖文化、社会、外交和制度四个层面。这四个"大国形象"极具战略性、前瞻性与概括性，可以说关于中国故事的演绎都可从这四个视角入手，在呈现形式多姿多彩的同时，又有清晰、稳固的逻辑主线，更能产生传播力。

第三，要积极运用中华传统文化的传播力。自16世纪末，以经史子集等诸子百家作品为代表的中华传统文化典籍开始被陆续译介至国外，距今已有500多年的历史。进入近代以来，辜鸿铭、林语堂、许渊冲等一大批学者也在积极推动中华文化经典走向世界。这些传统文化经典既是中华传统文化的瑰宝和不竭的精神力量，同时更是世界文明多样性的重要组成部分。中华传统文化向外传播的过程也同时伴随着中国国家形象的塑造与传播，对周边国家乃至世界不断产生着深刻影响。在新媒体时代，传播主体在进行内容设计时要充分借助中华文明典籍开展叙事和传播，充分展现其内在深厚的底蕴从而让优秀传统文化焕发活力与魅力，敏锐把握国际公众对于中华文化中最感兴趣、最关注的内容，创造更具影响力的文化产品，总结中华文化国际传播的规律，梳理典籍中的文明理念，细致甄别文化误读和文化折扣现象，进一步通过文化引导国际受众对中国的认知与理解，从而提升传播内容的传播力。

（三）提升渠道传播力的策略

第一，要积极推进各类媒体平台的融合式、一体化发展，做到在全媒体传播格局中不缺位、有作为。当前各类新媒体平台因其触及传播公众的频度、范围与速率优势，已经成为各类公共外交主体积极进入的全新外交平台，而这又与传播力的切实提升密不可分。要在新媒体时代的国际传播中积极发展，就要在保持传统媒体优势的同时深入理解平台，转换思维与信息制作视角，理解平台的信息推荐算法，不仅要在具有国际影响力的新媒体平台中占有一席之地，同时也要用更具特色优势的信息内容吸纳忠实粉丝，实现内容切实的传播实效。同时，中国也应当加强建设更加具有国际传播力的新媒体平台。当前在油管、推特、脸书等新媒体平台中，中国各类公共外交主体已经开始布局并取得一系列积极成效，但说到底，当前我们仍是在以美国为首的西方国家所搭建的平台上开展传播，因而其长远发展必然会受到一系列出于政治目的而针对中国的平台传播管理政策的制约与限制。要想真正提高传播力从而实现国际传播的自主发展，中国应当着力创建并推广具有国际影响力的本土新媒体平台，在其中合理融入我国传播的主流思维与理念的同时，吸纳各国公共外交主体与客体在此互动，如此才能够真正彰显中国的传播实力，实现渠道的深度拓展，从而有力提升中国渠道传播力。

第二，要深刻领会数字时代下运用"人文+科技"赋能中国国际传播力提升。当前，各类大数据、云计算、人工智能、虚拟现实技术、5G技术等新技术已经被充分运用于国际传播领域，在发挥市场驱动力和文化产业活力的基础上形成国家形象对外传播新格局，加之各类人工智能技术如ChatGPT技术的快速涌现，正在使我们刚刚适应的传播技术环境发生巨变。可以说在传播力的提升方面又有源源不断的辅助力量涌入其中，能否深刻理解和预见技术变革对国际传播可能带来的影响，将直接决定我国能否在未来一段激荡时期中在国际传播领域找准阵地、精准发力、站稳脚跟。因此，我国应当在传播渠道拓展中积极捕捉先进技术的发展方向，提前布局，提升变革意识和创新能力，将中华文化的优秀内容和精神内核与最新信息技术相结合，共享技术时代的发展红利，在提升渠道传播力的同时，也能更加透彻、精准地展现中国历史底蕴深厚、各民族多元一体、文化多样和谐的文明大国形象和更加开放、更加具有亲和力、充满希望、充满活力的社会主义大国形象。

二、提升中国新媒体公共外交引导力的策略建议

伴随着新媒体技术的不断发展，一方面，"万众皆媒"的局面能够为传播主体提供广泛的发声机会，另一方面，在"雄辩胜于事实"、信息过载、流量为王的后真相时代，解读的声音与视角过多、各国政治立场裹挟都带来了认知现实的乱象，使传播主体的传播活动容易受到更多误解与误读，这些都考验着国际传播中传播主体舆论引导力的水平。引导力是新闻舆论引领人、指导人的力量，是引领和疏导舆论，使之朝着预期方向运动发展的能力，强调传播主体引领传播对象在各类纷杂信息中破除迷雾、拨云见日、明晰方向的能力。当前，引导力的来源已经不再单纯依赖媒体的权威性身份，而与传播主体的传播力、公信力和影响力息息相关。

具体来看，引导力的构成要素包括如下内容：从传播主体角度看，包括信息传播者的身份定位、权威性、专业性、引导手段与方式等；从传播内容角度看，包括信息发布的专业视角、佐证材料、报道时间等；从传播对象的角度看，包括被传播对象的体量规模、知识层次、主观意愿等；从传播渠道的角度看，包括传播信息发布的平台、传播语言组织、态度倾向等。

（一）提升主体引导力的策略

第一，传播主体首先需要有获得广泛、大量一手信息的能力，直触信息源能够为传播主体厘清事实、追踪事件从而澄清观点提供可靠基础。在进行新媒体传播时，要紧跟国内国际重大事件，不能缺席缺位，坚守传播主体的使命担当，负责任、有理有据地表达和申明观点，切忌落入"事实不足而观点过剩"的传播困境。

第二，传播主体应当成为后真相时代拨云见日的引路人。对于广泛驳杂的信息源，国际公众选择看到某个传播主体的信息是一回事，认同并信任某些传

播主体发布的信息又是另一回事。兼听则明，在对传播对象的自由选择中，仅仅成为其中的一个无足轻重的选项对于传播主体引导力提升极为不利。传播主体不妨提前为传播对象做好信息梳理，让兼听则明成为传播主体而非受众的责任，再把多层次多维度加工凝练后的信息客观、理性地呈现出来，这样更容易在阐述大量事实的基础上融入传播主体的观点，并引导公众形成某一特定认知结果。

第三，所谓引导必然要有方向性的概念，要明确引导公众朝向具体目标。无论新媒体公共外交主体的性质是政府、企业、社会组织、媒体还是个人，都应当牢记"围绕中心，服务大局"这个根本使命，失去了对公共外交核心目标这个中心与大局的专注，公共外交主体的全部行动就会显得没有章法且零散杂乱，更毋谈提升引导力了。对于新媒体公共外交来说，阐明外交立场、传播本国文化价值理念、增进跨国互动、塑造国家形象等公共外交目标的实现应当是各类传播主体共同的追求，应当从不同的维度和视角共同为这一目标服务，形成稳定、持久、扎实的合力，才能在纷繁复杂的传播格局中守住传播主线，从而形成坚实的引导力。

（二）提升内容引导力的策略

第一，在传播内容上应当具有吸引力，要紧密围绕国际公众关心关注的时事热点事件。传播内容选取上应当符合国际公众的信息偏好，倡导创新，规避内容、视角、主题、语言千篇一律的程式化报道，应当做好具有新意的、国际受众喜闻乐见的新闻报道，多些生活中的鲜活事例以及符合人性需求的精彩故事。例如，50多岁的地地道道的中国匠人易洛满，自称"满叔叔"，他用短视频的方式沉浸式展示自己神乎其技的木工手艺，包括徒手画框线，膝盖拉卷尺，手工砍出严丝合缝的榫卯结构，连削出的木花都厚薄均匀。这些技艺都展示了中国手工艺人的匠心和中国木工工艺的博大精深。他的手黝黑粗糙、指节粗大，制作环境也昏暗简陋，但视频中每个木工作品所展现出的严谨而精确的美感却深深吸引和触动着国内外公众。"满叔叔"不仅做木工手到擒来，还能雕刻、墙绘、写大字、画年画，给人美的体验和感受。易洛满的视频被搬运至短视频平台 TikTok 后快速爆火，在短短几个月间，视频累计播放量就达到了千万级别，外国公众还在留言中写下"黄金之手""这是年轻工匠的榜样"等超高评价，深深被其精湛技艺所折服。另一位同样拥有精湛手工技艺的匠人潘云峰，其制作各类竹编制品的视频在被网友发布在 TikTok 平台后播放量超过一亿。这种具有新意又符合人性需求的中国故事在吸引公众的同时，还能在无形中引导国内外受众对中国人勤劳、智慧的形象和中国手工艺文化的博大精深产生更加深刻的认知与更加深远的遐想。

第二，在传播内容上应当具有说服力。由于新媒体时代里的传播受众具有更加便捷地获取海量信息的能力，因此对传播内容的真伪和其中蕴含的态度引导具有更加敏锐的感知和反应。比如，常见的为了博眼球的标题党、脱离生活实际的虚假浮夸报道、为了蹭实时热度进行的"生硬造梗"等行为，都极大地削弱了各类传播内容的引导力。在这一背景下，传播内容当中所蕴含的理性就成了决定国际传播能否产生引导力的关键。在传播内容编排上，应多些循循善诱、春风化雨式的报道，将事实呈现给传播对象。留给传播对象一定的遐想空间，让传播对象运用自己的经验与思考对事实背后的延伸内容产生无偏差的共识，而非把所有结论都用直白、"灌输"的方式陈述出来，以免招致传播对象的抵触和反感。此外，还要多传播有理有据、平实亲切的信息，用科学严谨、富含思想内涵的方式将信息呈现出来，规避那些堆砌概念、叠床架屋的抽象解释和生搬硬套、照抄文件的空泛说教。在跨文化传播中，要用传播对象能够理解和感知的方式传播信息，注重不同文化圈层中"共情"的力量，让来自外部的陌生文化在受众自己的情感结构中可知可感，这样他们才能够被感染、被说服，从而被引导。

第三，传播内容应当具有带动力。身教胜于言传，传播内容应当是具体行动的客观呈现与真实反映。在传播内容的选择上，要用真实案例将传播内容体现在行动上，规避各类宣传、号召、表态等内容空泛的信息，深入百姓生活，回应现实问题，避免行动与宣传不符。同时，要积极弘扬正能量。在国际传播中，无论是来自哪个国家或文化圈层的公众都会对那些能激发人理解生活、热爱生活、可以汲取信心和力量的正能量信息高度关注，这种正能量也能够带动传播对象积极效仿，形成更强的引导力。例如，在2023年3月召开的国际传播协同协作工作会上，由中国外文出版发行事业局指导、当代中国与世界研究院《对外传播》杂志社评选的"2022年度对外传播十大优秀案例"揭晓，《促进"Z世代"文化交流 传播中华优秀传统文化——重庆开展"亚欧青少年自然探索大赛"的探索与思考》成为优秀案例之一。这一案例以自然探索为主题，通过引导重庆和亚欧国家青少年走进自己的家乡或是就近来到其他乡村，亲身探索接触花草树木，体验自然，感受万物。他们走进多个自然保护区、植物园以及亚欧地区的山川河流进行实地探访，并将其见闻以照片、视频、日记、标本等形式记录下来，相互分享。该活动主要针对"Z世代"受众特点，精准发力，良性互动，引导中外这一年龄层的青少年营造情感共通性与身份共在性，在更加广泛的国际交流实践中增进中外青少年的友谊和文化认同，领略自然之美，感悟文化之美，更好地展现富有亲和力与活力的中国国家形象。同时，基于这一富有正能量的传播主题，让魅力自然涵养中外青少年共同的绿色梦想，培育共建美丽世界的友谊的种子，形成对国际公众的积极带动力。

（三）提升渠道引导力的策略

第一，提高引导力，离不开客观事实、深刻道理，而且还需要引导模式的创新和引人入胜的表现手段。因此，基于精准的用户画像实施更有针对性的个性化引导显得尤为重要。年龄层次、民族性格、文化背景、传播环境等都对传播对象有深刻影响。在进行具体的传播活动之前，清晰明确地了解传播受众，分析其特点、不同分众之间的差异所在，就决定了采用哪些方式进行引导会产生积极成效。有的分众更倾向于依赖传播主体的权威性身份而受到引导，那么就要通过强化信息传播主体的官方属性或业界权威身份来进行信息传播，同时采用更加客观权威的叙事方式，用大量数字与实例进行符合逻辑的专业归纳演绎，从而提高引导力。有的分众更倾向于平等式信息传播，信息发布者就应当积极营造与用户平等对话的机会与氛围，尽量贴近用户惯用的话语风格和思维逻辑，用投票、问答等互动方式强化传播主体与传播对象的互动交流，让用户深刻体会到自身意见在信息产出中发挥的作用，从而提升信任感与亲切感，潜移默化、有的放矢地发挥引导作用。

第二，在渠道选择上，要加强不同传播平台的整合发展，凝心聚力提升引导力。由于新媒体平台的准入门槛较低，任何公共外交主体都可以轻松便捷地开设传播账号，但账号多并不意味着引导力强，更需要进行科学设计与分工，让同一媒体平台的不同账号之间形成良性互动、优势互补、各司其职的账号矩阵。同时，还要加强不同平台账号之间的引流，运用各类媒体技术使各个渠道整齐划一地围绕着统一目标同向而行，引导和加深传播对象的认知与理解。

第三，在选择适当的国际传播渠道时，由于各个国家与民族之间都存在普遍的文化异质性，甚至在同一国家与民族中也存在着不同文化，彼此间的差异甚至可以视作鸿沟，对于国际传播对象个体，也同样需要采取不同的引导策略方可提升引导力。因此，既要在同一文化圈层中选用适合某一特质文化的传播途径，也要充分应用平台算法，对每个差异化用户的信息获取方式和内容需求有精确地了解，尽可能掌握个体用户的价值观念及偏好，发掘易于被国际受众接受并且理解的，具备中国价值观的传播内容，从而提升引导力。

三、提升中国新媒体公共外交影响力的策略建议

从本质上看，影响力是一种用他人愿意接受的方式改变他人的思想和行为的能力。而国际传播中的影响力，是指传播主体能够触动乃至改变国际公众思想、行为、态度等的能力。影响力的大小当然会受到传播力大小的影响，但也

并不完全呈线性相关。"愿意接受"即思想认同是提升影响力的关键，而认同的产生则需要建立在国际传播对象接触到、理解传播主体传达信息的基础上。当然，这种影响力也可以有所迁移，比如某些领域中存在的颇具口碑、威望和影响力的权威人士，借由其个人的影响力也可以使其传播的信息更具影响力。

从影响力的构成要素来看，在传播主体层面包括主体身份属性、口碑与威望，在传播内容层面包括信息的权威性、价值含量、科学性、现实适用性等，在传播对象层面包括被传播对象的覆盖广度、影响强度、深度及时间长度等，在传播渠道层面包括传播平台覆盖范围、用户数量、渠道热度、传播者采用的影响方式和手段等。

传播影响力的最核心要素是传播受众的反馈。首先要看受众在得到信息后有无反馈，其次是在行为上做出了怎样的反馈，是否在行动上表现出点赞、转发、引用、评论等，以及是否在情感上表现出认同、怀疑、否定、积极、消极等。在之前的案例中我们详细描述过某些传播主体在新媒体平台中的粉丝数量及粉丝的主要评论及主流态度，这些数据和观点都可以成为衡量传播主体影响力的重要标准，表明了受众在多大程度上受到影响并愿意持续受其影响。当前中国新媒体公共外交还应当在整个国际传播过程中紧紧围绕中国公共外交目标深耕细作，充分发挥自身优势硬核切实开展具有影响力的传播活动。

（一）提升主体影响力的策略

第一，提升公共外交主体影响力要加强构建战略体系。战略体系是一种细化、精准的顶层设计，强调方案的科学性与系统性。公共外交主体之间要围绕公共外交目标加强统筹协调，以实现不同维度、层级、领域的联动传播。在这个过程中，国家级通讯社、国家级广播电视台、中央报刊、国家级专业国际传播机构，以及具有国际传播职能的智库和拥有国际影响力的文化产业集团等主体，需要思考如何深度转型与融合的问题。而新媒体则需要侧重于平衡营销与治理的关系，在提升市场价值和探索营销策略的同时，坚持对公共外交核心价值的追求和对道德责任的坚守。

第二，要不断加强中国国际传播主体与国际主流媒体的对接，积极提升中国媒体信息源的国际传播采纳率。前文笔者详细论述过中国当前的国际传播仍然处于"西强东弱"的国际传播格局当中，中国发声的可见度和影响力较之其他具有先发优势的美西方国家仍然有很大现实差距。在针对中美贸易摩擦和气候环境保护等热门议题上，具有影响力的国际媒体肆意解读中国立场，极少引用中国媒体的报道，旨在遮蔽来自中国的消息源。2016年2月，习近平总书记在党的新闻舆论工作座谈会上发表重要讲话指出：要加强国际传播能力建设，增强国际话语权，集中讲好中国故事，同时优化战略布局，着力打造具有较强国际影响的外宣旗舰媒体。① 此外，我们也可以分析在国际传播领域有哪些具有较大影响力且态度客观中立的国际传媒，并积极加强与这些媒体的战略合作，借助其国际影响力转载和援引中国传播主体的信息源，循序渐进地将中国传播主体引荐到国际受众面前，进而提升中国传播主体的影响力。

第三，新媒体公共外交多元主体还应当持续提高国际影响力。当今各种非官方主体已经通过各类新媒体平台以自媒体形式充分参与到公共外交和国际传播活动当中，通过展示日常生活、风俗人情、民间故事向海外受众讲述贴近生活的中国故事，并和国际受众开展积极互动，成为了构建和传播立体国家形象的有效方式，在某些具体领域产生了极大的国际影响力与积极反响。但同时，我们也不能一以概之地认为传播主体的非官方身份就一定会提高传播效果。从本质上说，传播效果和许多传播要素息息相关，无论主体属性如何都有把握传播规律开展有效传播的可能，官方传播主体如果能将叙事视角下沉至日常生活细节，用更加平民化、接地气、符合国际受众情感需求的方式开展传播，也同样会有极好的传播效果，进而提升影响力。

中国在这方面也不乏优秀案例，例如2021年6月，"中国珠宝"品牌获第

---

① 习近平：《习近平谈治国理政》第二卷，外文出版社2017年版，第333页。

21届IAI传鉴国际广告奖"年度最具影响力品牌"称号,品牌广告片《人生的珠宝盒》《匠人的一生》从3083件作品中脱颖而出,分别获得"影视丨宣传片"类银奖、铜奖。其中,2020年1月推出的《人生的珠宝盒》广告片曾获2020年金狮国际广告影片"最佳形象宣传片"铜奖、"服装配饰类最佳广告影片"铜奖两大奖项。广告片以具有特殊意义的珠宝盒为线索,细腻而温情地串联起中国家庭三代人,讲述了母亲与女儿爱的延续与文化的传承,表达了家庭—亲情—文化这一中国故事中不可或缺的一环,能够唤起各国公众的广泛共鸣,对国际公众产生更加深刻的影响。

(二)提升内容影响力的策略

第一,积极借助中国优秀传统文化的国际影响力开展国际传播活动。党的二十大报告中提到的"传承中华优秀传统文化……不断提升国家文化软实力和中华文化影响力","增强中华文明传播力影响力,坚守中华文化立场,讲好中国故事、传播好中国声音,展现可信、可爱、可敬的中国形象,推动中华文化更好走向世界",能够为新媒体公共外交主体切实提升影响力指明方向。要用优秀中华文化作为传播主体的价值内核,积极向外传播中华文明。实现这一目标要以深刻理解和把握中华文明内核为基础,以此沟通全人类共同价值和共通情感。使国际受众在和中国公共外交主体互动的过程中,潜移默化地理解和接受中华文明,在理解中国的同时理解世界多元文化,在理解世界的同时了解中华文明的兼容并蓄。

第二,将旨在促进国际公众沟通与交流的全球新闻作为内容建设的努力方向。在未来的国际传播中,国家之间、媒体之间的国际合作将更加广泛且深入,加强国际传播的目标将不再停留于衡量一国国际话语权和国家形象的维度,而更多地致力于贡献全球知识共享、推动人类社会的共同进步这一长期目标。在内容制作上要具备更具包容性与全局性的国际视野,始终保持高品质信息制作,塑造良好的品质口碑,不断挖掘传播内容的思想深度和内涵密度。以中央广播电视总台为例,总台建设成立后,与包括今日俄罗斯国际通讯社、全俄国家电视广播公司、俄罗斯报社、RT电视台、塔斯社等在内的俄罗斯中央及地方媒体展开了多层次合作,共同扩大传播影响力。合作重点不仅包括共同增加新闻播报数量,共建新闻客户端、社交媒体以及互联网等新媒体平台,还包括在内容上的联合制作,例如共同组建国际评论员工作小组,并在"中俄头条"建立品牌评论栏目等,这些都体现了中国国际传播主体借助新媒体平台打造全球新闻,提升国际影响力的切实努力。

第三,在传播内容上要关注全人类的共性关切。能够回应国际公众核心关切的议题更容易获得广泛的影响力。一直以来,和平发展是中国外交面向世界传递的核心信息,我国政府首脑在不同外交场合、面向不同区域、向不同公众承诺的中国的和平发展观能够为国际公众理解中国立场、赋予中国传播主体更大的话语影响力提供有力基础。同时,围绕"和平发展"这一核心主题,中国针对不同的传播对象亦有表述上的调整。如2013年6月,习近平主席在会见时任联合国秘书长潘基文时表达了对联合国作为的期待,强调了中国担当。他指出,联合国要抓住和平与发展的主题,高举公平正义的旗帜,讲公道话,办公道事。① 面向俄罗斯和美国这两个与中国发展密切相关的大国,习近平主席表达了有差别的两国关系建设方向与寻求共同发展、共同维护世界和平的美好愿景:对于俄罗斯,中国期待一个高水平、强有力的中俄关系,不仅符合中俄双方利益,也是维护国际战略平衡和世界和平稳定的重要保障;对于美国,中国期待中美走出一条不同于历史上大国冲突对抗的新路。面向欧洲,习近平主席表示希望同欧洲朋友一道,在亚欧大陆架起一座友谊和合作之桥,共同努力建造和平、增长、改革、文明四座桥梁,建设更具全球影响力的中欧全面战略伙伴关系。面向亚非拉发展中国家,习近平主席表达的愿景是延续传统友谊、创新合作模式、促进共同发展,希望中国的发展更多惠及发展中国家。和平发展

---

① 《走出一条和衷共济、合作共赢的新路子》,中国共产党新闻网,2015年7月21日,http://cpc.people.com.cn/xuexi/n/2015/0721/c397563-27337512.html。

是国际传播歌颂的永恒主题，抓住这一主题就把握住了最具有国际道义、能够与世界人民共情的倡议，不仅这一内容本身具有强大影响力，同时也能赋予传播主体更大的影响力。

（三）提升渠道影响力的策略

第一，新媒体时代下，传播对象呈现出更加个性化、圈层化、信息传播内容碎片化、分散化的特征，在这样的情况下，提高传播渠道影响力绝非一蹴而就之功。应当从不同的传播平台入手，分析其平台用户特征，关注平台用户在内容、时长、主题、编播方式等要素上的偏好，有针对性地利用平台推荐算法，先打入其中某一个圈层，在某一特定领域具有影响力，进而依靠用户的传播效应不断扩大影响力至其他圈层，在尽可能多的圈子中提升可见度与美誉度的基础上，影响整个受众群体。例如，李子柒在微博平台也是被首先列于"田园生活家"栏目之中，一方面能够实现对各类精品内容进行精准归类，另一方面也能够借助该平台整合各类田园生活相关领域的博主资源，实现博主间相互引流，进而形成系统化的传播布局，在影响力提高之后再进入其他文化圈层，最终形成最大化的影响力。

第二，在传播方式上注重影响力的广度、深度与影响时间长度的综合性指标。有趣的是，点击量大不等于影响力大，传播影响力的广度、深度、长度通常是此消彼长的关系，如果传播信息对用户影响范围广、触动和影响大、行为改变时间效度长，即广度、深度及长度兼而有之才算真正意义上的影响力大。新媒体国际传播能够引发高度关注的爆炸性新闻，通常在一段时间内的指数级传播期结束后就会失去长期影响力，而通常能够长期深刻地影响传播受众的信息又无法成为各国公众价值体系中的最大公约数，仅在文化共鸣强烈的国家或地区长期传播，传播广度又不够，无法实现大众化的影响扩展。因此，在建立覆盖广泛的传播矩阵的基础上，还要敏锐捕捉国际公众能够共同理解的文化，积极吸收借鉴世界各国优秀文化，结合这些国家的文化产业发展战略、配套机制、经济扶持、法律保障等要素，持续推出具有更高质量的系列文化产品，建立长期有效的传播影响力。

第三，充分发挥华侨华人在国际传播中的影响力。在跨文化传播中，由于文化长期形成路径上的差异，不同文化内涵也存在极大的异质性。在国际传播中，更多国际公众是通过并不深刻了解所述国家文化内核的国际媒体进行的"他塑"来理解某一国家形象的。对于中国来说，我们有大量遍布世界的华侨华人，这些华侨华人本身就是提高中国国际传播影响力的宝贵资源与独特优势，可以成为塑造中国国家形象、传播中国优秀文化的桥梁，以中国IP传播载体的身份讲好中国故事、传播好中国声音。华侨华人尽管身处海外，但骨子里的中国血脉基因使他们相对于其他国际公众更了解中国文化，并能够基于自身经历和体验更为深刻地观察和剖析中外文化之间的异同。而在不同文化影响下的他们，又对异质文化间互相碰撞、相互融合的关系有更好的应对策略和理解路径，能够为国际传播主体开展跨文化交流提供更有助益的发展对策。华侨华人尤其是新侨群体是伴随互联网技术发展而出生成长的一代，在新媒体公共外交中能够熟练、自如地运用各类新媒体平台展示中国文化，同时又能推进来自不同国家和文化圈层公众之间的交流与传播，起到"以侨为桥"的显著效果。例如，新媒体平台中有大量青年华侨华人展示中国音乐文化、茶道文化、汉服文化、美食文化，同时又能够熟练运用外语对这些文化进行深刻解读，并将其与对方文化中类似要素进行比对，从而更深入地影响更多的海外青年和有同样爱好的群体。

四、提升中国新媒体公共外交公信力的策略建议

公信力本质上就是使公众信任的力量，是新闻舆论在赢得公众认可、信任方面所具有的力量或能力，是传播主体长期发展积累的宝贵的无形资产，也是传播主体在提高自身传播力、影响力与引导力后以期实现的终极目标。

黄晓芳在《公信力与媒介的权威性》中，将公信力定义为：媒介在长期的发展中日积月累而形成，在社会中有广泛的权威性和信誉度，在受众中有深远影响的媒介自身魅力。① 尽管这篇文章囿于研究时间的局限性从而更侧重于对传播的现象描述，但这一定义相对准确地把握了公信力形成绝非一朝一夕，需要相当长期的努力和坚守方可实现这一特征，同时从权威性、信誉度、影响力等角度阐释公信力，是新闻传播学界较早提出的明确概念。之后，更多学者开始从传播对象视角出发研究媒介公信力，如郑保卫、唐远清在其论文《试论新闻传媒的公信力》中，将新闻传媒的公信力定义为：新闻传媒能够获得受众信任的能力，反映了新闻传媒以新闻报道为主体的信息产品被受众认可、信任乃至赞美的程度。②

公信力的核心在于"信"，体现的是传播受众对传播主体的信任与信赖，建立在受众对媒体长期的信用体验和认定的基础上。各类传播主体不断发展和竞争本质上就是争夺受众信赖的战争，因此公信力也成为了评价传播主体行为效果的最核心指标。公信力的构成要素包括以下方面：从传播主体层面看，包括传播主体在开展传播时是否始终具备诚实、勇敢、严谨、公正等特质，是否长期保持高质量传播的口碑与声誉；从传播内容层面看，包括传播内容来源是否真实、可靠，信息内容是否客观、全面，权威国际媒体转载和援引量等；从传播对象层面看，包括对传播主体及传播内容的认同度、采信度、依赖度、忠诚度等；从传播渠道层面看，包括是否运用严谨、科学的研究方法，理性、客观、由浅入深地引导传播对象加以思考等。要切实提高传播主体的公信力，需要着力提升传播力、引导力及影响力，在前面"三力"得以实现之后，公信力往往也就水到渠成了。

---

① 黄晓芳：《公信力与媒介的权威性》，《电视研究》1999 年第 11 期。
② 郑保卫、唐远清：《试论新闻传媒的公信力》，《新闻爱好者》2004 年第 3 期。

(一) 提升主体公信力的策略

第一，传播主体要始终保持职业操守，强化真实性的底线思维。"要根据事实来描写事实，不能根据希望来描写事实"是马克思主义新闻观的重要论述，揭示了传播的核心规律，即真实性是传播主体公信力的基础与价值源泉，这一点对于服务国家外交目标的新媒体公共外交尤其重要。要提升传播主体公信力，就必须对信息的真实性和传播的本质价值进行仔细甄别。如迫于播报速度的压力或是单纯为了迎合受众的心理期待而出现不实新闻，尤其是在传播速率极高的新媒体时代，哪怕只有一次也会使传播主体的公信力丧失殆尽。传播主体要担负起为全社会求证事实的责任，在各自领域发挥"明辨是非、澄清谬误"的主体作用。同时，要加强舆论监督，守望社会公平正义。构建公信力不仅是一种责任和追求，更是一种素质与能力。公信力建立在传播主体于每次重大事件传播中的观点与态度累积的基础上，是传播主体特征在受众头脑里长期积累的认识，因此需要高度关注受众反馈，虚心听取群众意见并提升自身能力建设，牢牢把握每一次传播机遇，精准定位着力点，始终坚持内容为王，宁缺毋滥，长期保持传播内容高质量高口碑，寻求在新媒体技术环境下"弯道超车"、打造公信力的突破口。

第二，传播主体应当提升新闻质量把关体系建设，加强对各层级传播主体信息源真实性的核查，提高对不良信息的监测、过滤、校正水平。出现不实信息问题后要有科学、规范的衡量标准、认定程序和严格的追查追责机制。在这一过程中也应当注重对最新技术手段的应用，利用大数据、云计算、敏感词过滤等技术，针对某些容易出现不实信息的事件主题加强内容监督，提高管理效能。让传播主体形成确保传播真实性的规则意识，从而依照统一规则有序开展国际传播活动。此外，传播主体还应当引导用户增强法治意识和责任意识，在未证明信息真实性之前不造谣、不传谣，防止不实信息的二次传播在带来不良社会影响的同时，更大程度地破坏传播主体的公信力。引导用户在信息消费过程中提高防范意识、求证意识和鉴别能力。

第三,要贴近用户需求,积极、充分地回应用户关切信息,同时关注"内外一体"的传播趋势。在某些特殊时期,公众对于权威、真实、准确信息的要求十分迫切,这种时刻对传播主体塑造公信力来说既是挑战也是绝佳机遇。如果能在这些关键节点上成为权威信息发布方,这种公信力在未来发展中也会长期存续下去。因此,传播主体在重要舆论热点上要做到不缺位、不失语、不妄言,确保传播内容符合真实、客观、全面等专业传播标准,成为全社会遵循新闻传播规律的表率。同时,互联网将人类传播所及从点、线、片、面扩展成为纵横交错、无限延伸的网络,国际受众通过互联网前所未有地紧密联系在一起,传统概念上的对内传播与对外传播再难找到泾渭分明的边界,"内外一体"的传播趋势已经势不可挡。

(二)提升内容公信力的策略

首先,要与世界各国政府、企业、社会组织、研究机构、媒体开展紧密合作,深入国际一线,努力获取权威、及时、准确的一手资料,强化传播内容的原创性与独创性,从源头入手建构国际公众的信任之基。例如,新华社作为中国国家通讯社和世界性通讯社在境外设有180个分支机构,建立了覆盖全球的新闻信息采集网络,在传播内容上具备较高的国际报道和对外报道水平。新华社高度重视加强对外交流合作,发起并成功承办世界媒体峰会和主席团会议,主办世界媒体峰会首届全球新闻奖评选,已经与18家联合国所属机构建立高层往来关系,与其中9家签订战略合作备忘录,成为全球第一家与联合国所属机构建立系列化、机制化、常态化合作关系的世界主流媒体机构。新华社还与世界100多个国家和地区的通讯社或新闻机构签署了新闻交换、人员交流和技术合作等方面的合作协议,在保证内容公信力的同时,也有利于传播主体在长期国际传播实践中依靠高品质新闻积淀权威口碑,逐步发展成为权威信息源,进而借助其公信力成为聚集更加广泛的具有公信力的信息资源的桥梁与平台。

第二，要不避讳地坦诚面对可能存在的负面信息。如前所述，尽管随着互联网信息技术的不断发展，国内传播和国际传播的界限逐渐模糊，但二者的传播模式和传播思路仍然存在很大差异，在传播内容的选择上也不能简单地将国内通用的传播模式运用到国际传播当中。公信力的信任也来自传播受众对于传播内容公正性的评判，任何一项议题都不可避免地同时包含优势与劣势、机遇与风险。如果在传播内容上仅关注正面信息和积极成果而规避谈及所面临的风险和挑战，则通常会陷于自说自话的困境，难以唤起受众的共鸣。完美是几乎不存在的状态，客观真实地呈现积极内容，公正、直言不讳地坦诚分享面临的风险，更符合受众的心理认知规律，这种直面问题与不足的胸怀更能获得受众的信任，从而成为建立公信力的重要基础。

（三）提升渠道公信力的策略

第一，进行权威传播资源的优势整合，提升一体化信息传播能力。新媒体背景下，传播内容的选择和传播渠道的构建都发生了一定的变革。过去仅依赖自主构建的传播内容便已足够支撑传播主体的发展，而今传播模式已经从自主构建内容变革成为将优质信息资源进行归纳整合再输出的模式，各类传播主体拥有了收集大量优质信息进行梳理凝练后构建崭新的传播内容并在各类平台同步发出的能力。应当充分利用这种新媒体技术带来的全新优势与机遇，打造更具公信力的一体化传播渠道。

第二，重视借助有公信力、口碑与声誉的意见领袖开展传播活动。在这里的意见领袖并不一定特指那些具有权威头衔的专家，而是对于某些在特定领域深耕多年，不为任何组织或利益团体背书，而是基于自身兴趣特长而在特定领域拥有话语权，有属于自己的独到见解和深度理解并且积累一定体量追随者的优质信息传播者。借助这些意见领袖的公信力能够极大地提升传播效果，并能实现针对某一特定议题相关对象的精准传播。

第三，国际传播既要充分吸纳民间声音，也要专注自身优势，强化传播的深度与高度。新媒体时代里，人人都是传播主体，因此，新媒体平台上的传播视角更为平民化，也更加贴近生活，更容易获得传播对象的信任。但同时，自媒体的缺陷也不言而喻，片段式的、碎片化的、缺乏详细背景信息阐释的信息内容也常常引导公众先入为主地形成某种固定思维，造成反转再反转的情况频发。而在这种情况下，主流媒体在进行信息传播时，通常采用严谨周密的审核与把控程序，因此可能无法在传播速度上超过自媒体。基于此，主流媒体无须刻意追求新闻发布速度，而应当深入民间，尽可能广泛深入地接触事件的直接相关者，在传播方式上吸纳这些民间与基层的真实声音，从而在情感上获得来自传播对象的信任。主流媒体更要在理性层面专注于传播价值的深刻与高度，这是自媒体无法匹敌的强大优势。主流媒体应当对事件进行深入调查走访，开展深度评论，在真实性、权威性上实现深入人心的效果。

第六章　互动文化社区中的公共外交潜力挖掘

——以哔哩哔哩网站主要账号为例

在当前国际竞争形态不断丰富、领域愈加广泛的现实情境下，西方国家高度重视媒体外交的发展，并且越来越意识到媒体在塑造国家形象、推动议程设置、引导国际舆论、传播本国文化方面不可替代的职能，因此始终借助自身强大的技术优势和语言优势不断创新媒体外交的内容和形式，建设强大的信息采编团队和技术保障人才库，试图在国际舆论领域占据主动。从全球范围来看，以脸书和推特为代表的新媒体平台已经吸纳了遍布全球的大量用户，使用这些新媒体平台进行信息获取或社交活动已经成为国际互联网使用者的日常生活内容之一。对于中国来说，一方面，要努力加强建设，推广属于我们自己的拥有大体量、高黏度注册用户的国际新媒体平台，发出自己的声音，更好地履行公共外交职能、实现公共外交目标；另一方面，我们也应当高度关注具有蓬勃发展潜力的，吸引和塑造青年一代在未来成长为公共外交新力量的本土新媒体平台，充分运用这些平台的特征与优势，努力将信息呈现内容及方式等与国际青年的思想动态、信息获取习惯与行为偏好接轨，立足未来，培养我国公共外交青年人才储备，传播中国文化，积极推进各国青年的深度友好互动。

在这一章，笔者将选取哔哩哔哩网站这一极具代表性的互动文化社区，分析这一新媒体平台立足于用户特征设计平台内容与叙述方式，积极塑造和传播中国国家形象、从长远视角实现公共外交目标，并深度结合哔哩哔哩网站自身特点，筛选具有代表性的账号，探究中国青年一代如何与世界青年进行更加深刻的交流互动，从而为充分展现中国风采提供思路。

一、哔哩哔哩网站介绍及其用户特征

哔哩哔哩全称为哔哩哔哩弹幕网，也称 bilibili、B 站等，是诞生于上海的一家以动漫、动画、游戏为主要内容的弹幕视频分享网站，其前身为 2009 年 6 月 26 日成立的视频网站 Mikufans，创建初衷是为用户提供一个功能稳定强大的弹幕视频分享网站，2010 年 1 月 24 日更名为 bilibili。弹幕视频缘起日本的 niconico 网站，这种可以辅以发送弹幕的视频形式因其强烈的互动社交属性而吸引了大量网民加入，用户能够在其中进行影响更为深远的二次加工，不仅大幅度增加了网站使用时长，也极大地提升了用户黏度，创造出了一个又一个新"梗"。同时，因其视频内容多以动漫、动画、游戏相关信息及文化为主，极大地引起了"宅文化"[①]爱好者的兴趣，因此这类视频形式开始被正式引入中国。中国的第一个弹幕视频网站并不是哔哩哔哩，而是于 2007 年 6 月建立的 AcFun（也称 A 站），该网站也是主打动漫、动画、游戏文化，并辅助剪辑各类影视剧作品。2008 年 3 月，由于新型播放器的添加，AcFun 开始支持用户发送弹幕的操作，但遗憾的是，因运行不稳导致使用中时常出现故障中断，严重影响用户体验。针对这一情况，随后诞生的哔哩哔哩的前身——Mikufans 出世，为后期哔哩哔哩的发展奠定了扎实的技术基础。哔哩哔哩在内容上与用户需求更为精准贴合，并逐步从立足于动漫、动画、游戏内容不断延伸出独具特色的各类

[①] 笔者注：宅文化是指在相对隐私内向的心理状态下，执着于精神领域，不被形式所束缚的亚文化。

版块，其价值主张包括为创作者提供视频创作社区，打造原创文化聚集地，营造文化氛围，为广大用户提供学习和娱乐社区等，形成了创新、包容、多元化的社区生态，投稿信息原创程度高，创作理念新颖，社区氛围活跃，用户忠诚度高，成为了中国动漫、动画、游戏文化领域中独树一帜的互动文化社区。

据统计，截至2022年3月31日，哔哩哔哩月均活跃用户达2.94亿，移动端月均活跃用户达2.76亿，分别同比增加31%和33%，持续创造优秀的业绩表现。在维护用户健康增长的基础上，哔哩哔哩也在商业模式方面不断加强探索，提高商业化能力，哔哩哔哩月均付费用户增长至2720万，同比增长33%，付费率提升至9.3%。哔哩哔哩公布的截至2021年12月31日的第四季度和全年未经审计的财务报告显示，2021财年哔哩哔哩总营收达193.8亿元人民币，同比增长62%。其中，第四季度营收同比增长51%，达57.8亿元人民币。截至2022年3月31日的第一季度未经审计的财务报告显示，哔哩哔哩第一季度营收达50.54亿元人民币，同比增长30%。[①] 根据哔哩哔哩发布的《2021 B站创作者生态报告》显示，哔哩哔哩创作者群体迅速壮大，在哔哩哔哩2011—2021年10年发展期间，创作者数量增长达1512%。截至2021年，哔哩哔哩月均活跃视频创作者达270万，同比增长61%；月投稿量突破1000万，同比增长80%。2020年9月至2021年8月，哔哩哔哩视频创作者投稿视频播放量超过4500亿，这相当于一年中平均每个中国人在哔哩哔哩的视频观看量达到300个。[②]

（一）哔哩哔哩主要功能版块介绍

如前所述，尽管哔哩哔哩在创立伊始主要围绕动漫、动画、游戏相关内容展开，但随着网站的不断发展，其投稿内容已经远超这一范围。截至2022年8月

[①] 《B站一季报：月均活跃用户2.94亿，陈睿再强调加速商业化》，《南方都市报》2022年6月10日。

[②] 《2021 B站创作者生态报告》，2021年12月9日，https://activity.hdslb.com/blackboard/static/20211209/997efb91edb82a77c7148f2c24a2ec5f/Bilibili-Uploader-Ecosystem-Report-2021.pdf。

26日，从客户端版块分类来看，哔哩哔哩主要包含番剧、国创、放映厅、纪录片、漫画、专栏、直播、课堂、动画、音乐、舞蹈、游戏、知识、数码、生活、美食、Vlog、鬼畜、时尚、娱乐、影视、电影、电视剧、音频版块，除此之外亦有会员购、专题中心、全区排行榜、活动中心、小黑屋、音乐 PLUS、游戏中心（特指由哔哩哔哩代理登陆接口的游戏发布平台）、游戏赛事的区域。番剧区和国创区内另设有新番时间表。各个分区有各自的热门视频推荐版块。站内设有全站排行榜的同时，也有原创榜、新番榜、影视榜、新人榜等便于用户快速定位感兴趣的内容。

表6.1 哔哩哔哩版块分类情况（截至2022年8月26日）

版块分类	
动画	MAD·AMV、MMD·3D、短片·手书·配音、手办·模玩、特摄、综合
番剧	连载动画、完结动画、资讯、官方延伸、新番时间表、番剧索引
国创	国产动画、国产原创相关、布袋戏、动态漫·广播剧、资讯、新番时间表、国产动画索引
音乐	音频、原创音乐、翻唱、VOCALOID·UTAU、电音、演奏、音乐短片、音乐现场、音乐综合、音频、说唱
舞蹈	宅舞、街舞、明星舞蹈、中国舞、舞蹈综合、舞蹈教程
游戏	单机游戏、电子竞技、手机游戏、网络游戏、桌游棋牌、GMV、音游、MUGEN、游戏赛事
知识	科学科普、人文历史、社科·法律·心理、财经商业、校园学习、职业职场、设计·创意、野生技术协会
科技	数码、软件应用、计算机技术、工业·工程·机械、极客DIY
生活	搞笑、日常、美食圈、手工、绘画、运动、汽车、其他
动物圈	喵星人、汪星人、大熊猫、野生动物、爬宠、动物综合
鬼畜	鬼畜调教、音MAD、人力VOCALOID、鬼畜剧场、教程演示
时尚	美妆护肤、穿搭、时尚潮流
资讯	热点、环球、社会、综合
娱乐	综艺、明星
影视	影视杂谈、影视剪辑、短片、预告·资讯
放映厅	纪录片：人文·历史、科学·探索·自然、军事、社会·美食·旅行；电影：华语电影、欧美电影、日本电影、其他国家电视剧：国产剧、海外剧
美食	美食制作、美食侦探、美食测评、田园美食、美食记录

哔哩哔哩较之其他视频网站不同的功能在于，该网站早期限制用户注册，只在特定时期开放注册窗口期，之后可以通过邀请码激活或考试等方式成为正式会员。未注册的普通游客被允许观看部分视频，但仍有一部分内容设置为仅对正式会员开放，且未升级至正式会员的用户无法发送弹幕，无法给视频、文章和网页游戏留言，也无法进行视频内容发布，这也是哔哩哔哩对弹幕和留言内容负责的一种方式。有趣的是，2015年5月19日前，如果想在哔哩哔哩成为正式会员需要回答包含动漫、动画、游戏知识、历史、计算机、化学等知识的100道题，通过考试方可成为会员。此后哔哩哔哩降低答题难度，要做20道礼仪题（要全部答对）和30道知识题（可自选题目类型，需要得到及格分数）就能成为正式会员。从2017年2月26日又恢复到100题转正考试。哔哩哔哩会员等级共分为0—6级，其中0级为注册会员，通过答题测试后就可升级为1级正式会员，之后积攒经验值就可升级，升到6级后就没有经验上限了。

哔哩哔哩于2016年10月推出付费业务——"大会员"。"大会员"在哔哩哔哩享受高清画质、评论区表情、空间自主头图、抢先观看通道等服务。还可以享受杜比全景声、基于HDR10技术的"真彩HDR"观影模式、高帧率、高码率画质（最高可达8K超高清）等视听权限。

哔哩哔哩为了优化视听环境与用户体验，规范网站传播内容，于2017年2月26日上线小黑屋功能。当管理员发现违规内容后，将对违规内容进行删除并对违规者进行相应处罚，并将处理结果张贴在小黑屋中由审核人员加以点评，以对其他投稿人起到警示作用。哔哩哔哩还于同年6月推出风纪委员会功能，目前只要是哔哩哔哩4级及以上且90天内无违规操作并完成实名认证的会员都可申请，申请成功的会员可以通过投票的方式对部分社区违规举报进行仲裁。

对于哔哩哔哩投稿中被发现并确认违规的视频，如存在部分违规则将会被退回，要求用户按制度要求修改后重新上传；如果视频内容整体违规，则进行锁定处理，不允许修改或二次上传。由于用户群体的特殊性，哔哩哔哩为地图及政治标志有关方面的内容设置了严格的审核标准，并于 2021 年 4 月开始写进哔哩哔哩创作公约。对于某些涉及迷信、占卜内容的视频，哔哩哔哩会添加警示语并且要求在哔哩哔哩站方审核通过之后，在视频显要位置打出"该内容仅供娱乐，请勿轻信"字样。

哔哩哔哩的投稿盈利模式始于 2016 年，哔哩哔哩推出了被称为"充电计划"的打赏功能，用户在看到喜欢的作品后可以通过打赏的方式鼓励作者进行创作，打赏奖金将会在平台扣除一定成本后归创作者所有。2018 年 1 月开始，哔哩哔哩推出"bilibili 创作激励计划"，旨在持续吸引更多优秀创作者的加入并持续通过视频投稿获得收入。这一计划规定只有创作力、影响力达到 55 分并且信用分不低于 80 分的创作者才能加入，以保障视频内容长期保持高质量水平，也可以对创作人进行稳定的创作激励。

哔哩哔哩还设有青少年模式，这一模式于 2019 年 5 月在应用程序客户端上线使用。用户每日首次打开应用时可根据弹窗提示选择开启该模式，这一模式中用户所能浏览内容均由哔哩哔哩青少年模式内容团队精选呈现。除了内容上的精致筛选，这一模式下的用户每日的累计浏览时间限定为 40 分钟，且每日 22 时至次日 6 时无法浏览，也无法使用打赏功能，以有效保障青少年的健康成长和各项权益不受侵害。

（二）哔哩哔哩的主要用户分析

根据哔哩哔哩官方数据显示，该平台用户中以"95 后"为主的"Z 世代"占比高达 80%。[①] 据北京贵士信息科技有限公司（QuestMobile）2020 年调查数据显示，哔哩哔哩 24 岁以下用户占比 78.8%，"Z 世代"最喜爱的年轻人文化

---

① 陈睿：《B 站成为 Z 世代的兴趣社区》，中华网，2022 年 4 月 29 日，http：//hea.china. com/article/20220429/042022_1059487. html。

社区投票中，哔哩哔哩排名第一。① 如前所述，当前新媒体中的受众不再是信息单向度的接收者，他们同时也是信息的发出者，因此哔哩哔哩中的"Z世代"用户既是信息内容接收者，同时也可通过转发、分享等方式进行信息传播，并用"一键三连"（"收藏""点赞""转发"）以及打赏创作者的方式成为创作的推动者，而且"Z世代"用户本身也是哔哩哔哩中重要的创作者群体。从某种程度上讲，哔哩哔哩平台中的信息发出者和接收者的边界十分模糊，这也有效推动了哔哩哔哩用户间更广泛的互动和更充分的交流。

"Z世代"一词最早由亨特·汤普森提出，这一概念显然是对"X、Y世代"进一步发展形态的表述。牛津生活词典中将"Z世代"定义为：在21世纪第二个10年达到成年的一代。在梅里亚姆－韦伯斯特在线词典中，"Z世代"一词特指生于20世纪90年代末以及21世纪初期的一代。② 澳大利亚的麦克林德尔研究中心认为，"Z世代"特指生于1995—2009年的一代。综合上述定义，我们不难发现，无论其具体内容如何规定，这一代青年人的共性是自出生起就受到各种电子产品和信息技术的影响，其基本观念、价值体系等是伴随着技术发展的历程产生的，其心理特征兼顾现实性与虚拟性。此外，互联网已经成为"Z世代"获取信息、认识世界、社会交往的主要途径，其习惯在网络空间内表达意见，而且其意识形态深受网络社群关系的影响，在遇到观念相近或一致的群体时会形成高度的凝聚力和共识，同时其思想价值也容易受到良莠不齐的网络文化的深刻影响。主要由"Z世代"所构成的哔哩哔哩平台主要用户的特征如下：

1. 用户活跃，留存度高

哔哩哔哩用户目前分为游客、注册会员、正式会员和付费大会员四种类

---

① 《QuestMobile报告：B站蝉联"Z世代偏APP"TOP1》，金融界网站，2019年1月25日，https://mapp.jrj.com.cn/news/usstock/2019/01/25010326954004.shtml。

② 梅里亚姆－韦伯斯特在线词典：Z世代，https://www.merriamwebster.com/dictionary/Generation%20Z。

型，如前所述，用户须在规定时间内完成规定题目，并获得合格分数方可成为哔哩哔哩正式会员。这种问卷答题方式既明确了用户须了解和遵守的弹幕礼仪和各类平台管理规章，以此保障社区秩序，又通过门槛作用提升了用户对平台的认同感。题目也是以动漫、动画、游戏等用户感兴趣的内容为主，在情感层面增强了用户的归属感与黏性。

哔哩哔哩2021年第三季度报告显示，截至2021年9月30日，哔哩哔哩平台共有1.3亿正式会员，同比增长38%；用户12个月留存率超过80%，并持续保持高黏性。其平台活跃用户日均使用时长逐年增长：2020年度活跃用户日均使用时长为80分钟，而同行业这一数字为29.8分钟；2021年第三季度活跃用户日均使用时长达88分钟，创历史新高。截至2022年3月31日，哔哩哔哩月均活跃用户达2.94亿，移动端月均活跃用户达2.76亿，分别同比增加31%和33%。

2. 用户包容性强，善于分享交流

"Z世代"作为哔哩哔哩的主要用户生长在中国经济快速发展、精神文明建设不断丰富的特殊时代，普遍受到了良好教育，具有较强的学习能力和自我认知能力，同时有较高的文化修养和审美取向，是对各类时代发展产物保持敏锐好奇心的自信的一代。他们对于新鲜事物抱有开放包容的观点，勇于探索和尝试，对于自己感兴趣的内容愿意投入时间和精力，知识付费的意愿和能力同样较强。在哔哩哔哩大量丰富的板块中，"Z世代"都积极地以发布者或观众的身份参与其中，阐述自己的见解，发出自己的声音。

同时，"Z世代"绝大多数是独生子女，其成长历程中不可避免地会面临孤独感。而这一代人在哔哩哔哩观看视频时可以通过发送弹幕及时表达自己的观点，所发送的弹幕也会得到别人的点赞与反馈，还可以通过阅读屏幕上他人发送的弹幕内容得到启发，发掘共识。这个过程能够让人体会到一种有人陪伴、与他人共享的温暖感受。2021年11月30日，哔哩哔哩公告宣布弹幕总量突破100亿，这一庞大的数字标志着哔哩哔哩已经成为年轻群体高度聚集、高度认同的沟通交流的多元文化平台。"Z世代"群体对分享、交流持高度包容和开放的态度，在发现优秀内容时会主动分享传播，并通过口碑效应吸引志同道合者加入平台、分享信息，使该平台用户圈层不断扩大，传播效果不断加强，也以此印证了前文介绍的哔哩哔哩用户的持续增长趋势。

3. 用户忠诚度高，内容生产良性循环

哔哩哔哩的产生源于动漫、动画、游戏等二次元文化，因此其吸引的用户也是由于共同的兴趣所建立形成的圈层。其内部成员较之圈层外部的主流文化成员对于圈层文化理解程度深、认同程度高，圈内有专属的知识体系甚至话语系统，极大地增进了圈内的交流效率和效果，激发了用户的交流热情，提升了用户对于平台的忠诚度与归属感，其内部成员之间也能据此产生巨大的凝聚力。由于小众文化与大众潮流之间存在天然鸿沟，这种圈内文化的封闭性也提高了潜在用户的进入门槛，因此，哔哩哔哩在巩固现有用户忠诚度的同时，也在寻求各种方式"破圈"，满足主流用户的多元需求，吸引更多用户加入平台。

哔哩哔哩以动漫、动画、游戏内容为基础，高度关注动漫产业的全部环节，尤其是上游内容制作领域，形成了纵向的全产业链布局，孵化各类原创优质内容，这也是其不断成长的内生动力。在哔哩哔哩平台，内容创作者、用户、优质内容构成了良性循环的生态系统。用户通过积极转发与传播促进了圈层外用户的融入，使哔哩哔哩逐步突破了原有的二次元圈层而有更多机会进入主流视野，其用户也从原来的二次元小众群体逐步拓展到具有自然属性的年轻人群体。而在这个过程中，哔哩哔哩采用的"算法＋活跃用户"推荐机制有效引导平台创作内容走向多元，并使其逐步成为致力于展示和弘扬新时代青年形象的文化综合体。哔哩哔哩在被更广泛用户所接受的同时，也在不断加深用户的价值认同。

二、运用哔哩哔哩开展新媒体公共外交的可行性及潜能分析

哔哩哔哩的出现始于二次元文化，但其之后不容小觑的发展成绩依靠的是

更为多元化的、高原创性的泛领域内容生产，其内容向年轻人喜爱的各个领域延伸拓展，始终保持高质量生产，努力成为展示和弘扬新时代青年形象的文化综合体。尽管当前对哔哩哔哩平台从传播模式、商业模式、用户分析等多个视角进行研究的学术成果很多，但对于该平台作为新媒体公共外交平台的潜能挖掘和特征对接的相关研究还非常少。从外交学视角来看，哔哩哔哩平台的诸多特质与公共外交开展的路径及目标高度重合。

（一）高度互动性体现了新媒体公共外交的内在特征

尽管当前哔哩哔哩还没有成为像油管平台一样被国际公众广泛使用的视频网站，其主要用户群体仍然是国内用户以及少量外国用户，但哔哩哔哩中的信息交流模式所呈现出的明显的互动性、及时性特点使之成为颇具代表性的新媒体平台，体现了新媒体公共外交的内在特征，具备了作为新媒体公共外交平台的潜质。

哔哩哔哩将"弹幕"这一概念引入视频观看过程中，并成功培养用户形成观看弹幕视频的习惯，这一模式已经被腾讯、优酷等知名视频平台效仿。"弹幕"一词，来源于军事领域，特指子弹对目标发起攻击时，密集得如同一张幕布。弹幕最早应用于STG游戏，后被应用于媒体。人们在观看视频的过程中同步发布的、在屏幕上飘过的评论与密集发射的子弹有相似之处，因此，带有弹幕功能的视频被称为弹幕视频。[1] 当我们观看视频时，各类随时产生的想法、评论、吐槽通过弹幕发射出去就像排排子弹穿过屏幕，我们在欣赏视频内容的同时也会受其影响，极大地提升了观看过程的趣味体验。弹幕通过成功的技术探索跨越了时间和空间的维度，让观众们无论何时何地都可以通过弹幕影响着屏幕前的其他人。这与传统的视频下方的评价显然不同，弹幕更多关注的是观看者当下发言的激情与灵感，更重现人与人实时交流互动的感受，弹幕中也常

---

[1] 张军、税少兵：《互联网时代的弹幕视频探析》，《出版广角》2016年第7期。

会出现各类不同的观点交锋，有助于观众加深对视频内容的理解。用户可以借助弹幕传递的线索提前得知视频内容以做好观看准备（常见的有"前方高能预警"等），同时在视频弹幕中也有大量科普语言，针对视频中的某些细节进行解释说明，为不了解或不熟悉视频内容的用户答疑解惑。

弹幕反映的是普通用户在观看视频时的即时感受，因此弹幕内容通常轻松愉悦，也有些弹幕内容会因基于视频内容进行的二次加工而变得广为传播，比如"喜大普奔""红红火火恍恍惚惚""火钳刘明""前面的别走，带我一个"等情感丰富的暗语，既能够有效加强用户之间的沟通，也能在某种程度上形成一种全新的、展现青年思想的语言文化。

对于互动传播，兰德尔·柯林斯借助情感社会学理论等诸多理论提出了互动仪式链理论。该理论首先强调不同个体聚集形成群体后，个体和群体之间会相互影响、相互作用。这种群体设置了较为清晰严格的边界，形成了内在聚合性，同时，受众之间有共同关注和感兴趣的焦点领域，在这些内容上能够相互分享、建立理解。在这种社交活动中，群体活动的共同行为特质愈发明显，成员参与互动活动的积极性也会不断提升，即人们通过关注同样的事物，参与同样的活动，进而得以共享情感认知体验。① 该理论包含了两个核心概念，分别是情感能量和互动仪式市场。在进行互动行为期间，人们会充分运用各类资源，比如能力、时间、金钱等，这些都可以称之为情感能量，基于情感能量形成的仪式模型就是互动仪式市场，如果交往活动无法获得相应回报，则人们参与交往互动的积极性必然大受打击，进而抛弃此活动而将目光投向其他互动活动以获取更多的情感能量。

这一分析模型对于理解哔哩哔哩中的互动形式极为有益，当用户带着积极正向的情感参与传播过程，与视频创作者积极互动（包括"关注""点赞""收藏""留言"打赏等）并与其他群体成员积极互动（包括点赞弹幕、发送

---

① ［美］兰德尔·柯林斯著，林聚任、王鹏、宋丽君译：《互动仪式链》，商务印书馆2009年版。

弹幕、回应弹幕内容等），如果此时环境和氛围能够促进这种互动行动的展开，则会使用户产生积极的情感体验，收获情感能量，反之亦然。在新媒体公共外交中，对于一国有情感倾向的国际公众通常会被纳入这一活动当中，尽管抱有的情感倾向不尽相同，无论是喜爱、好奇或者不解，但当他们不再运用自身知识和个人经验进行独立理解，而是进入一种带有互动性、内在默契与情感回报的被群体包围的传播形式当中，那么在观看视频时对所涉国家的文化和人民会有更为深刻的理解和体会，形成更加积极的心理体验。在这种跨文化交际之中，及时、耐心、友好的弹幕回复与解释将会有效化解理解障碍，加深情感认同，消除误解。从这个角度来看，哔哩哔哩的高度互动性体现了新媒体公共外交的内在特征，同时也能有效推进公共外交活动的目标实现。

（二）贴近生活的原创作品能够丰富新媒体公共外交的内容

哔哩哔哩建立的目标是鼓励更多优秀创作，该平台也始终运用各种方式致力于实现打造创作"生态绿洲"的愿景，由视频创作构成的社区是整个平台的基础。哔哩哔哩拥有包括二次元、音乐生活、科技时尚、舞蹈游戏在内超过200万个文化标签和约7000个圈层文化，拥有上百万思维活跃、创作热情极高的创作者，每月近七成视频为用户自制上传作品，有上百万个原创视频经网站审核过关。

在哔哩哔哩，平台不做内容上的引导与限制，努力坚持一视同仁，任何类型的原创视频都不会因为建立初期缺乏流量与关注而无法获得平台的资源配置，所以各类源于生活的音乐动画、娱乐新闻、时尚指南、人文历史的创作都能够在这一平台百花齐放。创作者们摆脱了平台在领域上的限制与压力，纯粹地以自己的兴趣为驱动力，充分地凭借爱好全身心地将情感投入创作当中，这种作品不仅能够更加触动观众的内心，引起观众的强烈共鸣，而且也能够保证创作内容的质量，这也是一直以来哔哩哔哩发布优质内容的重要保障。也正是因其开放性与包容性，尊重每个创作者的灵感表达，哔哩哔哩用户总能在各类视频中寻求到贴合自身情感需求的作品，这也使得平台用户持续稳定增长，并始终保持高黏度。

根据哔哩哔哩发布的《2021 B 站创作者生态报告》，在哔哩哔哩创作者年龄方面，24—30 岁人群是 B 站最主要的创作力量，占比 71%，数量上同比增长 43%。值得注意的是，31 岁以上的创作者占比达到 13%，数量上同比增长 80%。18—24 岁创作者占比 16%，数量上同比增长 43%。在男女比例上，61% 的创作者是男性，39% 为女性。① 尽管创作者以"Z 世代"为主体，但各个年龄段的创作者也都在用哔哩哔哩分享着自己的生活。

公共外交活动较之传统外交的显著特点就是其外交主体的公共性。有更多更普遍的非官方个人参与到公共外交活动中，从各个领域和视角分享生活本身就是对政治、经济、文化、社会的多元化展示，而且其生活化的视频创作内容更能够从广泛的领域和视角向国际公众传达中国的国家形象和国民形象，更易于收获来自国际公众的理解与认同。哔哩哔哩中有大量视频内容涉及中国的历史文化、美食体验、民俗特色、旅游攻略、科技成果等，同时还有外国视频创作者和主流媒体多维度的共同参与，呈现了多元化主体相互配合、共同精心呈现中国蓬勃发展的活力与大国气派的公共外交战略布局，极大地丰富了中国新媒体公共外交的路径与内容。

（三）紧抓主要用户群体扩大公共外交人才储备

当前"Z 世代"正在飞速地融入主流社会，已经成为了国内消费市场最重要的群体之一。如前所述，哔哩哔哩的核心用户为"Z 世代"人群，这一群体中已经有部分进入大学，进入世界观、人生观、价值观形成的重要阶段，并且能够熟练运用互联网进行知识学习和社交娱乐，成为了互联网和社交媒体上最活跃的群体。有部分"Z 世代"人群开始进入职场，通过工作得到经济收入，

---

① 该数据对比为哔哩哔哩 2020 年 9 月至 2021 年 8 月之间 18 岁及以上创作者增速较之 2019 年 9 月至 2020 年 8 月之间 18 岁及以上创作者增速。

逐步提升消费决策自主性。"Z世代"研究机构Zebra IQ公布的"2019年Z世代报告"中提到：从全球范围来看，当前全球"Z世代"群体人数已有24亿，其在全球总人口中占比超过30%，中国的"Z世代"人数更是达到了2.75亿。在消费能力方面，该群体总体消费达到440亿美元。[①] 各国"Z世代"之间正在空前频繁地通过网络、旅游、文化交流、赴外求学开展形态各异的交往活动，"Z世代"已经成为了未来公共外交的重要主体。哔哩哔哩作为中国年轻群体高度聚焦的综合性视频平台和文化社区，同时也是"Z世代"集中展现自我、表达自我的重要基地。哔哩哔哩上的"Z世代"用户思维活跃、勇于创新，拥有极强的表现欲望和表达能力，受教育水平相对较高。根据哔哩哔哩首席执行官陈睿在中国网络视听大会的发言，当前哔哩哔哩在"985"和"211"大学生中渗透率已超过80%。因此，对哔哩哔哩用户进行正确引导和观念塑造，有助于中国未来长远的公共外交活动开展，也有助于培养该群体成为展现中国国家形象的优质代言人，站在更多的国际平台上展现中国青年一代的优秀素质与风采，从而有效提高未来中国新媒体公共外交人才储备。

当前各类主流媒体、党政部门、知名高校和研究机构纷纷入驻哔哩哔哩，将原本以娱乐为主体的平台内容进一步升维。各类知名教授、专家用通俗易懂、贴近生活的方式讲授历史、人文、社会知识，同时还有研究生考试、司法考试、公务员考试等包罗万象的辅导课程和答题技巧讲解，为原本阳春白雪的各类专业知识提供了更加接地气的展示机会，以更为贴近用户、便于理解的方式提高了平台的知识性、趣味性，引导青年一代自我发现、自我提高、健康成长，将主流文化与"Z世代"用户群体融合在一起，在提高创作内容多元化的同时弘扬了热爱祖国、热爱科学、人才培养的主旋律。

2020年五四青年节之际，哔哩哔哩发布了"献给新一代的演讲"——

[①] 《Zebra IQ：2019年Z世代报告》，中文互联网数据资讯网，2019年7月5日，http://www.199it.com/archives/900050.html。

《后浪》，并在央视一套《新闻联播》前黄金时段播出，在各类新媒体平台和社交网络中广泛传播，提振了中国青年一代的自信，也强化了青年一代的使命担当。一时间"后浪"成为网络热词，哔哩哔哩不仅成为了社会认识和理解"Z世代"的重要窗口，也成为了"Z世代"展现群体力量的重要平台。

共青团中央在其改革进程中明确认识到要高度重视互联网建设，将互联网的工作联系功能与服务功能相结合，增强团中央与青少年的互动，充分利用互联网络的优势实现"团网"的进一步融合。2017年1月，共青团中央正式入驻哔哩哔哩，该账号还和各地共青团账号进行互动，共同打造了系统的传播矩阵，其投稿内容丰富、形式新颖，设有视频、音频、新时代的中国青年、关注国际资讯等多个投稿列表，不断创造出形式新颖多样、内容深刻的新文化产品。共青团中央面向哔哩哔哩青年群体传递正能量、潜移默化地开展爱国主义教育，可以追溯到2016年2月左右。那时，共青团中央便开始有计划地推送以网络流行形式呈现的正能量内容，例如《青年网络公开课》系列节目，这一系列不仅包括马克思主义经典著作解读、"一带一路"倡议政策解读，也包括中国历史、党史等重要内容。共青团中央敏锐地把握了世界未来发展的趋势，牢牢把握住了哔哩哔哩中能量巨大的青年群体，这是共青团中央适应时代发展所必须做出的选择。2018年9月，哔哩哔哩与人民日报全国党媒信息公共平台在"2018媒体融合发展论坛"中签署战略合作框架协议，成立媒体融合公益基金，两者的联手呈现出主流官媒在正能量视频产业发展及内容创作激励、优秀人才储备等模块加以强化的目标，深刻体现出我国媒介融合的时代趋势。

（四）专注内容设计，传播中国优秀文化

哔哩哔哩拥有包罗万象的多元文化潮流，而高质量的投稿内容始终是哔哩哔哩网站用户黏性、忠诚度和活跃度持续上涨的重要原因。在众多内容设计制作精良的投稿作品中，弘扬中国传统文化类作品的高数量、高质量始终是哔哩

哔哩区别于其他视频网站的重要特征。哔哩哔哩"拜年纪"就是非常具有代表性的活动。自 2010 年起，每逢除夕夜哔哩哔哩都会举办一个年轻人最为期待的文化盛宴和年末狂欢——哔哩哔哩"拜年纪"（曾称"拜年祭"，2021 年更名为"拜年纪"）。在"拜年纪"活动中，平台与众多视频创作者一起将精彩的创作和富有时代新意的理念凝聚在一起。"拜年纪"中的"纪"有纪念的意思，在古代汉语中，也通常意指开端和头绪，如《方言》第十卷就曾记载道："纪，绪也。""拜年纪"更能体现出辞旧迎新，回味和纪念过去的一年，以崭新姿态迎接新的开端的内在意涵。

哔哩哔哩"拜年纪"为弘扬中国传统文化找到了一个全新的契机与模式。"拜年纪"以二次元文化为内核，仿照新年晚会的方式设置活动单元与节目，并由虚拟人物、动物模拟主持人贯穿整场晚会，给观众提供沉浸式体验。观众在活动进行过程中还可以随时通过弹幕与虚拟人物互动，并与其他一同观看的观众讨论内容情节。这个原本通常以家庭为单位举办的"自娱自乐式"的节日庆祝活动，通过哔哩哔哩"拜年纪"成为了当下更符合年轻人喜爱的"二次元春晚"，产生了"众乐乐"的效应和"天涯共此时"的温馨氛围，不仅能够将中国传统文化中的春节习俗、各地年文化等在更大范围内传播给国内国际公众，也能借由公众在观看"拜年纪"时的留言及互动内容进一步深化与拓宽视频制作者的思路。因此，有学者将"拜年纪"形容为具有超现实幻想、萌酷风格、混搭混剪、"梗文化"等特征的社群美学。

"拜年纪"在 2016 年之前主要采用日漫为主的节目风格，而后开始增加许多优秀的国创内容，这是"拜年纪"转型的成功尝试，也由此使"拜年纪"成为了中国文化爱好者的盛宴。2017 年"拜年纪"以"回家"为主题，于 2017 年 1 月 27 日陆续上线，近 300 名视频创作者集中围绕拜年主题呈现多种表现形式的优秀视频内容，上线 2 周时间获得超 1400 万次点击，首次形成"哔哩哔哩星球"概念。正式"拜年纪"共 4 小时，包含 24 个节目，观众反响热烈。此次"拜年纪"还同时出售仅有 5000 套的主题手办，引起了用户的高度关注和疯狂抢购。2019年"拜年纪"以"哔哩楼"餐馆为主题,首次采用"先直播后点播"模式,点播于2019年2月4日21点上线,各"拜年纪"周边产品也同步上架,《冠世一战》成为这一年的一大代表作。2020年"拜年纪"采用了新的"互动视频"模式,在观看过程中会弹出选项,用户在观看过程中所进行的不同选择会影响未来的节目走向,使"拜年纪"更富新意、更具互动性。

除了充满年味的"拜年纪",哔哩哔哩还相继推出大量围绕中国历史,弘扬中国传统文化的优秀作品。例如央视纪录片频道入驻哔哩哔哩后,一时间让中国历史与文化成为了炙手可热的潮流话题,例如纪录片《我在故宫修文物》和《寻找手艺》,皆是经哔哩哔哩发酵后爆红的作品。《寻找手艺》是一部行走式的纪录片,以平和、真诚的视角去追溯一个个手艺人的故事。它没有想象中纪录片的华丽画面、高端设计,全片随机拍摄,没有任何摆拍和人为的导演与表现,从拍摄者的情感切入,更具感染力和代入感。哔哩哔哩良好的社区氛围和弹幕为这部纪录片带来极佳的口碑,并使其迅速在青年一代中广为传播。而纪录片《国家宝藏》上线不到3天时间,在哔哩哔哩平台播放量便已将近40万,进一步展示了中国悠久深厚的文化底蕴和宝贵的历史遗产。

三、新媒体公共外交视角下哔哩哔哩代表性账号分析

在这一章中笔者将主要侧重于对上述有助于国家公共外交目标实现的账号及其作品进行详细分析,以下数据收集截至2022年8月。

(一)官方媒体账号及其内容分析

1. 共青团中央账号

共青团,正式名称为中国共产主义青年团,是中国共产党领导的先进青年的群团组织。作为中国共产党的后备军,共青团有着培养青少年团员乃至非团

员正确价值观的重要任务，在面向青少年的宣传工作中起到重要作用。在当前复杂的传播生态和价值多元化环境中，青年一代已经将互联网作为获取信息的主要途径，共青团敏锐、深刻地认识到：青年在哪里，团的建设和工作就要延伸到哪里。据此，共青团中央于2016年2月25日在哔哩哔哩发布第一条视频，根据哔哩哔哩平台用户群体的兴趣偏好和语言习惯，策划调整了传播语态，并发布了大量政治类、军事类、文化类的视频和动态。自入驻以来，该账号取得了非常成功的传播效果，从数据上来看，截至2022年9月13日，粉丝数为971.8万，发布视频3970条，总播放数20.1亿，总点赞数1.6亿，总投币数4029.2万，总收藏数2854万，总评论数751.7万，总弹幕数1086.3万，总分享数1111.5万。

从该账号发布的内容来看，最显著的特征是积极向上，宣扬爱党爱国的内容比较多，例如合集：《新时代的中国青年》《青年学党史》《团团音乐馆》《与世界说》《北京冬奥会》等，吸引了大量青年的关注。此外，每逢香港回归纪念日、澳门回归纪念日、建军日、建党日、国家公祭日等特定时间节点，共青团中央账号也会结合时事，围绕特定目标更新内容。

从该账号的传播方式来看，共青团中央在哔哩哔哩发布的视频通常以中短视频为主，这类短篇幅视频具有制作门槛低、观看时间成本低、言简意赅、易传播等特性，同时也符合哔哩哔哩用户富有活力、轻松活泼的社群氛围。具体来看，首先，共青团中央以"团团"自称，让用户感觉这一权威性主流官媒非常灵动可爱，成功地制造出了账号"反差萌"的效果，极大地拉近了与目标群体的心灵距离，与传播对象打成一片。其次，该账号非常善于使用时下流行的表情包、颜文字和网络用语等与粉丝互动，对这种轻松活泼的风格运用得宜。但当发布内容涉及重要会议、军事政治等严肃的内容时，共青团中央也会随时调整语态，视频内容更加庄重，传播用词更加严谨。这也使得受众对共青团中央账号传播团队的专业性有着极高的评价。

在共青团中央账号的全部视频投稿中，2020年4月发布的"鼓乐《兰陵王入阵曲》耳机开最大！来听千军万马！！！"成为截至 2022 年 9 月播放量最高的视频，共计播放 1911.6 万次，时长 4 分 59 秒的视频收获弹幕 4.4 万，评论 2 万，同时收获 123.3 万点赞和 95.1 万投币。这首《兰陵王入阵曲》是一支歌颂高肃英勇善战的舞曲，缘起于河清三年（564 年）。当时北齐重镇洛阳被北周十万大军围困，齐武成帝急诏各路大军去解洛阳之围，在三军突破周军围城的第一道防线后，高肃亲率五百名精骑，乘胜冲入周军重围，直抵金墉城下。守城齐兵，军心大振，内外夹攻，溃重围、败周军，解了洛阳之围。为歌颂兰陵王，将士们集体创作了《兰陵王入阵曲》。此曲悲壮浑厚，古朴悠扬，在民间迅速流传，隋朝时期，被正式列入宫廷舞曲，让更多人得知这首曲子的渊源。

在该视频的评论中，点赞最多的置顶评论来自对该曲重新创作和改编的著名民乐家构柳青瑶，她介绍了这支曲子的创作故事和个人感受："这是去年在德国弗莱堡巡演路上匆匆写下的旋律。从旋律诞生到指法设计，历经多位中国顶级国乐大师指导，终有机会呈现心目中的构想。兰陵王是战场上的英雄，战鼓是他的魂！鼓王王佳男老师设计了鼓的前奏，加入了战场风声、中国鼓独奏，五轨叠加形成复合节奏，以一人之力，打出了四面八方、千军万马的感受！其技法出神入化，不愧是世界顶尖的中国国乐大师、打击乐演奏家中的领军人物！谁的内心没有一位兰陵王呢？每个人都有戴着面具孤军奋战的时刻！谨以此曲，致敬每一位为生命理想奋斗的人！"还有人评论："这个视频让我看到了中国对本民族文化复兴的决心，让世界看到我们中华文化的灿烂辉煌。知来处，明去处，我们中国的文化才能立于世界文化之林。"可见该视频实现了预期的传播目标，不仅让更多青年人深刻地了解中国优秀文化，也提振了对于中国优秀文化的自信心与自豪感。

2. 新华社账号

新华社全称新华通讯社，是中华人民共和国的国家通讯社和世界性新闻机构，成立于 1931 年 11 月 7 日，总部位于北京。作为中国最重要的新闻信息采集和发布中心，新华社履行喉舌、耳目、智库和信息总汇职能，为国内外用户提供权威、及时、全面的新闻资讯。新华社在全球180多个国家和地区设有分支机构，拥有200多个海外分社，每天以中文、英语、法语、俄语、西班牙语、阿拉伯语、葡萄牙语、日语8种语言发布新闻，覆盖报纸、电视、网络、社交媒体等全媒体平台。新华社的哔哩哔哩账号简介为：我是稳中带皮皮中有稳稳得一皮的鲜花舍。本社专营各种新闻报道，欢迎各位选购。截至2022年9月13日，该账号拥有粉丝855万，发布视频3294条，视频总播放数12亿，总点赞数1.3亿，总投币数1862.3万，总收藏数1160.7万，总评论数406.7万，总弹幕数401.3万，总分享数593.3万。

该账号专门为不同类别视频设置了合集，以便于公众查找和追踪事件发展进程，体现了新华社对全社会高度关心关注的议题的积极回应。其中，《外交部例行发布会》合集定期发布外交部发言人办公室回答记者提问、阐明中方立场、捍卫国家利益的视频，截至2022年9月13日，该合集共有视频投稿38条，共计播放量5413.5万次，共计收获11.6万条弹幕。这一合集中视频投稿短小精悍，主要针对精彩发言和关键信息进行剪辑发布，提纲挈领地向国内外公众表达中国的外交立场与外交原则，每条发布简介中还会对发布会时间、提问的主要内容和回应进行文字概述，加深观众对于这段视频内容的背景了解，这部分投稿也成为了新华社账号上颇具特色和深受好评的内容。

通过新华社哔哩哔哩账号的专栏信息能够明确了解其主体性质，该账号主要发布各类官方声明、白皮书、研究报告等，发布中国各领域研究进展和成就的权威信息。新华社账号在专栏中还发布了《新时代的中国青年》白皮书，详细介绍了新时代中国青年所面临的全新发展机遇，肯定了新时代中国青年的能力与素质，鼓励新时代中国青年担当起时代重任、展现中国的青春力量。

3. CGTN账号

CGTN在哔哩哔哩的账号简介为：中国环球电视网（CGTN）旨在为全球受众提供准确、及时的信息资讯和丰富的视听服务，促进中国与世界沟通了解，增进中外文化交流与互信合作。截至 2022 年 9 月 13 日，该账号拥有粉丝 59 万，共发布视频 6129 条，总播放量 1.5 亿，总点赞数 915.1 万，总收藏数 82.1 万，总评论数 52.7 万，总弹幕数 21.3 万，总分享数 35.2 万。除了哔哩哔哩平台之外，CGTN 作为中国极具特色的新型主流媒体还入驻了脸书、推特、油管、照片墙等 10 个国内外新媒体平台。CGTN 移动新闻网、新闻客户端和新媒体平台账号在日常的信息传播与发布的过程中积极联动、相互推介、互为照应，通过任何一个平台都能直接链接到其他平台对应内容中，形成了布局广泛、整合有序的传播模式。此外，在同一新媒体平台中，CGTN 账号和各子账号以及相关传播主体账号之间交流互动频繁，呈现出明显的账号"互粉"和高密度的信息转发的传播特征，形成了较为完整的传播体系架构。

该账号在哔哩哔哩的投稿内容坚持原创准则，主动设置议题，设立时政报道原创融媒体交互页面，对中国在政治、经济、文化、社会、教育科学等多个领域发生的重大时事热点以专题分类的形式进行推送，实现中国故事特色报道，视频内容充实、精美、有深度，实现了积极的传播效果。具体来看，CGTN 的投稿大概可以分为以下几类：资讯、纪录片、知识、生活、音乐、动物圈、娱乐、舞蹈、美食，从不同的切入点全面介绍真实的中国。CGTN 还设立了多个专门视频合集，包括《为中国正名》《外交一线》等。其中《为中国正名》合集主要包括各国民众介绍他们在中国的真实见闻，其叙述主体既有各国自媒体博主、记者、运动员、作家，还有大量生活在中国或海外的普通外籍公众，他们有理有据地陈述与中国的故事，传递着对中国的真实感受。《外交一线》合集内容清晰凝练，叙述语言严肃庄重，传达了外交部在重大问题上的核心立场。

除了这些关于政治、外交领域的严肃内容，CGTN 的视频同样有活泼、亲民的一面。2022 年中秋节期间，CGTN 奉上多条中秋相关视频，如《海客谈中秋特辑：我因中国朋友爱上中秋节》，由来自巴西里约热内卢的乔瓦娜分享了她因为中国朋友而体验到的中秋节。她详细介绍了包括吃月饼、赏月等中秋传统习俗，以及她对这个节日的热爱和中国传统文化的向往。另一条同期发布的视频《海客谈中秋特辑：听西班牙姑娘讲中秋节的传说》，邀请了一位来自西班牙巴塞罗那的中文名字叫梦琪的女孩，她分享了与中国朋友欢聚时了解到的关于中秋节来历的神话传说。这一系列视频从外国人的视角展示了中国传统文化的魅力。

CGTN充分注意到哔哩哔哩作为青少年主要聚集的互动文化社区，其中也吸引了大量生活在中国的外国用户，所以在其传播过程中积极作为，大胆创新，客观、坚定地阐明中国立场，努力将开放与发展、和平与共存的国际关系主张变为自觉的国际传播理念。同时也将传统的官方话语逐步转变为公共话语和民间话语，立足国际受众的特点与偏好，找到国际社会乐于接受的方式开展传播，展开讨论、对话和交流，积极探寻国与国之间的利益共同点和战略融合点，向更广泛的国际公众展示真实、客观的中国。

（二）节目账号

1. 非正式会谈

《非正式会谈》是由湖北卫视制作，在湖北卫视、黑龙江卫视与哔哩哔哩平台播出的一档跨文化交流的谈话类综艺节目。节目汇集不同国家的青年代表，用中文讨论当下社会热点问题，在轻松的氛围中展示不同文化间的差异和共通之处，不仅为世界文化交流碰撞提供了平台，同样也是中国优秀文化对外传播、展示中国形象的重要窗口，自播出以来得到了国内外观众的广泛关注与好评。

《非正式会谈》在传播主体的选择上，一改各卫视通常邀请明星嘉宾的传统，而是选取更贴近受众的素人嘉宾。他们来自世界各地，尽管年龄、职业不同，但都是能熟练使用汉语进行交流对话的"中国通"，对中华文化有浓厚的兴趣与热情。在节目的探讨中，观众可以了解到外国人如何理解中国文化，也能借此理解到不同的外国文化。在传播中国文化的同时促进世界文化交流，这也是公共外交活动中的核心内容之一。每期节目都会围绕一个特定主题展开，主要由"全球文化相对论""提案环节"以及"非正小剧场"构成，各国嘉宾在节目中介绍自己国家诸如婚俗等文化习俗，展现各国文化各美其美，美美与共。其哔哩哔哩平台账号简介为：一档外国人用中文搞事情的文化访谈类节目，每期 11 位男女青年代表，聚焦当下年轻人关注的核心议题。截至 2022 年 9 月 13 日，该账号拥有粉丝 119.6 万，发布视频 2152 条，总播放数 6.9 亿，总点赞数 672.3 万，总投币数 238 万，总收藏数 25.8 万，总评论数 83.6 万，总弹幕数 1320.2 万，总分享数 15.5 万。

《友谊长存！波兰当红组合用中文改唱歌曲》是该账号播放量最高的视频投稿，其内容来自《非正式会谈》第七季第一期的一个片段，介绍了一些被改编成中文的波兰歌曲，如"波兰人中国人都是一家人，老人与小孩，男人与女人，来跳舞吧，齐欢笑吧"这样的歌词或许会让人忍俊不禁，甚至摸不着头脑，但是仍然能够感受到两国间人民深厚的感情。这个视频获得了 240.6 万的播放量。同样在这一期的节目中，在"全球文化相对论"这一版块中讨论的内容是"在你们的国家流行过哪些小众文化"，来自阿根廷的代表功必扬作为中阿交流"民间大使"提到 20 世纪 80 年代马岛战争后阿根廷涌现的接地气的歌曲，在当时人们并不习惯但是到现在已经是一种传统。来自喀麦隆的沙力讲到脏辫，他提到第一次听到中国人称其为脏辫的时候心里是不舒服的，不理解为什么要用脏来形容。他介绍了留脏辫最初是为了适应环境，用泥土和蜂蜜做成的辫子能够防止寄生虫进入，脏辫非但不脏而且代表了当地人内心对浪漫以及真实自我与自由的渴望。他讲完这些之后，节目主席立马提出，中国人对于脏的理解并不只有字面意思，拿北京的脏街、脏串举例，其实脏只是一个代名词，是接地气、平民化的表现。在这一环节的讨论中，大家各自举出自己认为自己国家的小众文化，在自由讨论的氛围下互相交流看法，促进了各国文化的对外传播。

而在传播渠道方面，《非正式会谈》前四季是由湖北卫视独家打造的，以传统电视媒体为主要传播渠道。但自第五季起,《非正式会谈》关注到了该节目目标受众群体和哔哩哔哩核心用户的高度重合性,因而开始与哔哩哔哩联合打造,首先实现了电视屏幕和网络弹幕相结合的传播新形式,充分迎合了目标观众群体的需求。除了哔哩哔哩平台,《非正式会谈》也同样关注到了腾讯视频、爱奇艺等媒体平台,并与它们进行合作,进一步拓宽传播渠道,吸引更多年龄层的受众关注,更好地满足不同受众群体的需要。

除了视频网站外,节目组还利用微博等渠道进行节目预告、宣传推广和观众互动,不仅多维度提高了受众的参与感,还扩大了中国文化传播的平台,以多种形式提高了中国文化传播的广度和深度。显然,《非正式会谈》节目取得了预期效果,在其推出的2015年到2022年期间,吸粉无数,取得了良好的传播效果,并获得白玉兰奖"最佳周播电视节目"提名等奖项。

2. CCTV - 国家宝藏

中央广播电视总台推出的《国家宝藏》节目立足于中华文化宝库资源,通过对一件件文物的梳理与总结,演绎文物背后的故事与历史,让更多的观众走进博物馆,在懂得如何欣赏文物之美的同时,了解文物所承载的文明和中华文化延续的精神内核,唤起大众对文物保护、文明守护的重视。节目邀请有影响力的公众人物作为"国宝守护人"讲述文物背后的故事,通过各种科技手段及节目编排让国宝文物仿佛具有了鲜活的生命。《国家宝藏》虽然将受众的范围定位在3岁至80岁,但是《国家宝藏》总导演认为"如果爸爸妈妈、爷爷奶奶们讨论,年轻人完全不看的话,那就白干了这个事,肯定是不对的"。[①] 故而《国家宝藏》将广大的年轻人视为节目主要的传播对象,并对年轻群体进行充分的前期调研,根据年轻人的审美和需求进行节目策划。《国家宝藏》的主创团队将哔哩哔哩的用户视为年轻用户的代表,借由该平台观察年轻人的特征和偏好,优化节目的整体设计。

[①] 《〈国家宝藏〉第二季载誉归来,B站用户成文化类节目主流受众》,金融界网站,2018年12月10日,https://www.ithome.com/0/399/517.htm。

《国家宝藏》目前有三季，《国家宝藏》第一季由中央电视台与北京故宫博物院、上海博物馆、南京博物院、湖南博物院、河南博物院、陕西历史博物馆等九家国家级重点博物院（馆）合作，在文博领域进行深入挖掘。故宫建成600年纪念之际，故宫博物院联合八家国家级重点博物院（馆）以《国家宝藏》为题举办一次特展——每集带观众走进一家博物馆，每个博物馆推荐3件镇馆之宝，让观众对文物按喜好程度进行排名，每个博物馆最终选出一件宝藏入驻特展。每件宝藏都拥有自己的明星"国宝守护人"，他们在解读宝藏前世今生的同时也在讲述着中华文化的基因密码，拉近当代人与历史文物的距离。《国家宝藏》第二季由中央广播电视总台联手北京故宫博物院、山西博物院、河北博物院、山东博物馆、广东省博物馆、四川博物院等，从《国家宝藏》第一季的八家博物院（馆）手中接过了讲述中国故事、让国宝活起来的接力棒。同时，节目还得到了全国政协文化文史和学习委员会、中宣部国际传播局、中华人民共和国国家文物局和博物馆与社会文物司的支持。《国家宝藏》第三季携手九座中华文明历史文化遗产，分别是600年的紫禁城、933年的西安碑林、1000年的苏州古典园林、1300年的布达拉宫、1654年的莫高窟、2200年的秦始皇陵、2500年的孔庙孔林孔府、3200年的三星堆遗址、3300年的殷墟。透过影像化展示、故事化讲述，探讨中华文明的形成及其对世界的贡献。"CCTV-国家宝藏"账号简介为：一个年轻的节目。截至2022年9月共有粉丝数111.1万，共发布视频数533条，视频总播放数1.1亿，总点赞数162.6万，总投币数133.1万，总收藏数41.9万，总评论数39.1万，总弹幕数264万，总分享数34.1万。

《国家宝藏》第一季第一集的主角是故宫博物院，第一件国宝是《千里江山图》卷。国宝守护人先概述了画作的背景故事，再由演员根据画作上蔡京的题跋演绎出千里江山图的前世奇缘，然后请出中央美术学院的教师作为嘉宾专门讲述画作的今生传奇，其中包括画作颜色的来源、画作的层次关系和原理，以及画作保存千年的秘诀等，最后请到国画颜料的传承人仇庆年先生全面展示颜料的制作过程。在仇庆年老先生现场的实际操作过程与讲述中，观众可以领会到颜料的来之不易，感受到颜料历经千年不变色背后的艰难，从而体会到中国国画颜料作为非物质文化遗产的震撼生机，青绿山水画的气势恢宏。第二件国宝是各种釉彩大瓶。在故宫志愿讲解员的热情讲述下，观众不仅可以了解到文物的历史背景和创作信息，同时也会被讲解员对中国传统文化的热爱深深感染。第三件国宝是石鼓。在演绎石鼓的前世时选取了司马池和司马光父子的故事，通过故事透视出以身作则父子传承的道理，让下一代也牢牢记住中国文化，传承中国文化。石鼓的今生故事则由梁金生老师来讲述，梁金生的父亲、祖父都是石鼓的守护人，在危难之际冒险守护石鼓。石鼓背后守护者的真实故事也为石鼓的传承增添了更多的感情色彩，中华文化传承的背后也是各种情感的传递，向观众传达着永远不会割裂的信仰与爱。

在分别介绍三件国宝后，观众通过线上投票的方式选出能够进入国家宝藏特展中展示的文物，增强了历史文物与大众之间的互动性。文物不再是冷冰冰的历史遗存，而是我们每个人都可以了解、触碰甚至参与其命运的具有生命和活力的宝藏，通过节目设置有效地拉近了普通人与历史的距离，能够更好地吸引更多人对文物进行了解，从而实现文化更好的传承。截至2022年9月13日，这条视频获得了862.1万播放量，获得21.1万点赞和60.3万投币。

《国家宝藏》制作团队表示，《国家宝藏》符合年轻人的喜好，90后、95后年轻用户也有力地推动了节目的创新和影响力的提升，这一阶段的年轻人作为移动互联网的原住民，接受的信息的量和丰富度要远超于此前的一代。《国家宝藏》的目标用户定位是这群年轻人，最关键的任务就是要和年轻人的情感需求产生共鸣，并且找到年轻人喜欢的传播形式，节目制作水准也要打破他们的预期，给他们眼前一亮的感觉。因此，"明星+小剧场"的创新载体将文物知识以寓教于乐的形式展现出来，传递给受众，吸引观众产生对历史文化、对国家的挚爱情感，例如#张子枫古装造型#、#富大龙演秦始皇绝了#、#央视国家宝藏首发阵容#等内容均登上热搜，使节目与年轻的目标人群形成良好互动氛围，产生积极深远的传播效果。

结　　语

毫无疑问，各国在公共外交理论与实践的探索历程中都深刻认识到了新媒体平台在提供信息、影响舆论、设定议程和塑造形象等方面所发挥的重要作用，并在全面认知新媒体用户特征以及新媒体外交行动逻辑的基础上，系统性地开展相应的新媒体公共外交活动，积极传播本国文化及价值观、促进本国与国际社会开展更加多元化、多层次的交流活动，塑造更真实且富有亲和力的国家形象，为本国发展塑造有利的国际舆论环境。但同样我们也关注到，我国新媒体公共外交在开展过程中仍然存在较大的有待深入探索的空间。

从主体方面看，要积极吸纳和培养多元化的国际传播主体，鼓励更多包括企业、高校、公民团体和个人等在内的非政府主体加入新媒体公共外交过程中，加强主体间的协调与合作，并且全面提高国际传播主体的公共外交意识、素质与能力，用更加科学、柔性的方式展示中国优秀文化、国情、社会风貌与价值观，树立积极的国家形象。要注重挖掘青年一代的智慧、创意与潜力，利用多种渠道提升国外公众对中国的理解和认同。

从客体方面看，要立足于传播受众的特征与偏好组织国际传播内容。通过研究发现，在新媒体公共外交过程中，受众喜欢什么，抗拒什么，持何种观点和态度完全取决于受众自身的偏好与需求，这是主体无权干涉也无法干涉的。因此，在传播过程中，主体需要基于自身的新媒体公共外交目标对国际传播受众进行充分的前期调研，从而顺应受众的特征与偏好制定更为恰当的传播策略，组织更为贴合受众的传播内容，才能最大程度地提高国际传播效果，进而赢得受众的理解与认同。

从内容方面看，应当进一步挖掘中国文化的内在潜力，注重内容质量与结构整合，全方位展示中国形象。中国是一个文化底蕴深厚的大国，既有璀璨瑰丽的优秀传统文化，也有蕴含着时代精神的中国特色社会主义文化和精神文明。因此，要积极顺应时代潮流，选择体现中国特色、蕴含民族精神的优秀传统文化，并运用新媒体技术对优秀传统文化进行适于国际传播的改造与创新，同时积极借鉴与融合其他国家、民族的优秀文化，真实全面地向世界展现出充满生机活力的、兼容开放多元的中国形象。

从渠道方面看，新媒体的时代已经到来，通过加强海外新媒体平台建设来拓宽中国的国际传播渠道势在必行。因此，中国要注重引导更多国内新媒体平台健康发展，支持和鼓励它们"出海"，吸引更多海外机构、媒体和个人的入驻，将其打造成全新的国际化新媒体平台。持续加大与海外媒体的深度合作，尽可能全面、通透地理解各平台的推荐算法机制，扭转长期存在的传播"逆差"，改变我国在国际传播中的弱势局面，加强新媒体公共外交的主动性，逐渐消除后发劣势。

从效果方面看，要注重新媒体公共外交的实效性。公共外交的关键是要注重实际效果。[①] 无论是新媒体技术还是新媒体公共外交活动，中国都在探索的初期，在这一阶段"做"这一行为本身就已经实现了一大突破，而对于"做得如何"还没有系统化的评价体系，因此也容易忽略外部的反馈而仅关注建设成果。据此，在未来的新媒体公共外交活动中不仅要有量的优势，更要有质的突破，充分借助新媒体平台的互动性核心优势，倾听受众声音并不断调整优化传播策略，也可针对受众的反馈情况咨询专业人士，得到更专业的分析与建议，进而最大限度提升公共外交文化传播的实际效果。

---

① 赵启正编：《公共外交·案例教学》，中国传媒大学出版社2016年版，第13页。

参考文献

中文著作

1. 宫承波主编：《新媒体概论》，中国广播影视出版社2016年版。
2. 韩方明主编：《公共外交概论》（第二版），北京大学出版社2012年版。
3. 赵启正等著：《跨国对话：公共外交的智慧》，新世界出版社2012年版。
4. 胡春阳：《寂静的喧嚣　永恒的联系：手机传播与人际互动》，上海三联书店2012年版。
5. 赵启正：《公共外交与跨文化交流》，中国人民大学出版社2011年版。
6. 蔡文之：《网络传播革命：权力与规制》，上海人民出版社2011年版。
7. 彭兰：《网络传播学》，中国人民大学出版社2009年版。
8. 刘海龙：《大众传播理论：范式与流派》，中国人民大学出版社2008年版。
9. 段鹏：《国家形象建构中的传播策略》，中国传媒大学出版社2007年版。
10. 赵可金：《公共外交的理论与实践》，上海辞书出版社2007年版。
11. 程曼丽：《国际传播学教程》，北京大学出版社2006年版。
12. 李希光、周庆安主编：《软力量与全球传播》，清华大学出版社2005年版。
13. 李智：《文化外交：一种传播学的解读》，北京大学出版社2005年版。
14. 郭可：《国际传播学导论》，复旦大学出版社2004年版。

15. 郭庆光：《传播学教程》，中国人民大学出版社 2002 年版。

16. 管文虎主编：《国家形象论》，电子科技大学出版社 1999 年版。

17. [美] W. J. T. 米歇尔、马克·B. N. 汉森著，肖腊梅、胡晓华译：《媒介研究批评术语集》，南京大学出版社 2019 年版。

18. [加] 戴维·克劳利、保罗·海尔著，董璐、何道宽、王树国译：《传播的历史：技术、文化和社会》，北京大学出版社 2018 年版。

19. [美] 保罗·莱文森著，何道宽译：《新新媒介》，复旦大学出版社 2016 年版。

20. [英] 尼古拉斯·盖恩、戴维·比尔著，刘君、周竞男译：《新媒介：关键概念》，复旦大学出版社 2015 年版。

21. [荷兰] 何塞·范·迪克著，晏青、陈光凤译：《连接：社交媒体批评史》，中国人民大学出版社 2013 年版。

22. [美] 约瑟夫·奈著，马娟娟译：《软实力》，中信出版社 2012 年版。

23. [英] 芭芭拉·亚当著，金梦兰译：《时间与社会理论》，北京师范大学出版社 2009 年版。

24. [英] 杰夫·贝里奇著，庞中英译：《外交理论与实践》，北京大学出版社 2005 年版。

英文著作

1. Eugene D. Jaffe and Israel D. Nebenzahl, "National Image and Competitive Advantage," Copenhagen: Copenhagen Business School Press, 2001.

2. Strathern M., Foreword, "The Mirror of Technology, in Consuming Technology – Media and Information in Domestic Spaces," London: Routledge, 2005.

3. Bosah Ebo, "Media Diplomacy and Foreign Policy, Toward a Theoretical Framework," News Media and Foreign Relations: A Multifaceted Perspective, Norwood, New Jersey: Ablex Publishing Corporation, 1997.

4. Philip Kotler, "Marketing Management: Analysis, Planning, Implementation and Control," Upper Saddle River, NJ: Prentice Hall International, Inc., 1997.

5. J. C. Merrill, "Global Journalism: A Survey of International Communication," New York: Longman Publishing Group, 1995.

6. Short J., Williams E. and Christie B., "The Social Psychology of Telecommunications," John Wiley & Sons, 1976.

7. Hans Morgenthau, "Politics Among Nations: The Struggle for Power and Peace," New York: Knopf Publishing Group, 1967.

中文论文

1. 邵国松：《新公共外交视域下的中国国际传播力建设》，《人民论坛》2021年第29期。

2. 史安斌：《从大使自拍看数字公共外交》，《新闻战线》2020年第21期。

3. 史安斌、张耀钟：《数字化公共外交：理念、实践与策略的演进》，《青年记者》2020年第7期。

4. 赵鸿燕、李金慧：《伦理对道德的超越：新媒体公共外交的伦理探讨》，《区域与全球发展》2020年第3期。

5. 陆佳怡、宋志鑫：《个体叙事与情感连接：新公共外交视阈下的李子柒个案分析》，《公共外交季刊》2020年第3期。

6. 彭兰：《连接与反连接：互联网法则的摇摆》，《国际新闻界》2019年第2期。

7. 赵亿：《亲关系型外交：微信开启公共外交新模式——以美国驻华大使馆微信公众号为例》，《青年记者》2018年第24期。

8. 王艳丹：《新媒体时代战略传播与公共外交实践》，《青年记者》2017年第8期。

9. 刘娟、王寅：《从美国驻华大使馆微博运营看其对华公共外交》，《国际传播》2017年第5期。

10. 赵鑫洋：《"一带一路"媒体合作的重要意义——2016"一带一路"媒体合作论坛嘉宾观点摘编》，《国家治理》2016年第28期。

11. 赵永华、王硕：《全球治理视阈下"一带一路"的媒体合作：理论、框架与路径》，《国际新闻界》2016年第9期。

12. 于凡：《中国外交转型——从"以国家为中心"到"以公民为中心"》，《公共外交季刊》2016年第2期。

13. 李飞：《论新媒体与公共外交融合发展》，《中国报业》2015年第22期。

14. 张楠、彭泗清：《文化混搭下的文化变迁研究：过程和影响的探究》，《中国社会心理学评论》2015年第1期。

15. 赵鸿燕、何苗：《外国驻华使馆"微博外交"及其启示》，《现代国际关系》2013年第8期。

16. 韦路、丁方舟：《论新媒体时代的传播研究转型》，《浙江大学学报》（人文社会科学版）2013年第4期。

17. 赵可金：《新媒体对外交的挑战》，《世界知识》2012年第8期。

18. 柯银斌：《提升国内公众的公共外交能力》，《世界知识》2012年第8期。

19. 韩方明：《中国公共外交：趋势、问题与建议》，《公共外交季刊》2012年第1期。

20. 钟新、陆佳怡：《微博外交：与中国公众直接对话和互动》，《对外传播》2011年第12期。

21. 欧亚：《新媒体："把公共外交做到指尖"》，《世界知识》2011年第12期。

22. 蒋昌建：《波动中的软实力与新公共外交》，《现代传播》2011年第

8期。

23. 雷芳：《新世纪以来中国公共外交研究综述》，《重庆交通大学学报》（社会科学版）2011年第4期。

24. 郑华：《新公共外交内涵对中国公共外交的启示》，《世界经济与政治》2011年第4期。

25. 李忠斌：《新媒体与奥巴马政府的公共外交》，《美国研究》2011年第1期。

26. 胡泳：《新媒体时代的公共外交》，《新媒体研究》2011年第9期。

27. 任海、徐庆超：《媒体外交初探》，《中国人民大学学报》2011年第5期。

28. 任晶晶：《中国公共外交：风生水起正当时》，《当代世界》2010年第9期。

29. 王啸：《国际话语权与中国国际形象的塑造》，《国际关系学院学报》2010年第6期。

30. 曲星：《公共外交的经典含义与中国特色》，《国际问题研究》2010年第6期。

31. 周文重、王保东：《奥巴马政府的公共外交》，《公共外交季刊》2010年第2期。

32. 李志永：《公共外交相关概念辨析》，《外交评论》（外交学院学报）2009年第2期。

33. 赵启正：《加强公共外交，建设国际舆论环境》，《对外大传播》2007年第4期。

34. 唐小松：《中国公共外交的发展及其体系构建》，《现代国际关系》2006年第2期。

35. 唐小松、王义桅：《美国公共外交研究的兴起及其对美国对外政策的反思》，《世界经济与政治》2003年第4期。

36. 赵可金:《美国公共外交的兴起》,《复旦学报》(社会科学版) 2003 年第 3 期。

英文论文

1. Chesley N. , "Blurring Boundaries? Linking Technology Use, Spillover, Individual Distress, and Family Satisfaction," Journal of Marriage and Family, Vol. 67, No. 5, 2005.

2. Eytan Gilboa, "Searching for a Theory of Public Diplomacy," Annals of the American Academy of Political and Social Science, Vol. 616, No. 1, 2008.

后　　记

　　党的十八大以来，中国外交事业长足发展，已经形成了具有中国特色的大国外交。在习近平新时代中国特色社会主义外交思想指引下，中国的公共外交事业也被提升到前所未有的高度。中国梦、人类命运共同体、讲好中国故事以及中国优秀传统文化都为中国公共外交实践提供了扎实的内在支撑和丰富的精神滋养。在中国公共外交的不断发展历程中，各类数字技术、网络技术及信息技术等在推动公共外交事业发展的过程中也发挥了极为重大的作用，不仅深刻地拓宽了公共外交的实践场域，拓展了公共外交主体及对象，深刻地变革了公共外交思维，也极大地提高了公共外交成效。而当前各类虚拟现实、人工智能技术更是推动了世界格局和人类思维及交往方式的加速变革，不断为这个世界注入新的活力，带来新的机遇，引发新的命题。然而，技术的变革脚步永不停歇，各国公共外交事业却有相对稳定的价值追求。在新媒体公共外交这一研究领域，最大的考验是如何在技术之"变"中始终保持追求"不变"的目标，以更加负责的态度跳出"构词法"的争议而从更深层次寻求中国公共外交的未来发展之路。

　　从这个研究主题跃入脑中到真正成书经历了大概六年时间，这本书也是中国教育部人文社会科学研究青年基金项目《信息全球化背景下新媒体技术助力中国公共外交发展战略研究与设计》的研究成果的最终体现。在这六年里，我不仅仅是中国新媒体公共外交理论与实践发展的观察者与研究者，也是这一过程的亲历者与见证者。作为一名由公共治理与公共政策专业出身进入外交学研究领域的学者，在研究"新媒体公共外交"这一主题时也需要大量传播学理论作为研究支撑，这对我本人来讲是不小的挑战，对这一具有时代性的重要研究主题总是诚惶诚恐，恐有辜负。但作为我进入外交学研究领域之后的第一本学术成果，在整书的构思和写作过程中也得到了诸多专家学者和同仁们的大力支持。在此，我想要表达真心的感谢。

华侨大学国际关系学院、华侨华人研究院副院长王秋彬教授在整个研究过程中一直默默支持、关心着我，可以说这个研究选题从一开始就是在王秋彬教授的细致构思下产生的。他勤奋刻苦、坚持不懈、精益求精的宝贵品格无论在做人还是做学问上都堪称楷模，是我人生中难得的良师诤友。中国人民大学新闻学院钟新教授，中国社会科学院"一带一路"研究中心研究员、中国社会科学院大学国际关系学院任晶晶教授，吉林大学行政学院郭锐教授、宫笠俐教授和东北师范大学政法学院高英彤教授都为本书撰写提供了大量无私帮助，他们提出的宝贵意见和建议开拓了我的视野，完善了我的思路，支撑了我的论述，带给了我无尽的启发。在此向各位老师们致谢！同时感谢吉林大学公共外交学院院长、国家发展与安全研究院院长肖晞教授一直以来对我的关心、关爱和关注，感谢我最亲爱的同仁们对我的帮助、支持和鼓励。

我可爱的学生们也为本书完成提供了大量帮助，北京大学新媒体研究院周鲁青同学、伦敦国王学院数字人文学院李誉娇同学、吉林大学公共外交学院杨惜然同学和田园同学都为本书进行了大量的资料整理与相关工作，周鲁青同学在前两章理论部分进行了细致繁琐的文献梳理与文字整合工作，在这里对他们所有的辛勤付出和认真负责的精神表示真诚感谢。

我还要感谢爸妈，虽然每天都感谢他们好多次。尽管他们并不了解、熟知这个研究领域，但我想他们应该是看到这本书时最享受的读者。我作为他们爱情的结晶和生命里创作时间最长的"作品"，他们在欣赏他们"作品"写出的"作品"时应该有更多别样的快乐感与满足感吧。我常常和朋友们说：我唯一

后 记

可以说的自己的一点过人之处，就是我拥有最好的父母，再无其他。在此，愿您们健康平安、幸福快乐。

同时，由于新媒体公共外交当前仍然处于快速发展的动态过程中，相关议题的理论研究与实践探索中还存在许多悬而未决的争议，本书在写作过程中也引用和参考了大量国内外学者专家的论述，由于篇目繁多，因此无法一一列举，谨此向所有著作的原作者和译者们表示敬意与谢意。同时囿于能力限制，尽管已经全心投入，但本书中的一些重要问题还远没有达到自己理想的论述深度和高度，这些遗憾我会在今后的学术探究中不断弥补完善，做出更多努力。

最后，我还要感谢时事出版社的各位编辑老师们，他们为本书的顺利出版提出了宝贵的意见并做出了大量令人敬佩的工作，再次一并表示真诚敬意和真挚感谢！

陈　曦

2023 年 2 月 10 日于吉林长春

图书在版编目（CIP）数据

公共外交场域中的新媒体应用研究／陈曦著.
北京：时事出版社，2025.6. -- ISBN 978-7-5195
-0655-1

Ⅰ.D822

中国国家版本馆 CIP 数据核字第 20257ZE311 号

出 版 发 行：时事出版社
地　　　址：北京市海淀区彰化路 138 号西荣阁 B 座 G2 层
邮　　　编：100097
发 行 热 线：(010) 88869831　88869832
传　　　真：(010) 88869875
电 子 邮 箱：shishichubanshe@sina.com
印　　　刷：北京良义印刷科技有限公司

开本：787×1092　1/16　印张：15.75　字数：240 千字
2025 年 6 月第 1 版　2025 年 6 月第 1 次印刷
定价：146.00 元
（如有印装质量问题，请与本社发行部联系调换）